吉林全書

史料編

㉒

吉林文史出版社

圖書在版編目（CIP）數據

長春縣志 / 張書翰，馬仲援監修；趙述雲，金毓黻總編纂. -- 長春：吉林文史出版社，2025. 5. -- (吉林全書). -- ISBN 978-7-5752-1144-4

Ⅰ. K293.41

中國國家版本館 CIP 數據核字第 2025PA5080 號

CHANGCHUN XIANZHI

長 春 縣 志

監　　修　張書翰　馬仲援
總 編 纂　趙述雲　金毓黻
出 版 人　張　强
責任編輯　王　非　董　芳
封面設計　溯成設計工作室
出版發行　吉林文史出版社
地　　址　長春市福祉大路5788號
郵　　編　130117
電　　話　0431-81629356
印　　刷　吉林省吉廣國際廣告股份有限公司
印　　張　33.25
字　　數　250千字
開　　本　787mm × 1092mm　1/16
版　　次　2025年5月第1版
印　　次　2025年5月第1次印刷
書　　號　ISBN　978-7-5752-1144-4
定　　價　170.00圓

《吉林全書》編纂委員會

總序

『長白雄東北，嵯峨俯塞州。』吉林省地處中國東北中心區域，是中華民族世代生存融合的重要地域，素有『白山松水』之地的美譽。歷史上，華夏、濊貊、肅慎和東胡族系先民很早就在這片土地上繁衍生息，高句麗、渤海國等中國東北少數民族政權在白山松水間長期存在，以契丹族、女真族、蒙古族、滿族融合漢族在内的多民族形成的遼、金、元、清四個朝代，共同賦予吉林歷史文化悠久獨特的優勢和魅力，決定了吉林文化不可替代的特色與價值，具有緊密呼應中華文化整體而又與衆不同的生命力量，見證了中華民族共同體的融鑄和我國統一多民族國家的形成與發展。

提到吉林，自古多以千里冰封的寒冷氣候爲人所知，一度是中原人士望而生畏的苦寒之地，一派肅殺之氣。再加上吉林文化在自身發展過程中存在着多次斷裂，致使衆多文獻湮没、典籍無徵，一時多少歷史文化精粹『明珠蒙塵』，因此，形成了一種吉林缺少歷史積澱，文化不若中原地區那般繁盛的偏見。實際上，在數千年的漫長歲月中，吉林大地上從未停止過文化創造，自青銅文明起，從先秦到秦漢，再到隋唐直至明清，吉林地區不僅文化上不輸中原地區，還對中華文化産生了深遠的影響，爲後人留下了衆多優秀古籍，涵養着吉林文化的根脉，猶如璀璨星辰，在歷史的浩瀚星空中閃耀着奪目光輝，標注着地方記憶的傳承與中華文明的賡續。我們需要站在新的歷史高度，用另一種眼光去重新審視吉林文化的深邃與廣闊，通過豐富的歷史文獻典籍去閱讀吉林文化的傳奇與輝煌。

吉林歷史文獻典籍之豐富，源自其歷代先民的興衰更替、生生不息。吉林文化是一個博大精深的體系，從左家山文化的『中華第一龍』，到西團山文化的青銅時代遺址，再到二龍湖遺址的燕國邊城，都見證了吉林大地的文明在中國歷史長河中的肆意奔流。早在兩千餘年前，高句麗人的《黄鳥歌》《人參贊》以及《留記》等文史作品就已在吉林誕生，成爲吉林地區文學和歷史作品的早期代表作。高句麗文人之《新集》，渤海國人『疆理雖重海，車書本一家』之詩篇，金代海陵王詩詞中的『一咏一吟，冠絶當時』，再到金代文學的『華實相扶，骨力遒上』，皆凸顯出吉林不遜文教、獨具風雅之本色。

吉林歷史文獻典籍之豐富，源自其地勢四達并流、山水環繞。吉林土地遼闊而肥沃，山河壯美而令人神往，吉林大地可耕可牧、可漁可獵，無門庭之限，亦無山河之隔，進出便捷，四通八達。沈兆禔在《吉林紀事詩》中寫道，『肅慎先徵孔氏書』，印證了東北邊疆與中原交往之久遠。早在夏代，居住於長白山脚下的肅慎族就與中原建立了聯係。一部《吉林通志》，『考四千年之沿革，挈領提綱；綜五千里之方輿，辨方正位』，從時間和空間兩個維度，寫盡吉林文化之淵源深長。

吉林歷史文獻典籍之豐富，源自其民風剛勁、民俗絢麗。《長白徵存録》寫道，『日在深山大澤之中，伍鹿豕、耦虎豹，非素嫻技藝，無以自衛』，描繪了吉林民風的剛勁無畏，爲吉林文化平添了幾分豪放之感。清代藏書家張金吾也在《金文最》中評議，『知北地之堅强，絶勝江南之柔弱』，足可見，吉林大地與生俱來的豪健英杰之氣。同時，與中原文化的交流互通，也使邊疆民俗與中原民俗相互影響、不斷融合，既體現出敢於拼搏、鋭意進取的開拓精神，又兼具脚踏實地、穩中求實的堅韌品格。

吉林歷史文獻典籍之豐富，源自其諸多名人志士、文化先賢。自古以來，吉林就是文化的交流彙聚之地，從遼、金、元到明、清，每一個時代的文人墨客都在這片土地留下了濃墨重彩的文化印記。特别是，清代東北流人的私塾和詩社，爲吉林注入了新的文化血液，用中原的文化因素教化和影響了東北的人文氣質和文化形態；至近代以『吉林三杰』宋小濂、徐鼐霖、成多禄爲代表的地方名賢，以及寓居吉林的吴大澂、金毓黻、劉建封等文化名家，將吉林文化提升到了一個全新的高度，他們的思想、詩歌、書法作品中無一不體現着吉林大地粗狂豪放、質樸豪爽的民族氣質和品格，滋養了孜孜矻矻的歷代後人。

盛世修典，以文化人，是中華民族延續至今的優良傳統。我們在歷史文獻典籍中尋找探究有價值、有意義的歷史文化遺産，於無聲中見證了中華文明的傳承與發展。吉林省歷來重視地方古籍與檔案文獻的整理出版。自二十世紀八十年代以來，李澍田教授組織編撰的《長白叢書》，開啓了系統性整理、組織化研究吉林文獻典籍的先河，贏得了『北有長白，南有嶺南』的美譽；進入新時代以來，鄭毅教授主編的《長白文庫》叢書，繼續肩負了保護、整理吉林地方傳統文化典籍，弘揚民族精神的歷史使命，從大文化的角度折射出吉林文化的繽紛异彩。隨着《中國東北史》和《吉林通史》等一大批歷史文化學術著作的問世，形成了獨具吉林特色的歷史文化研究學術體系和話語體系，對融通古今、賡續文脉發揮了十分重要的作用。正是擁有一代又一代富有鄉邦情懷的吉林文化人的辛勤付出和豐碩成果，使我們具備了進一步完整呈現吉林歷史文化發展全貌，淬煉吉林地域文化之魂的堅實基礎和堅定信心。

當前，吉林振興發展正處在滚石上山、爬坡過坎的關鍵時期，機遇與挑戰并存，困難與希望同在。站在這樣的歷史節點，迫切需要我們堅持高度的歷史自覺和人文情懷，以文獻典籍爲載體，全方位梳理和展示吉林政治、經濟、社會、文化發展的歷史脉絡，讓更多人瞭解吉林歷史文化的厚度和深度，感受這片土地獨有的文化基因和精神氣質。

鑒於此，吉林省委、省政府作出了實施《吉林全書》編纂文化傳承工程的重大文化戰略部署，這不僅是深入學習貫徹習近平文化思想、認真落實黨中央關於推進新時代古籍工作要求的務實之舉，也是推進吉林優秀傳統文化保護傳承、建設文化强省的重要舉措。歷史文獻典籍是中華文明歷經滄桑留下的最寶貴的東西，是吉林優秀歷史文化『物』的載體，彙聚了古人思想的寶藏、先賢智慧的結晶。對歷史最好的繼承，就是創造新的歷史。傳承延續好這些寶貴的民族記憶，就是要通過深入挖掘古籍藴含的哲學思想、人文精神、價值理念、道德規範，推動中華優秀傳統文化創造性轉化、創新性發展，作用于當下以及未來的經濟社會發展，更好地用歷史映照現實、遠觀未來。這是我們這代人的使命，也是歷史和時代的要求。

從《長白叢書》的分散收集，到《長白文庫》的萃取收録，再到《吉林全書》的全面整理，以歷史原貌和文化全景的角度，進一步闡釋了吉林地方文明在中華文明多元一體進程中的地位作用，講述了吉林人民在不同歷史階段爲全國政治、經濟、文化繁榮所作的突出貢獻，勾勒出吉林文化的質實貞剛和吉林精神的雄健磊落、慷慨激昂，引導全省廣大幹部群衆更好地瞭解歷史、瞭解吉林，挺起文化脊梁、樹立文化自信，不斷增强砥礪奮進的恒心、韌勁和定力，持續激發創新創造活力，提振幹事創業的精氣神，爲吉林高品質發展明顯進位、全面振興取得新突破提供有力文化支撑，彙聚强大精神力量。

爲扎實推進《吉林全書》編纂文化傳承工程，我們組建了以吉林東北亞出版傳媒集團爲主體，涵蓋高等院校、研究院所、新聞出版、圖書館、博物館等多個領域專業人員的《吉林全書》編纂委員會，并吸收國内知名清史、民族史、遼金史、東北史、古典文獻學、古籍保護、數字技術等領域專家學者組成顧問委員會，經過認真調研、反復論證，形成了《〈吉林全書〉編纂文化傳承工程實施方案》，確定了『收集要全、整理要細、研究要深、出版要精』的工作原則，明確提出在編纂過程中不選編、不新創，尊重原本、致力全編，力求全方位展現吉林文化的多元性和完整性。在做好充分準備的基礎上，《吉林全書》編纂文化傳承工程於二〇二四年五月正式啓動。

爲高質量完成編纂工作，編委會對吉林古籍文獻進行了空前的彙集，廣泛聯絡國内衆多館藏單位，尋訪民間收藏人士，重點以吉林省方志館、東北師範大學圖書館、長春師範大學圖書館、吉林省社科院爲收集源頭開展了全面的挖掘、整理和集納；同時，還與國家圖書館、上海圖書館、南京圖書館、遼寧省圖書館、吉林省圖書館、吉林市圖書館等館藏單位及各地藏書家進行對接洽談，獲取了充分而精准的文獻信息。同時，專家學者們也通過各界友人廣徵稀見，在法國國家圖書館、日本國立國會圖書館、韓國國立中央圖書館等海外館藏機構搜集到諸多珍貴文獻。在此基礎上，我們以審慎的態度對收集的書目進行甄别、分類、整理和研究，形成了擬收録的典藏文獻名録，分爲著述編、史料編、雜集編和特編四個類别。此次編纂工程不同於以往之處，在於充分考慮吉林的地理位置和歷史變遷，將散落海内外的日文、朝鮮文、俄文、英文等不同文字的相關文獻典籍一并集納收録，并以原文搭配譯文的形式收於特編之中。截至目前，我們已陸續對一批底本最善、價值較高的珍稀古籍進行影印出版，爲館藏單位、科研機構、高校院所以及歷史文化研究者、愛好者提供參考和借鑒。

『周雖舊邦，其命維新』，文獻典籍最重要的價值在於活化利用。編纂《吉林全書》并不意味着把古籍束之高閣，而是要在『整理古籍、複印古書』的基礎上，加强對歷史文化發展脉絡的前後貫通、左右印證，更好地服務於對吉林歷史文化的深入挖掘研究。爲此，我們同步啓動實施了『吉林文脉傳承工程』，旨在通過『研究古籍、出版新書』，讓相關學術研究成果以新編新創的形式著述出版，借助歷史智慧和文化滋養，通過創造性轉化、創新性發展，探尋當前和未來的發展之路，以守正創新的正氣和鋭氣，賡續歷史文脉、譜寫當代華章。

做好《吉林全書》編纂文化傳承工程是一項『汲古潤今，澤惠後世』的文化事業，責任重大、使命光榮。我們將秉持敬畏歷史、敬畏文化之心，以精益求精、止於至善的工作信念，上下求索、耕耘不輟，爲實現文化種子『藏之名山，傳之後世』的美好願景作出貢獻。

《吉林全書》編纂委員會

二〇二四年十二月

凡例

一、《吉林全書》（以下簡稱《全書》）旨在全面系統收集整理和保護利用吉林歷史文獻典籍，傳播弘揚吉林歷史文化，推動中華優秀傳統文化傳承發展。

二、《全書》收録文獻地域範圍，首先依據吉林省當前行政區劃，然後上溯至清代吉林將軍、寧古塔將軍所轄區域内的各類文獻。

三、《全書》收録文獻的時間範圍，分爲三個歷史時段，即一九一一年以前，一九一二至一九四九年，一九四九年以後。每個歷史時段的收録原則不同，即一九一一年以前的重要歷史文獻，收集要『全』；一九一二至一九四九年間的重要典籍文獻，收集要『精』；一九四九年以後的著述豐富多彩，收集要『精益求精』。

四、《全書》所收文獻以『吉林』爲核心，着重收録歷代吉林籍作者的代表性著述，流寓吉林的學人著述，以及其他以吉林爲研究對象的專門著述。

五、《全書》立足於已有文獻典籍的梳理、研究，不新編、新著、新創。出版方式是重印、重刻。

六、《全書》按收録文獻内容，分爲著述編、史料編、雜集編和特編四類。

著述編收録吉林籍官員、學者、文人的代表性著作，亦包括非吉林籍人士流寓吉林期間創作的著作。作品主要爲個人文集，如詩集、文集、詞集、書畫集等。

史料編以歷史時間爲軸，收録一九四九年以前的歷史檔案、史料、著述，包含吉林的考古、歷史、地理資料等；收録吉林歷代方志，包括省志、府縣志、專志、鄉村村約、碑銘格言、家訓家譜等。

雜集編收録關於吉林的政治、經濟、文化、教育、社會生活、人物典故、風物人情的著述。

特編收録就吉林特定選題而研究編著的特殊體例形式的著述。重點研究認定『滿鐵』文史研究資料和東北亞各民族不同語言文字的典籍等。關於特殊歷史時期，比如，東北淪陷時期日本人以日文編寫的『滿鐵』資料作爲專題進行研究，以書目形式留存，或進行數字化處理。開展對滿文、蒙古文，高句麗史、渤海史、遼金史的研究，對國外研究東北地區史和高句麗史、渤海史、遼金史的研究成果，先作爲資料留存。

七、《全書》出版形式以影印爲主，影印古籍的字體版式與文獻底本基本保持一致。

八、《全書》整體設計以正十六開開本爲主，對於部分特殊内容，如，考古資料等書籍采用一比一的比例還原呈現。

九、《全書》影印文獻每種均撰寫提要或出版説明，介紹作者生平、文獻内容、版本源流、文獻價值等情况。影印底本原有批校、題跋、印鑒等，均予保留。底本有漫漶不清或缺頁者，酌情予以配補。

十、《全書》所收文獻根據篇幅編排分册，篇幅適中者單獨成册，篇幅較大者分爲序號相連的若干册，篇幅較小者按類型相近或著作歸屬原則數種合編一册。數種文獻合編一册以及一種文獻分成若干册的，頁碼均單排。若一本書中收録兩種及以上的文獻，將設置目録。各册按所在各編下屬細類及全書編目順序編排序號，全書總序號則根據出版時間的先後順序排列。

長春縣志

張書翰 馬仲援 監修
趙述雲 金毓黻 總編纂

提要

《長春縣志》長春縣知事張書翰、馬仲援監修，趙述雲、金毓黻總編纂，民國十六年（一九二七），由知事張書翰呈准吉林公署設局修編。該書成書於民國十九年，後奉省府命令，又將内容進行了加工、潤色。但由於一九三一年日本帝國主義侵略長春，故未付梓。一九四一年由劉貴璋將原稿進行整理，并於同年付梓。該書卷一輿地志、卷二輿地志、卷三食貨志、卷四政事志、卷五人文志、卷六人文志。卷一、卷二『輿地志』是全書論述的重點，共分列了十個子目，占據了全書四分之一以上的篇幅。該志以一九二一年前後編修的《長春縣志初稿》爲基礎，於一九四一年修成，是長春歷史上第一部刊印志書，具有極高的史料價值。該書耗時二十年，在印製前遭刪增篡改，刪減了富有中華民族共同體意識和中華文化認同感的内容，略有遺憾。但是，該書對研究長春的變化以及吉林歷史的發展，具有很高的參考價值。

爲盡可能保存古籍底本原貌，本書做影印出版，因此，書中個别特定歷史背景下的作者觀點及表述内容，不代表編者的學術觀點和編纂原則。

長春縣誌

卷一

長春縣志目錄

卷六　人文志

長春縣公署正門

長春縣志凡例

一 長春縣志向無專書兹編之輯實爲剏舉謹依吉林通志成式整齊事類分纂四志曰輿地曰食貨曰政事曰人文並於每志之下分列子目以簡御繁又復冠以總略殿以志餘期於綱舉目張用符體例

一 長春設治迄今百有餘年人文蔚興草萊盡闢非僅吉省鉅邑且爲交通要衝舉凡內政之設施外力之殷繁足以資考證備要刪者胥爲臚叙始終藉存沿革

一 志書體例甄采宜嚴核以創修之程宜從徵實之義既非標新以領異亦不泥古以略今兹特詳稽載籍博訪耆賢以類相從同條共貫其有叙述所不能詳者則附綴圖表以明細略省覽之際庶無憒焉

一 輿地一志昉自漢書兹志所記首重疆域山川蓋古職方氏之所掌也今分子目凡七曰沿革曰天度曰疆域曰山川曰城鎮曰商埠曰南滿鐵路用地所以詳區畫昭來兹也

一 班孟堅氏約取洪範八政特著食貨專篇後之修史乘者莫能外焉蓋食貨爲民治之本不舉因革

之迹即無以制損益之宜茲於食貨一志分別子目凡六曰戶口曰田畝曰物產曰賦稅曰實業曰圜法所以覘民生惠工商也

一政事之經昉於周之六官唐之六典今日政制雖與古有異而其理可通纂輯斯志子目凡十曰職官曰公廨曰自治曰教育曰司法曰警團曰軍政曰交通曰荒政曰敕郵所以重職司崇治本也

一人文一志搜羅宜備論證宜詳往代文獻尙有可徵及今不輯懼就湮墜今分子目凡七曰民俗曰禮俗曰祀典曰宗教曰人物曰藝文曰勝蹟所以重民彝厚風俗也

一昔者王弼注易首標畧例范氏撰臨安志殿以志遺蓋一以提綱挈領一以補闕拾遺立例最善可師取也茲篇冠以總畧重經始也殿以志餘示未備也

一長春全圖悉由實測舉凡山川之脈絡城鎭之位置惟詳惟愼以符辨方正位之實其圖所不能詳者則列表以明之

一本志纂輯之際惟徵訪故實蒐集資料爲最難以此頗稽時日書久未就至於疏舛漏略更所不免大雅宏博幸教正之

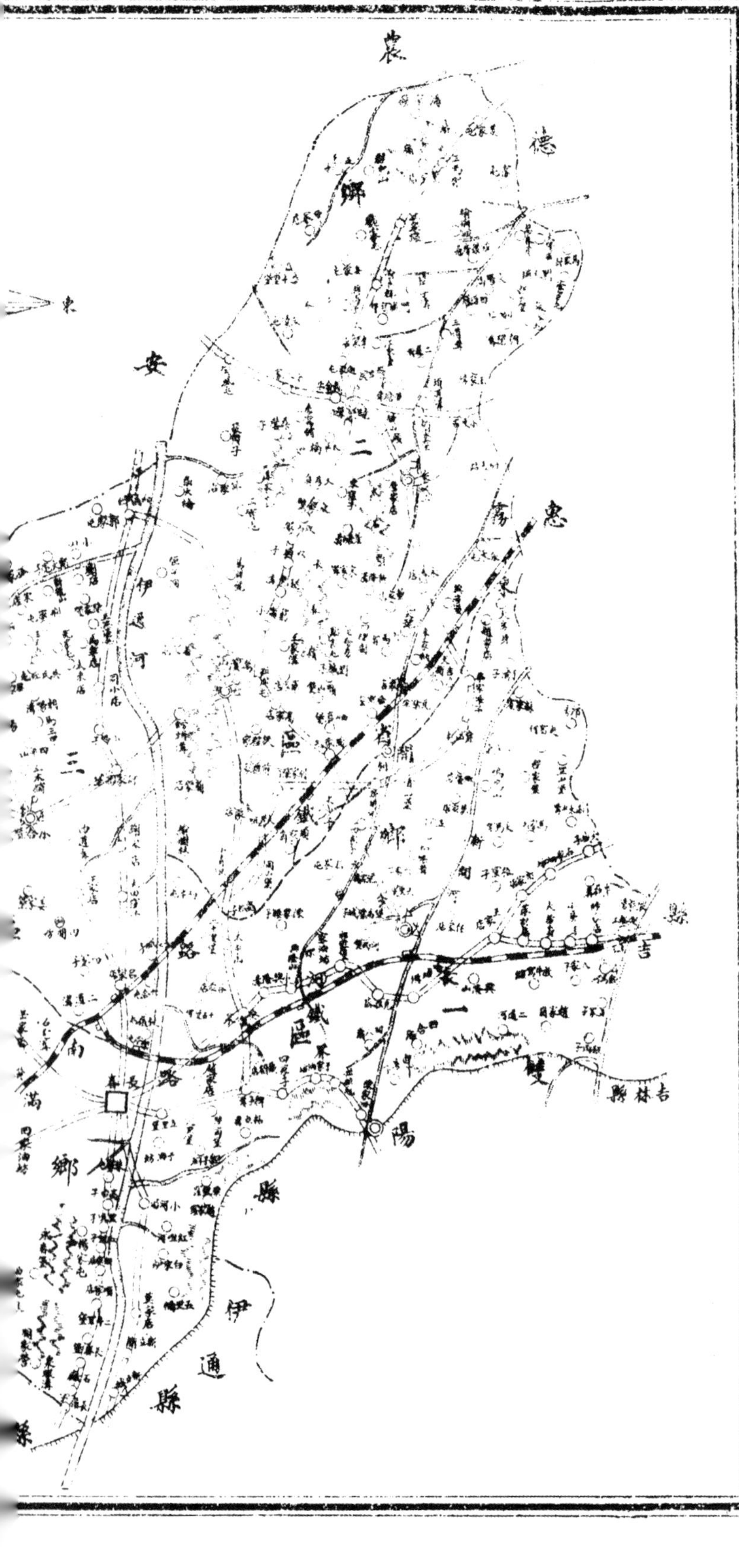

長春縣圖

民國十三年十月製

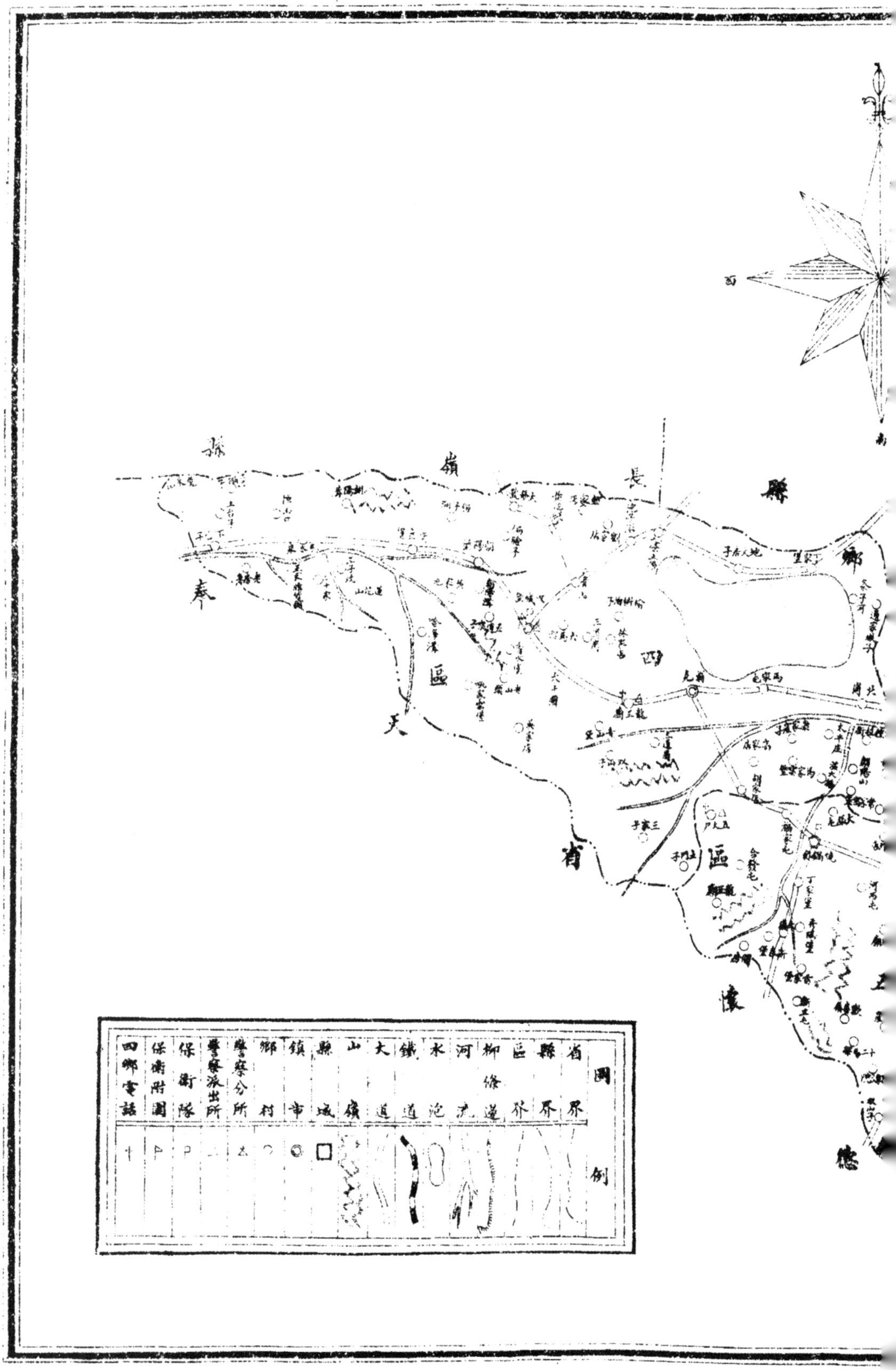
圖例
省界
縣界
區界
柳條邊
河流
水泡
鐵道
大道
山嶺
縣城
鎮市
鄉村
警察分所
警察派出所
保衛隊
保衛附團
四鄉電話

長春縣志卷之一

輿地志一

沿革

長春位於中國之東北隅三代以前屬於肅愼

竹書紀年帝舜有虞氏二十五年息愼氏來朝貢弓矢

史記五帝本紀南撫交趾北發西戎析枝渠搜氐羌北山戎發息愼集解鄭玄曰息愼或謂之肅愼東北夷索隱此文省略山戎下少一北字

竹書紀年周武王十五年息愼來賓

同上周成王九年肅息氏來朝

書序成王既伐東夷肅愼來賀孔氏傳肅愼馬本作息愼云北夷也

逸周書王會解正北方稷愼大麈孔晁註稷愼肅愼也

左傳昭九年肅愼燕亳吾北土也杜註肅愼北夷在玄菟北三千餘里正義韋昭曰肅愼東北夷之國去扶餘千里晉之玄菟即在遼東東北杜言玄菟北三千里是北夷之近東者故杜言北夷韋言東北夷

山海經海外西經肅愼之國在白民北

山海經大荒北經大荒之中有山名曰不咸有肅愼氏之國郭璞注肅愼國去遼東三千餘里今名之爲挹婁國

謹案滿洲源流考謂肅愼或謂之息愼又作稷愼息稷與愼音轉之訛其爲一國無疑吉林通志云息愼稷愼肅愼郝氏懿行謂爲聲轉字通實一國也又云其疆域則郭璞云去遼東三千餘里漢晉千里大抵得今里六百有餘晉遼東爲今遼陽州地以道里考之正當今寗古塔杜預云在玄菟北三千里玄菟去遼東千里其北三千里則當在今三姓地韋昭云去扶餘千里與今由長春至寗古塔境道里亦復相符則是遼東以北直至混同江南北之地在周以前固皆爲肅愼國疆域綜上所考息稷肅爲一音之轉固無疑義惟考肅愼之疆域尙有未瞭之處蓋三代之世肅愼立國於今之寗安松漠紀聞所云古肅愼城在渤海國都三千里者即其地也而其屬境則甚廣漠今之長春蓋其國境之西南凡郭璞杜預韋昭所謂之肅愼皆指其故城而言也迨至漢代肅愼已易名爲挹婁而其西南境又被割於夫餘非復曩日之舊故後漢書東夷傳云挹婁古肅愼之國也在夫餘東北千餘里而韋昭所云去夫餘千里之肅愼亦指挹婁而言非三代之肅愼也夫餘國境據有今吉林之西部實包今長春在內與三代之肅愼國境包有長春者疆索不同今人多不知分別故詳辨之

兩漢三國西晉皆屬夫餘

後漢書東夷傳夫餘國在玄菟北千里南與高句驪東與挹婁西與鮮卑接北有弱水地方二千里本濊地也

三國志東夷傳夫餘在長城之北本屬玄菟漢末公孫度雄長海東夫餘王尉仇台更屬遼東時句驪鮮卑強夫餘介二虜之間

通典邊防夫餘國後漢通焉初北夷索離國王有子曰東明長而善射王忌其猛而欲殺之東明奔走南渡掩㴲水因至夫餘而王之

晉書四夷傳夫餘在玄菟北千里西接鮮卑國中有古濊城本濊貊之地太康六年爲慕容廆所襲破其王依慮自殺子弟走保沃沮明年夫餘後王依羅還復舊國

同上永和二年夫餘爲百濟所侵西徙近燕

山海經內西經郭璞注今夫餘國卽濊貊故地在長城北去玄菟千里

謹案吉林通志謂漢玄菟郡屬縣三西蓋馬上殷台兩縣爲今吉林府境並府境以外南際長白山

之地高句驪縣爲今伊通州磨盤山境並兼即奉天海龍廳之地據此所說則長春地方南與高句驪縣接壤似屬於玄菟郡矣實則不然攷之册府元龜漢武帝元封三年滅朝鮮始以其地置玄菟郡昭帝始元五年復徙玄菟居句驪是玄菟郡初本在南後北徙句驪故地在今奉天輯安臨江等縣境沿鴨淥江上流一帶之地去長春尚遠不得謂接近句驪也再考夫餘之建國始在漢初後漢書東夷傳云高句驪出於夫餘高句驪好大王碑云昔始祀鄒牟王之創基也出自北夫餘天帝之子母河伯女高句驪始祖鄒牟王之建國在漢元帝建始二年（據三國史記）則夫餘之立國必在漢元帝之前不問可知吉林通志亦謂高句驪出於夫餘高句驪之世數見其秘記者云不及九百年則自唐高宗時溯之高驪蓋興於漢初夫餘其所出宜在秦漢間矣雖其所說高句驪與漢初微有舛誤而其立國不在東漢以後明矣。

又案吉林通志云扶餘在玄菟北千里南與高句驪接則今伊通州以北爲夫餘國地無疑矣又考魏志注鮮卑東接遼水通典云鮮卑漢初竄遼東塞外遼水即今東遼河爲赫爾蘇河出塞之名而昌圖府境實古遼東塞外之地夫餘西接鮮卑則固在昌圖以東史云方二千里約略計之方每當

得四五百里昌圖斗入伊通長春之間不及百里不足以盡夫餘之境則自南而北長春及伯都訥兩府廳爲夫餘故地無疑矣挹婁今之甯古塔也史言在夫餘東北千餘里中間更無他國則自五常賓州以東爲挹婁地伯都訥雙城以西爲夫餘國地無疑矣舊說以奉天開原縣爲夫餘故國按之四至無一合者固不足置辨漢書注以掩㴲水爲淈水若然則夫餘乃在高麗之南亦顯與史文不合據此所攷辨者至爲明確夫餘國之四境自當以後漢書東夷傳所說爲準夫餘國境南與高句驪接則長春地方當然在夫餘國境之中惟漢代鮮卑居地在今洮南及熱河東部一帶爲內蒙古科爾沁右翼以西地方在今昌圖之西北吉林通志僅舉昌圖語尙欠晰洮南地方正當今長春農安舊屬長春扶餘即舊伯都訥等縣之西按之山川方位則長春地方當屬於扶餘無疑

又案後漢書東夷傳謂夫餘爲濊地山海經郭注亦云今夫餘國即濊貊故地晉四夷傳亦云夫餘王印文稱濊王之印國中即古濊城凡此所云最足令人迷罔攷之後漢書及三國魏志皆云濊與北高句驪南與辰韓接東窮大海今朝鮮之地也漢志又云武帝元朔元年濊君南閭等率二十八萬口詣遼東內屬武帝以其地爲滄海郡數年乃罷詳譯此文濊實在今朝鮮國中部東邊濱海之

地南不逾元山北不踰吉林省之琿春與夫餘國渺不相接何緣謂夫餘爲濊貊故地夫餘王而有濊王之名此眞不可解者細心考之始知其誤高句驪好大王碑謂始祖鄒牟王出自北夫餘又云東夫餘舊是鄒牟王屬民中叛不貢王躬率往討而騈首歸服韓國小史云北夫餘別有一支移居加葉原謂之東夫餘蓋夫餘有北夫餘立國最早初祇謂之夫餘在玄菟北千里爲鄒牟王之所從出後又分一支東南下居朝鮮東邊濱海之地謂之東夫餘此即居濊貊故地之夫餘亦即謂爲濊王之國撰好大王碑時以兩夫餘不易別故分北東之名三國志撰於晉初尚知辨此故於夫餘之外別有東夫餘之名後漢書撰於南宋晉書成於唐初夫餘久亡不知北夫餘與東扶餘之分混爲一說故有此誤非按圖考索博稽衆籍不能知也愚又疑晉以後人似以百濟爲東夫餘三國志謂東夫餘王尉仇台更屬遼東隋書東夷傳叙述更詳謂百濟之先出自高麗其王有侍婢生東明及長王忌之東明懼逃至淹水夫餘人共奉之東明之後有仇台者始立國於帶方故地初以百家濟因號百濟出自高麗即通典之索離亦名槀離實皆夫餘之訛此事當以好大王碑爲據其他皆因傳聞而異辭也吉林通志謂東夫餘卽北夫餘北夫餘則應在北郭爾羅斯及北黑龍江地此所謂

愈說愈遠不足置辨者矣

又案夫餘自漢初立國起即居今長春農安扶餘等地方迄晉武帝太康六年始爲慕容廆所破出走明年復國又至穆帝永和二年始西徙此後夫餘國事遂不見於史册據此斷定自前漢訖晉穆帝永和二年長春地方屬於扶餘

又按晉書夫餘爲百濟所侵西徙近燕一語疑有訛誤按魏書後周書北史皆謂其地東極新羅北極高句麗西南俱作大海東西四百五十里南北九百餘里夫餘又在高句麗之北百濟之兵何能越界而侵之即謂東晉之世百濟壤地稍廣然其時高句驪尤强大建國於丸都正在百濟之北百濟之兵雖欲飛越而不能也此百濟疑爲高句驪之訛容俟別考

東晉南北朝爲高句驪北境

魏書高句驪傳北至舊夫餘

文獻通考四裔考高句驪自東晉宋至於齊梁後魏後周其主皆受南北兩朝封爵分遣貢使其國東至新羅西渡遼二千里南接百濟北鄰靺鞨一千餘里

謹案吉林通志云魏書高句驪傳言北至舊夫餘似其稱名至魏而止意者經慕容氏破滅之後旋即復國終於不振故魏書以後遂不復見據此所説似尚未知晉書有夫餘爲百濟所侵（百濟應作高句驪）西徙近燕之語蓋亦百密之一疏也東晉之末夫餘與高句驪接壤日見侵偪不得已而西未徙幾遂亡是長春及農安一帶於東晉之末已入高句驪之版圖矣故謂長春爲高句驪之北境隋書靺鞨傳云靺鞨在高麗之北凡有七種其一號粟末部與高麗相接吉林通志謂松花江舊名粟末水則吉林烏拉一帶爲粟末舊部其説自爲可信意者當時高句驪之北境迄扶餘城而止扶餘城即今農安城亦即夫餘國部其北其東皆屬靺鞨南以長白山爲界故魏書謂高句驪國界北至舊夫餘而新唐書北狄傳又云粟末部南抵太白山（即長白山）也文獻通考謂高句驪北鄰靺鞨一千餘里亦包扶餘城在其境内自東晉迄初唐皆然

隋及唐初爲高麗之扶餘城境

遼史地理志開皇中粟末靺鞨與高麗戰不勝厥稽部長都塔濟（原作突他稽）率八部勝兵數千人自扶餘城西北舉部内附置順州以處之

舊唐書東夷傳高麗者出扶餘之別種也東渡海至於新羅西北渡遼水至於營州南渡海至於百濟北至靺鞨東西三千一百里南北二千里其王高建武貞觀五年築長城東北至扶餘城西南至海千有餘里

資治通鑑乾封元年六月以營州都督高侃爲行軍總管討高麗乾封二年高侃尚在新城泉男建遣兵襲其營左武衛將軍薛仁貴擊破之侃進至金山與高麗戰不利高麗乘勝逐北仁貴引兵横擊大破之拔南蘇木底蒼岩三城總章元年仁貴既破高麗於金山乘勝將三千人攻扶餘城與高麗戰大破之殺獲萬餘人遂拔扶餘城扶餘川中四十餘城皆望風請服

新唐書東夷傳乾封三年二月勣率仁貴拔扶餘城它城三十皆納款仁貴戰金山不勝高麗鼓而進仁貴横擊大破之拔南蘇木底蒼巖三城引兵略地與勣會

謹案吉林通志云高麗四至隋唐時北至靺鞨是已越扶餘而北直拓至今郭爾羅斯通典云至隋漸大不信然歟唐時從其西鄙進攻扶餘南蘇夫餘今農安縣南蘇今伊通州（南蘇當因南蘇水得名說者以爲在金州境蓋以金州在遼時曾設蘇州因是致誤）是當日用兵之道固歷歷可指也唯取兩城次第通鑑新書所記先後互異仁貴取道

本係自北而南竊疑新書爲得其實又明嘉靖遼東志開原城西北三百八十里有東金山又西北四百里有西金山皆在遼河北岸又明一統志龍安一秃河在三萬衛西北金山外大將軍馮勝徵納哈出兵駐金山遣副將於此受其降又全遼志圖龍安城在金山之東比緝諸書知唐初用兵之途係自西而東通鑑叙破金山於拔扶餘城之前次第固不悞疑南蘇木底蒼巖三城當在金山附近扶餘城尚在其東而非在北否則扶餘城城堅難下兵轉而南先拔三城而後扶餘城隨之而下也吉林通志以新唐書爲得實考之尚有未確扶餘城即今農安城亦即今遼志圖之龍安城長春城在其南九十里當日必爲其所屬無疑

渤海屬扶餘府

舊唐書北狄傳渤海靺鞨大祚榮者本高麗別種也高麗既滅祚榮率家屬徙居營州聖歷中自立爲振國王其地在營州之東二千里南與新羅相接越嘉靺鞨東北至黑水靺鞨地方二千里

新唐書北狄傳祚榮恃荒遠乃建國自號震國王地方五千里盡得扶餘沃沮弁韓朝鮮海北諸國唐遣使拜爲渤海郡王

同上扶餘故地爲扶餘府常屯重兵扞契丹領扶仙二州

同上扶餘契丹道也

滿洲源流考按扶餘府扶仙二州扶州即因扶餘得名當爲附郭所屬縣名見於遼史屬龍州者八長平富利佐慕肅愼永寧豐水扶羅永平屬通州者七扶餘布多顯義鵲川强師新安漁谷當即扶仙二州所隸蓋龍州所屬長平等縣爲扶州屬邑通州所屬扶餘等縣爲仙州屬縣也

謹案遼史地理志東京龍州黃龍府本渤海夫餘府太和平渤海還至此有黃龍見更名又太祖本紀天贊四年十二月親征大諲譔夜圍夫餘府天顯元年正月庚申拔之又金史地理志隆州古扶餘之地遼太祖時有黃龍見遂名黃龍府天眷三年改爲濟州金大定二十九年嫌與山東路濟州同更今名貞祐初升爲隆安府據此則金之隆州隆安即遼之黃龍府亦即渤海之扶餘府唐初之扶餘城遼太祖東征渤海首經扶餘府以達上京龍泉府此新唐書扶餘契丹道也一語之所據也扶餘府初改黃龍後名隆安明代稱之爲龍安城今稱之曰農安皆足證今農安城爲渤海之扶餘府扶餘府所屬扶仙二州已不可考然扶州爲附郭州長春又去農安甚近其爲扶州屬境又無疑

矣（吉林通志謂仙州在長春境似爲得之然無明徵）

遼屬東京道之龍州黃龍府

遼史地理志通州安遠軍節度本扶餘國王城渤海號扶餘城太祖改龍州聖宗更通州保寧七年以黃龍府叛人雅爾丕勒（原作燕頗）餘黨千戶置升節度統縣四通遠縣本渤海扶餘縣併布多縣置安縣本渤海顯義縣併鵲川縣置歸仁縣本渤海強師縣併新安縣置漁谷縣本渤海縣（吉林通志云通州今長春東北朱家城子境）

同上龍州黃龍府本渤海扶餘府太祖平渤海還至此崩有黃龍見更名保寧七年軍將雅爾丕勒叛廢開泰九年遷城於東北以宗州檀州漢戶一千復置統州五縣三黃龍縣本渤海長平縣併富利佐慕蕭置遷民縣本渤海永寧縣併豐水扶羅縣置永平縣渤海置（吉林通志云龍州今長春府境）

遼史本紀太祖所崩行宮在扶餘城西南兩河之間後建昇天殿於此而以扶餘爲黃龍府

遼史地理志湖州興利軍刺史渤海置兵事隸東京統軍司統縣一長慶縣

同上渤州清化軍刺史渤海置兵事隸東京統軍司統縣一貢珍縣渤海置（吉林縣志云湖渤二州當在今長春府之西北）

同上祥州瑞聖軍節度興宗以鐵驪戶置兵事屬黃龍府都部署司統縣一懷德縣（吉林通志云祥州今長春府東北）

謹案遼之龍州黃龍府即渤海之扶餘府亦即唐初之扶餘城此本一地而遼史於通州下則曰本扶餘國王城渤海號扶餘城於龍州黃龍府下則曰本渤海夫餘府一若夫餘城爲二地者此不可不有說以折其紛也遼史本紀不云太祖所崩行宮在扶餘城西南兩河之間後以爲黃龍府乎地理志不又云開泰九年遷城於東北乎蓋扶餘城扶餘府皆爲今之農安城迨遼太祖薨於扶餘城之西南又因有黃龍見遂即其地設黃龍府後以軍將雅爾丕勒叛遷城於東北舊扶餘城正在新建黃龍府之東北所遷者即在是非別營新城也至通州者乃當日安置叛人之所因州下有以黃龍府叛人雅爾丕勒餘黨千餘戶置之語而知之撰遼史者於遼代之疆域多未甚悉每州下亦云本某某地太半不足據例如黃龍府本名龍州而通州下亦云太祖改龍州一龍州而有二地其舛誤可知也撰遼史地理志者雖懵於當代地理而所列次第必有所據茲考通州銀州韓州之前必在奉天境而龍州湖州則相比湖渤二州必與龍州相近今既以龍州當農安則湖渤二州當長春境似爲近之至遼史於祥州下僅云屬黃龍府都部署司據此斷其在長春境內亦似失之武斷也茲不輕下斷語僅云長春屬龍州黃龍府以示存疑之義

金屬上京路之隆州

金史地理志隆州下利涉軍節度使古扶餘之地遼太祖時有黃龍見遂名黃龍府天眷三年改爲濟州以太祖來攻城時大軍徑渡不假舟楫之祥也置利涉軍天德二年置上京路都轉運司四年改爲濟州路轉運司大定二十九年嫌與山東路濟州同更今名貞祐初升爲隆安府亦作龍安縣一利涉與州同時置有混同江拉林河鎭一與縣同時置有混同館

謹案吉林通志云渤海扶餘遼爲黃龍府金天眷中改爲濟州大定中更爲隆州貞祐初升隆安府此歷代沿革之迹也考松漠紀聞過混同江七十里至北易州五十里至濟州東鋪二十里至濟州此自北而南道里也資治通鑑注云隆州北至混同江一百三十里此自南而北道里也雖小有同異而無大差殊核以今由遜扎堡站渡混同江至農安縣道里一一符合知隆州之即農安毫無疑義又全遼志言龍安城在一禿河西岸一禿即伊通同聲字册說城周七里門四旁有塔亦名農安今農安縣治正在伊通河西二里城基與塔皆與册符知農安龍安皆隆安傳寫之訛非實有兩地也據此所說今農安城即爲金之隆州已屬至確又考金上京路所屬有會寧府即今之阿城肇州

即今之扶餘信州即今之奉天懷德縣（用曹廷杰說）又有扶餘路率賓路哈斯罕路呼爾哈路皆在今吉林省東部與長春皆不相蒙且長春去農安祇九十里以他州壤地之廣例之知長春之屬於隆州必矣

又案遼史地理志有長春州之名今史地理志亦有長春縣曹廷杰東三省輿圖說釋此最晰其略云錫伯城東約四百里爲郭爾羅斯前旗界當陀喇河入嫩江之處有他虎城周八里有奇門四蒙古遊牧記謂建置無考查遼史上京有他魯河金史上春縣有撻魯古河遼聖宗四年春正月如鴨子河二月己未獵撻魯河詔改鴨子河曰混同江撻魯河曰長春河又遼史地理志長春州韶陽軍本鴨子河春獵之地興宗重熙八年置統縣一長春縣金史地理志泰州昌德軍本契丹二十部族牧地大定二十五年罷承安二年復置於長春縣北至遼四百里南至懿州八百里東至肇州三百五十里縣一曰長春即遼長春州金史收國元年正月太祖自將親攻黃龍府進臨益州州人走保黃龍留羅索尼楚赫守黃龍上自率兵趨撻魯噶城其時遼天祚帝率蕃漢兵十餘萬出長春路分五部北出駱駝口太祖乘其未陣三面擊之天祚大敗退保長春太祖乘勝遂克黃龍平渤海遼陽

等五十四州按以上諸說是陀喇河即他魯河亦即撻魯古河他虎城即撻魯噶城亦即遼之長春州韶陽軍治金復置之泰州昌德軍長春縣治所在也蓋按北至邊四百里推之金之北邊與遼至臚朐河正同由東至肇州三百五十里推之今至他虎城東至遜札堡站東北之珠赫城道里亦符且陀喇河歸喇里河合流之後東南流數十里即分爲二派一南流西岸錫伯城在焉一東南流十餘里又分一支先合南派又東南流三百里至喀沙圖站之東南復合而東流百餘里又折東北經科爾沁右冀後旗南界又東至札賚特旗南匯爲納喇薩喇池猶華言月日池也池西南有他虎城爲郭爾羅斯前旗地又東流入嫩江又東南入松花江查納喇薩喇池在他虎城東北數十里今通呼月亮泡（按月亮泡泡當作泊七音續泊如泡相沿既久字隨音改今多直書作泡非本字本義也）與營衛志所載鴨子河濼東西二十里南北三十里在長春縣東北三十五里適相符合故曰陀喇河即撻魯河他虎城即長春州也（曹說至此）愚謂曹氏之說極確極當後有論者蔑以加矣吉林通志謂泰州在今農安縣西北亦爲得之但未實指其地耳愚初疑金長春縣去今長春不遠今長春之南有長春堡或即其地後考長春去農安至近不容於隆州之外別有所謂泰州且金史明言泰州東至肇州三百五十里肇州爲今扶餘縣遜札堡站東

北十餘里之珠赫城（金史名出河店）泰州又在其西則今長春與金之長春縣無關明矣

元爲開元路屬境

元史地理志開元路古肅慎之地隋唐曰黑水靺鞨唐以其地爲燕州置黑水府東瀕海南界高麗西北與契丹接壤即金鼻祖之部落也太祖阿古達既滅遼即上京設都海陵遷都於燕改爲會寧府金末其將布希萬努（原作蒲鮮萬奴）據遼東元初癸巳歲出師伐之生擒萬努師至開元率賓東土悉平開元之名始見於此乙未歲立開元南京二萬戶府治黃龍府至元四年更遼東路總管府二十三年改爲開元路領咸平府後割咸平爲散府俱隸遼東道宣慰司

元一統志開元路南鎭長白之山北浸鯨州之海三京故國五國故城亦東北一都會也

謹案續通志曰元史志開元路即金會寧府又云開元萬戶治黃龍府考遼黃龍府金改爲隆州非會寧也開元西北曰會寧府西曰黃龍府是會寧黃龍與開元相近而非即開元也（以上吉林通志引）方輿紀要遼東都司三萬衛下引王氏曰開元者金上京境內地名元平遼東引師至此遂定其地時上京一帶俱已殘毀因改建開元路以三萬衛爲即會寧故地者誤也滿洲源流考引此文而釋之曰

其初寄治黄龍府後徙於今開元原縣地明初因以設衛亦非今開原縣即黄龍府也綜此上引各文應辨明者有二事其一元初置開元路治黄龍府其二元開元路始終未嘗移治今之開原據土氏所説開元本爲金之舊名因上京一帶殘破引而置之黄龍府此元史地理志謂乙未歲立開元萬戶治黄龍府是也續通志謂黄龍與開元相近而非即開元則立語殊誤迨至至元四年更遼東路總管府開元萬戶府廢二十三年復立開元路而以咸平府隸焉咸平府治今之開原縣元代隸於開元路而非開元路治是也其後割出咸平爲散府與開元路俱隸遼東道宣慰司而開元路之名自在亦未嘗因領咸平府而南移細繹元志之文脈絡甚明而吉林通志乃云改爲開元路治咸平府再徙於今開原縣地如是改隸爲治以證開元以南徙實則無以解於割咸平爲散府之語何則開元路既治於是一經割出又須他徙則所徙之地又在何方此蓋因滿洲源流考後徙今開原縣地一語而致誤也明輿地理志謂明初設三萬衛於開元路故城則元代開元路始終治於今之農安至其南徙之時不在元末乃在明初已有名徵矣兹將開元路所在及其設置一一闡明則今之長春縣必在開元路屬境更無疑矣

明初屬三萬衛後爲奴爾干都司轄境

明史地理志三萬衛元開元路洪武初廢二十年十二月置三萬衛於故城西兼置兀者野人乞例迷女眞軍民府二十一年府罷徙衛於開元城

明史兵志羈縻衛所洪武永樂間邊外歸附者官其長爲都督都指揮千百戶鎭撫等官賜以敕書印記設督司衛所都司一（奴兒干都司）衛三百八十四（亦迷河衛永樂十五年置亦屯河衛）

遼東志外夷衛所　亦東河衛　亦迷河衛（全遼志通）滿洲源流考明衛所城站考明初疆圉東盡於開原鐵嶺遼瀋海蓋永樂二年倣唐羈縻州之制設奴爾干衛七年改爲都司後又續設衛所空名其疆域遠近原弗及知所稱山川城站亦多在傳聞疑似之間

伊屯河衛（舊訛亦東明一統志訛一秃又訛一統今改正明實錄永樂十五年二月置案伊屯河在吉林城西二百九十餘里北流入松花江）

伊爾們河衛（舊訛亦迷明一統志訛衣迷今改正明實錄永樂十五年與伊屯河衛同置明一統志衣迷河在開原城北流合一秃河入松花江衣迷即伊爾們之訛今案伊爾們河在吉林西百四十里會伊屯河入混同江）

謹案明志謂明初設三萬衛於開元路故城西則仍在今之農安附近兼置兀者野人乞例迷女眞軍民府一名遠東三萬戸府蓋以總括東北也故於洪武二十一年以前軍民府廢衛城南徙之日

今之長春縣應屬於三萬衛無疑迨三萬衛徙於今之開原而長春遂爲奴爾干都司之轄境所謂伊屯河伊爾們河（今稱驛馬河又名飲馬河）二衛之地皆是也據特林永寧寺碑所紀明初兵力實遠及松花江下游濱海之地遼東都指揮使劉清且曾造船於今之吉林率兵泝松花江而上滿洲源流考謂所設衛所僅屬空名又謂地盡於開原蓋亦未之深考也

中葉以後淪於兀良哈

明史外國傳朶顏福餘泰寧三衛高皇帝所置三衛也其地爲兀良哈在黑龍江南自大寧前抵喜峯口近宣府曰朶顏自錦義歷廣寧至遼河曰泰寧自黄泥窪逾瀋陽鐵嶺至開原曰福餘

方輿紀要兀良哈在大寧衛北東接海西西連開平北抵北海明洪武二十二年故元宗室遼王阿禮失里及朶顏諮內附詔以兀良哈之地置三衛居之其地在潢水之北（按兀良哈即兀良河在臨潢北源出沙漠東南流入女眞境合洮兒江腦溫河入混同江）朶顏獨强竟與乜先合致土木之變嗣後三衛盡沒遼河東西三岔河故地初衛制以泰寧爲首三衛所分地延袤共千餘里及朶顏益强遂爲首稱自廣寧前屯歷喜峯邊宣府者皆屬朶顏自錦義度潢河至白雲山皆屬泰寧自黄泥窪以東至開原皆屬福餘東西亙三千里薊遼日以多事

謹按屠寄撰中國地理謂長春於明中葉屬兀良哈三衛魏龢吉林地理紀要從之愚考明初設奴爾干都司轄地甚廣長春居伊通驛馬二河流域當然爲其所屬已如前條所說至正統後土木肇變三衛狡焉思逞於是斥大境地拓至開原以北奴爾干都司名存實亡而長春農安長嶺一帶亦爲朶顏三衛所有何以明之清初之柳條邊起山海關北至開原境威遠邊門分一支東北行訖松花江之東此所以限滿蒙之界也蒙古界址東展至柳條邊包長春在內即因朶顏三衛之强拓地至此而然而屠氏以長春隸於兀良哈部之內亦正以此此節爲吉林通志所未詳似嫌其疏故詳說之如上

迨明末始有郭爾羅斯前旗之名長春屬焉清代仍而未改

蒙古游牧記郭爾羅斯部本契丹地元太祖遣弟哈布圖哈薩爾征郭爾羅斯部禽其蘭納琳於克哩業庫卜克爾、哈布圖哈薩爾十六傳至烏巴什遂以所部號二旗前旗札薩克鎭國公游牧烏巴什子莽果莽果子布本巴天命九年偕科爾沁台吉奥巴來降順治五年叙前後從征功封札薩克鎭國公世襲罔替牧當嫩江與松花江相合之西岸在吉林伊通邊門外長春廳之西東至烏拉河南至柳條

邊西至博果圖北至拜格台和碩東南至柳條邊西南至巴彥濟魯克山東北嫩江西北至庫勒恩博

噶札薩克駐固爾班察汗

蒙古源流歲次壬戌金章宗泰和二年太祖年四十一歲用兵於郭爾羅斯郭爾羅斯之納琳汗率二十萬郭

爾羅斯前來迎戰克哩葉庫卜克爾地方彼時有哈薩爾諾延鴻吉喇特之幹齊爾徹辰囊古特之圖

克德庫和濟歡巴雅因特之烏里阿克塔等四人進戰生擒納琳汗遂據郭爾羅斯之衆蒙古游牧記卷一引

蔣良騏東華錄天命九年二月與蒙古科爾沁台吉奧巴會盟修好按郭爾羅斯此次借同來歸

謹案今長春界南抵柳條邊沿邊而東抵驛馬河與吉林縣接壤自此而西皆郭爾羅斯前界也蒙

古游牧記謂郭爾羅斯前旗在長春廳之西立語殊誤長春全境即包括旗內立廳之始是爲借地

設治詳下文非將此一部劃出而其疆界亦値之變更也至郭爾羅斯之名起於金末元初其本部蓋

在今農安縣西北札薩克駐在之地長春蓋不在內有明中葉兀良哈雄峙東北郭爾羅斯應隸於

福餘衛又因明室於東北諸衛失其統馭之力而長春一隅亦淪於兀良哈遂爲郭爾羅斯之屬境

矣清初征服諸部借助於科爾沁者極多故首與科爾沁通婚姻之好迨後戡定中原蒙古列爲北

藩其界址一仍明代之舊所以示優禮也郭爾羅斯偕科爾沁來歸其優禮與之同故雖向隸於明之版圖如長春等地方亦不能復其舊封亦勢之不得不然者耳

嘉慶五年始設長春廳光緒十五年升爲府

吉林通志乾隆五十六年郭爾羅斯札薩克公恭格拉布坦以前旗游牧之地招農墾種無業流民利其收穫至者日衆嘉慶五年於長春堡設理事通判名長春廳（按設治地點原在長春堡較東偏數里命名故由此起而建署之處士人更名之曰新立城云）道光五年移建衙署於寬城子仍名長春廳同治四年始挖城濠脩築木板城垣光緒八年改理事通判爲撫民通判並增設農安分防照磨十五年裁撫民通判升爲知府名長春府

蒙古游牧記嘉慶五年奏准郭爾羅斯長春堡地方民人開墾地畝設立理事通判一員巡檢一員辦理刑錢事務其收取租息令蒙古自行收取無庸官爲經理按理藩院則例載長春堡已墾地畝東自穆什河起西至巴彥濟魯克山根止廣二百三十里南至吉林伊通邊起北至季家窩鋪止縱一百八十里擬定界限起立封堆

譯案長春廳之設非在長春堡乃在堡東隔伊通河十里地方築土城設治因謂之爲新立城當日

長吏奏疏均稱爲長春堡者以築城地方原無村落且其地屬長春堡界故舉以名之耳後人以與長春堡無別故又有新立城之名設治之初全境劃分四鄉曰沐德曰撫安曰恒裕曰懷惠光緒十五年升廳爲府是年將恒裕鄉之十四甲十五甲劃歸農安縣縣屬長春府宣統元年又將懷惠鄉全部及沐德鄉之四五六七等甲劃出設德惠縣於是長春府直轄之境南至伊通門柳條邊壕北至兩儀門東至雙山子西至白龍駒山以迄於今未之改也

又案設治之初其官曰理事通判又曰撫民通判蓋其所理者爲自内地移住民人之事而當地之蒙民及外來之八旗人非其所轄也土地權屬之蒙古故准其自行收租而所派理民之官謂之借地設治迨至今日已無所謂蒙民地方之事悉由行政長官主持僅分租賦之大半予之蒙古而借地設治之意名存實亡矣

民國二年三月改爲長春縣

吉林地理紀要民國二年改縣

謹案民國二年政府制定全國行政區域將各省府廳州一律改縣於是是年三月改長春府爲長

春縣隸吉長道道尹管轄

長春沿革表

周以往	屬於肅慎亦稱息慎稷慎
兩漢	屬於夫餘
三國	同上
晉	西晉同上東晉穆帝以後爲高句驪北境
南北朝	同東晉
隋	爲高麗之扶餘城境
唐	唐初同隋後屬渤海之扶餘府
遼	屬東京道之龍州黃龍府
金	屬上京路之隆州
元	爲開元路屬境
明	初屬三萬衛繼爲奴爾干都司轄境中葉以後淪於兀良哈
清	初爲郭爾羅斯前旗地後借地設長春廳又升爲府
民國	爲長春縣

論曰長春地懸東北邊外向爲諸夷所據未嘗與中國通自契丹崛起漠北廣置郡縣而長春編氓始立衣食租賦之制歷金及元未之有改盖駸駸與中原華族有道一風同之勢矣明初革郡縣而設衛清代復嚴滿漢之禁直至嘉慶間借地設治又復郡縣之規模迄今百有餘年戶口日蕃草萊盡闢以視遼金之盛猶遠過焉非一朝一夕之故也考證斯地之沿革首應闡明者盖有數事一曰挹婁原於肅慎而其彊域則有一狹一廣之分漢人多指挹婁爲肅慎不知長春在三代以往固屬於肅慎而當兩漢之際則非挹婁之所能包也二曰北夫餘與東扶餘之分今人多以扶餘故國爲

東夫餘而於其極北别立北夫餘以當之此係不知百濟有東扶餘之名故耳三曰扶餘城扶餘府黄龍府開元路皆爲一地之異名而後人於此誤解甚多而於遼史遷城於東北之文尤有迷於方位逞臆而談之弊四曰明代兀良哈斥地南至今之柳條邊故郭爾羅斯之基礎於以立滿蒙之界址於以分而長春地方之隷於蒙古亦起於是時凡此諸端雖精博如吉林通志亦未之詳説愚皆一一辨之大抵考證古事宜明其原委之分其原既明則其委有不待煩言而解者長春設治僅及百年其在設治以前則以肅愼夫餘黄龍府開元路兀良哈爲原而長春爲委故將斯數事闡明而長春之沿革亦略具不然設治以前祇渤海時代之仙州或治於是餘則渺乎莫覩尋其先後之序蓋有不容或紊者矣特愚所攷辨者未必悉當且舊籍中涉及長春之事或爲考覽之所未及訂疑補闕是所望於博聞

輿地志二　天度

星野圖　據全遼志

尾宿

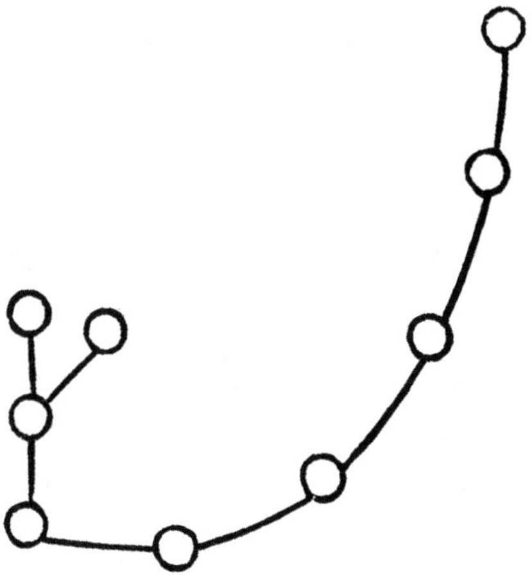

箕宿

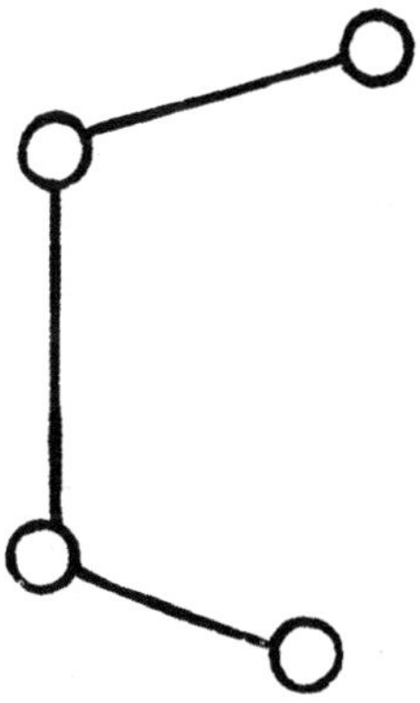

全遼志按天文志尾去極一百二十七度箕去極一百二十一度半周禮保章氏以星土辨九州之地皆有分星以察妖祥鄭玄注曰箕尾燕分漢書地理志曰燕地尾箕分野漢天文志曰尾箕幽州帝王世紀曰自尾十度至斗七度曰析木之次今燕分野晉志曰遼西東入尾十度至南斗十一度爲析木

於辰在寅燕之分野屬幽州唐天文志曰箕尾爲燕分星曰析木宫曰人馬時曰寅州曰幽宋天文志曰箕尾析木之次初尾九度外末斗十一度内于分爲燕辰在寅于野爲幽自漢渤海九河之北皆析木之分尾星得雲漢之末派海物龜魚麗焉故當九河之下流濱於渤碣皆北紀之所窮也箕與南斗相近故其分自遼水之陽看朝鮮三韓之地在吳越之東與高麗皆燕分也又女宿下十二國有名無星者其妖祥與遼東亦有占爲歷考諸紀載尾箕爲遼東分星無疑矣

謹案唐書天文志謂箕自渤海九河之北遼西遼東樂浪玄菟古北燕孤竹九夷之諸國尾當九河之下流濱於渤海皆北紀之所窮也據此所論則長春地方實當箕尾之分附於幽營之末不得以去中原遠遂屏而不數也吉林通志以分星惟隸九州而不及九州以外如析木爲燕分而并以玄菟樂浪屬之是謂以其所及推其所不及況玄菟東北數千里之地又豈析木一次所能盡遂遵熱河志之例刪除分野之説其立意不爲無見特長春去遼東甚邇明代隸於三萬衛之北徼（指中葉以後而言）亦當營州之東北隅以視甯古塔三姓之去中原絶遠固自有別愚故論而次之

經緯度（南北緯度 東西經度）

緯度北極出地四十三度四十八分距北京緯度偏北三度五十三分經度偏東八度五十七分距省城緯度偏北五分經度偏西一度四十九分又爲格林維基東經一百二十五度二十九分

謹案吉林通志謂長春距省城緯度偏南一分茲證以胡林翼中外一統輿圖及童世亨民國新區域圖長春應距省城緯度偏北五分謹據以訂正蓋以吾人經驗所得亦似省城在長春之東而稍偏南也

節氣			冬至日		小寒日		大寒日		立春日		雨水日
日躔	宮	度十	丑	初〇	丑	五一	子	初〇	子	五一	亥
實高	十 度	十十 秒分	二 二	〇四 〇五	二 三	四三 四五	二 六	四〇 四二	二 九	〇五 三二	三 四
半徑	角差	秒		八		八		八		七	
視高	十 度	十十 秒分	二 二	五四 二四	二 三	三三 六五	二 六	三〇 六二	二 九	五五 六一	三 四
視 半	徑	十十 秒分		二一 二六		二一 三六		二一 二六		二一 〇六	
上邊視高	十 度	十十 秒分	二 三	一〇 四一	二 三	五五 九一	二 六	五一 八八	三 〇	一〇 六八	三 五
立表平景	丈 尺	釐寸 毫分	一 一	七七 五六	一 一	一三 〇〇	一 〇	九一 六〇	〇 八	二六 四一	〇 七
下邊視高	十 度	十十 秒分	二 二	三二 〇八	二 三	一一 三九	二 五	一四 四六	二 九	三三 六五	三 四
臥表倒景	丈 尺	釐寸 毫分	〇 二	八〇 五六	〇 二	五一 四五	〇 二	三四 九一	〇 二	九八 六三	〇 三
日躔	宮	度十	丑	初〇	寅	五一	寅	初〇	卯	五一	卯
節氣			冬至日		大雪日		小雪日		立冬日		霜降日

	驚蟄日		春分日		淸明日		穀雨日		立夏日		小滿日
初〇	亥	五一	戌	初〇	戌	五一	酉	初〇	酉	五一	申
二四 七四	四 〇	四一 九八	四 六	〇一 〇四	五 二	一〇 一九	五 七	三四 三三	六 二	五三 七五	六 六
七		六		六		五		四		四	
二四 〇四	四 〇	四一 三八	四 六	五一 四三	五 二	〇〇 六九	五 七	二四 九三	六 二	五三 三五	六 六
一一 七六		一一 三六		〇一 九六		日一 五六		〇一 一六		五一 七五	
三〇 七〇	四 〇	五三 六四	四 六	〇三 三〇	五 二	一二 一五	五 七	三五 〇九	六 二	五五 〇一	六 六
八一 〇三	〇 五	七八 三三	〇 四	四七 七四	〇 三	七八 八四	〇 三	五一 四二	〇 二	二五 六六	〇 二
〇二 三八	四 〇	三〇 〇二	四 五	四五 五七	五 一	〇五 一三	五 七	二二 八七	六 二	五一 六九	六 六
二四 二三	〇 四	一二 七〇	〇 五	〇一 九七	〇 六	三三 〇七	〇 七	五八 七三	〇 九	六五 六三	一 一
初〇	辰	五一	辰	初〇	巳	五一	巳	初〇	午	五一	午
	寒露日		秋分日		白露日		處暑日		立秋日		大暑日

	初〇	一二六五	三	一二三五	五一四五	〇四七一	四一九四	一〇九九	二三六一	初〇	
芒種日	申	六八		六八		六九	〇一	六八	一二	未	小暑日
	五一	一五六二	三	一五三二	五一一五	〇〇四八	五九九〇	二三二六	二七五六	五一	
夏至日	未	六九		六九		六九	〇一	六九	一三	未	夏至日
	初〇	〇四〇三	三	五四七二	五一〇五	四五七八	一八九二	〇二七七	九三〇三	初〇	

中氣	時正	太陽視上邊高	太陽方位	太陽平景偏度	平景方位	立表平景	中氣
		十度 十十 秒分		十度 十十 秒分		寸分釐毫	
十一	申辰正	〇三 一二 四三	正西東偏南	三七 四一 二七	正東西偏北	八二八四	十一
月冬	未巳正	一七 二三 四六	正南偏西東	二八 四四 四二	正北偏東西	一五七六	月冬
至日	午正	二三 一〇 四一	正南		正北	一一七七	至日
十二	申辰正	〇六 一〇 四一	正西東偏南	三五 一一 六三	正東西偏北	四七四一	十月
月大	未巳正	二〇 一三 〇九	正南偏西東	三〇 三〇 〇三	正北偏東西	二三二七	小雪
寒日	午正	二六 五一 八八	正南		正北	一〇一一	日
正月	申辰正	一二 四四 〇四	正西東偏南	二九 一三 〇八	正東西偏北	二二一一	九月
雨水	未巳正	二八 五三 六七	正南偏西東	三五 一五 〇〇	正北偏東西	〇九一六	霜降
日	午正	三五 三〇 七〇	正南		正北	〇七一四	日
二月	申辰正	二一 〇二 三六	正西東偏南	二一 一四 二六	正東西偏北	一二七四	八月

春分	未巳正	三八四五七八	正南偏西東	三九〇五一一	正北偏東西	〇六一八	秋分
日	午正	四六〇三三〇	正南		正北	〇四七四	日
三月	酉卯正	〇八一一三一	正西東偏北	〇八一二〇一	正東西偏南	三四七五	七月
穀雨	申辰正	二九五四五二	正西東偏南	一二三五六六	正東西偏北	〇八七六	處暑
日	未巳正	四八五五七四	正西東偏南	四二四〇〇七	正東西偏北	〇四三六	日
	午正	五七三五〇九	正南		正北	〇三一三	
四月	酉卯正	一四二〇七四	正西東偏北	一四一五四二	正東西偏南	一九九四	六月
小滿	申辰正	三五四三九三	正西東偏南	〇五五一九七	正東西偏北	〇七〇〇	大暑
日	未巳正	五五二五七五	正西東偏南	三三一四八二	正東西偏北	〇三三八	日
	午正	六六〇四七一	正南		正北	〇二一五	
五月	酉卯正	一六四一九五	正西東偏北	一七一二〇五	正東西偏南	一七一四	五月
夏至	申辰正	三七二三一七	正西東偏南	〇二二〇三七	正東西偏北	〇六四九	夏至

日			
巳未正	午正		
五八二三三七	六九五八四七		
正東西偏南	正南		
一九四二三一			
正西東偏北	正北		
○三○八	○一八二		
日			

節氣		冬至	小寒	大寒	立春	雨水	驚蟄
日出	時初正刻十分	辰初二四八	辰初二○四	辰初一○七	辰初初○五	卯正三○○	卯正一○八
日入	時初正刻十分	申正一○七	申正一一一	申正二○八	申正三一○	酉初一○○	酉初二○七
晝	十刻十分	三四一三	三五○七	三七○○	三九○四	四二○○	四四一四
夜	十刻十分	六一○二	六○○八	五九○○	五六一一	五四○○	五一○一
曚影	十刻十分	○七○五	○七○四	○七○一	○六一三	○六一一	○六一○
氣節		冬至	大雪	小雪	立冬	霜降	寒露

春分	卯正初〇〇	酉正初〇〇	四八〇〇	四八〇〇	〇六一一	秋分
清明	卯初二〇七	酉正一〇八	五一〇一	四四一四	〇七〇〇	白露
穀雨	卯初一〇〇	酉正三〇〇	五四〇〇	四二〇〇	〇七〇七	處暑
立夏	寅正三一〇	戌初初〇五	五六一一	三九〇四	〇八〇一	立秋
小滿	寅正二〇八	戌初一〇七	五九〇〇	三七〇〇	〇八一三	大暑
芒種	寅正一一一	戌初二〇四	六〇〇八	三五〇七	〇九一〇	小暑
夏至	寅正一〇七	戌初二〇八	六一〇二	三四一三	一〇〇〇	夏至

節	氣		冬	至	日						小
日躔赤道	十宮十度	十分十秒	○○ ○○	○○ ○○							一○ 六○
昏日	更點		初昏	起更	二更	三更	四更	五更	攢點	平旦	初昏
時初正刻十分			酉正初一二	酉正一○七	戌正二○四	亥正三○一	子正三一四	寅初初一一	卯初一○八	卯初三○三	酉正一○○
節	氣		夏	至	日						小
日躔赤道	十宮十度	十分十秒	○○ ○○	○○ ○六							一○ 六六
昏日	更點		初昏	起更	二更	三更	四更	五更	攢點	平旦	初昏
時初正刻十分			亥正初○八	亥初二○八	亥正二○二	子正一一一	子正一○四	丑初初一三	丑正初○七	丑初三○七	亥初二○四

寒日	〇一 八七	起更	酉	正	一	一一
		二更	戌	正	二	〇七
		三更	亥	正	三	〇二
		四更	子	正	三	一三
		五更	寅	初	初	〇八
		攢點	卯	初	一	〇四
		平旦	卯	初	三	〇〇
大寒日	〇〇 二一 二一 四一	初昏	酉	正	一	〇九
		起更	酉	正	二	〇八
		二更	戌	正	二	〇四
		三更	亥	正	三	〇五
		四更	子	正	三	一〇

暑日	〇一 八七	起更	亥	初	三	一四
		二更	亥	正	一	一四
		三更	子	初	一	一〇
		四更	子	正	一	〇五
		五更	丑	初	一	〇一
		攢點	丑	正	初	〇一
		平旦	丑	正	初	一一
大暑日	〇〇 二七 二一 四一	初昏	亥	初	一	〇七
		起更	亥	初	二	〇五
		二更	亥	正	一	〇七
		三更	子	初	一	〇七
		四更	子	正	一	〇八

節氣	數	更點	時刻
立春日	一〇七一 二二五八	五更	寅初初〇一
		攢點	卯初初〇七
		平旦	卯初二〇六
		初昏	酉正二〇八
		起更	酉正三一〇
		二更	戌正三〇九
		三更	亥正三〇八
		四更	子正三〇七
		五更	丑正三〇六
		攢點	寅正三〇五
		平旦	卯初一〇七
雨	〇〇二二	初昏	酉正三一一
立秋日	一〇七七 二二五八	五更	丑初一〇八
		攢點	丑正一〇八
		平旦	丑正一一〇
		初昏	亥初初〇五
		起更	亥初初〇六
		二更	亥正初一二
		三更	子初一〇四
		四更	子正一一一
		五更	丑初二〇三
		攢點	丑正二一〇
		平旦	丑正三〇九
處	〇〇二八	初昏	戌正二〇七

水	五〇〇五	起更	戌初一〇〇
日		二更	亥初初〇六
		三更	亥正三一二
		四更	子正三〇三
		五更	丑正二〇九
		攢點	寅正二〇〇
		平旦	卯初初〇四
驚	一〇六二	初昏	戌初一〇二
蟄	三一四一	起更	戌初二〇七
日		二更	亥初一〇四
		三更	子初初〇一
		四更	子正二一四

暑	五〇〇五	起更	戌正三〇〇
日		二更	亥正初〇〇
		三更	子初一〇〇
		四更	子正二〇〇
		五更	丑初三〇〇
		攢點	寅初初〇〇
		平旦	寅初一〇八
白	一〇六八	初昏	戌正初〇八
露	三一四一	起更	戌正一〇八
日		二更	亥初三〇二
		三更	子初初一一
		四更	子正二〇四

		五更	丑正一一一
		攢點	寅正初○八
		平旦	寅正二一三
春	○○○三	初昏	戌初二一一
分	○○○○	起更	戌正初○○
日		二更	亥初二○三
		三更	子初初○六
		四更	子正二○九
		五更	丑正初一二
		攢點	寅初三○○
		平旦	寅正一○四
清	一○三三	初昏	戌正初○八

		五更	丑初三一三
秋	○○○九	初昏	戌初二一一
分	○○○○	起更	戌正初○○
日		二更	亥初二○三
		三更	子初初○六
		四更	子正二○九
		五更	丑正初一二
		攢點	寅初三○○
		平旦	寅正一○四
寒	一○三九	初昏	戌初一○二

明	二四六八	起更	戌正一〇八
日		二更	亥初三〇二
		三更	子初初一一
		四更	子正二〇四
		五更	丑初三一三
		攢點	寅初一〇七
		平旦	寅初三〇七
穀	二〇七三	初昏	戌初二〇七
雨	一五〇四	起更	戌正三〇〇
日		二更	亥正初〇〇
		三更	子正一〇〇
		四更	子正二〇〇

露	二四六八	起更	戌初二〇七
日		二更	亥初一〇四
		三更	子初初〇一
		四更	子正二一四
		五更	丑正一一一
		攢點	寅正初〇八
		平旦	寅正二一三
霜	二〇七九	初昏	酉正三一一
降	一五〇四	起更	戌初一〇〇
日		二更	亥初初〇六
		三更	亥正三一二
		四更	子正三〇三

		五更	丑初三〇〇
		攢點	寅初初〇〇
		平旦	寅初一〇八
立	一〇 二四	初昏	亥初初〇五
夏	三三 五一	起更	亥初初〇六
日		二更	亥正初一二
		三更	子初一〇四
		四更	子正一一一
		五更	丑初二〇三
		攢點	丑正二一〇
		平旦	丑正三〇九
小	二〇 七四	初昏	亥初一〇八
		五更	丑正二〇九
		攢點	寅正二〇〇
		平旦	卯初初〇四
立	一一 二〇	初昏	酉正二〇八
冬	三三 五一	起更	酉正三一〇
日		二更	戌正三〇九
		三更	亥正三〇八
		四更	子正三〇七
		五更	丑正三〇六
		攢點	寅正三〇五
		平旦	卯初一〇七
小	一一 二〇	初昏	酉正一〇九

滿日							芒種日				
三四 六八							一〇 三五	五四 二二			
起更	二更	三更	四更	五更	攢點	平旦	初昏	起更	二更	三更	四更
亥初二〇六	亥正一〇八	子正一〇八	子正一〇七	丑初一〇七	丑正一〇七	丑正一〇九	亥初二〇四	亥初三一四	亥正一一四	子初一一〇	子正一〇五

雪日							大雪日				
三三 五一							一一 三一	五四 二二			
起更	二更	三更	四更	五更	攢點	平旦	初昏	起更	二更	三更	四更
酉正二〇七	戌正二一三	亥正三〇四	子正三一一	寅初初〇二	卯初初〇八	卯初二〇六	酉正一〇〇	酉正一一一	戌正二〇七	亥正三〇二	子正三一三

五更	丑初一〇一	寅初初〇八
攢點	丑正初〇一	卯初一〇四
平旦	丑正初一一	卯初三〇〇

謹案右列四表皆據吉林通志錄入並爲之說云授時之法全憑測驗而以北極高度爲立法之原黃赤大距尤爲求日躔之所本是表參攷大清一統志會典諸書所定北極高度及考成後編實測所得黃赤大距爲二十三度二十九分以爲之用數遵考成及協紀辨方成法求太陽高度方位晝夜時刻曚影刻分昏旦更點時刻推算所得皆與測量所得合按此即右列三表之所以立也即攷其所標時刻仍遵用協紀辨方舊法時分初正初正皆分四刻每刻十五分不如改用今日通行以二十四時爲一晝夜六十分爲一時者爲得利民授時之宜民國以後中央觀象臺曆書即改用通行時分計算茲照錄於左以備參驗

民國十七年吉林省節氣太陽出入時表 按吉林縣城經緯度推算

小寒	一月六日 下午九時五十九分	日出七時三十四分 日入四時三十七分
小暑	七月七日 下午六時十二分	日出四時二十五分 日入七時四十四分

大寒	一月二十一日下午三時二十五分	日出七時二十九分	日入四時五十四分
立春	二月五日上午九時四十五分	日出七時十四分	日入五時十四分
雨水	二月二十日上午五時四十七分	日出六時五十四分	日入五時三十四分
驚蟄	三月六日上午四時五分	日出六時二十九分	日入五時五十四分
春分	三月二十一日上午五時十二分	日出六時三分	日入六時十二分
清明	四月五日上午九時二十三分	日出五時三十五分	日入六時三十分
穀雨	四月二十日下午四時四十五分	日出五時十分	日入六時四十八分
立夏	五月六日上午三時十一分	日出四時四十六分	日入七時七分
小滿	五月二十一日下午四時二十分	日出四時二十九分	日入七時二十四分
芒種	六月六日上午七時四十五分	日出四時十九分	日入七時三十八分
夏至	六月二十二日上午零時三十五分	日出四時十八分	日入七時四十五分

大暑	七月二十三日上午十一時三十分	日出四時三十九分	日入七時三十四分
立秋	八月八日上午三時五十六分	日出四時五十六分	日入七時十六分
處暑	八月二十三日下午六時二十一分	日出五時十三分	日入六時五十三分
白露	九月八日上午六時三十分	日出五時三十一分	日入六時二十五分
秋分	九月二十三日下午三時三十四分	日出五時四十八分	日入五時五十八分
寒露	十月八日下午九時三十八分	日出六時五分	日入五時三十分
霜降	十月二十四日上午零時二十三分	日出六時二十五分	日入五時五分
立冬	十一月八日上午零時十八分	日出六時四十五分	日入四時四十三分
小雪	十一月二十二日下午九時二十八分	日出七時三分	日入四時二十九分
大雪	十二月七日下午四時四十六分	日出七時二十分	日入四時二十三分
冬至	十二月二十二日上午十時三十二分	日出七時三十一分	日入四時二十六分

謹案右表所載日出日入之時數係以吉林省城爲準然考之吉林通志吉長兩地之日出日入時

刻相差極微而覈之以此表皆有數分之差蓋前疏而後精也長春地方之日出日入時數亦可依法推得之但所差極微故不具載祇以此表代之至節氣變換時數每年不同表所舉者無關宏旨

吉林標準時與地方時比較表

地名	標準時	地方時	備考
同江	長	早十九分十一秒	長白時即世界
寧安	白	早七分五十五秒	標準時八時
吉林	時	遲二分十九秒	三十分
綏化		遲五分九秒	

民國曆書世界標準時者自格林維算每第十五度經線之時刻爲標準故全球可分二十四區名曰標準時區各區皆以十五度之經線爲中線格林維基所在之區爲中區其東十二區爲下午時區順序名之曰東一區東二區東三區至東十二區止其西十二區爲上午時區順序名之曰西一區西二區西三區亦至西十二區止東十二區與西十二區同爲一區日之界線在焉經度十五度當平時一

時故二十四區標準時即周日二十四之表示其標準時區則以一時爲進退無奇零分秒之數如在此區爲五時則東鄰即爲六時西鄰區即爲四時里差之數可以不計此其所以便也中國幅員遼闊西起格林維基七十二度東至東經一百三十五度里差多至四十有餘其不能用一種時刻通行全國彰之明矣民國紀元前十年間海關爲劃一時刻起見嘗以東經一百二十度經線之時刻爲沿海各關通用之時稱之曰海岸時現擬推行全國將中國全部劃爲五區以東經一百二十度經線之時刻爲標準者曰中原時區以一百零五度爲標準者爲隴蜀時區以九十度爲標準者曰西藏時區以上三者皆整時區也以八十二度半之時刻爲標準者曰昆侖時區以一百二十七度半之時刻爲標準者曰長白時區皆半時區也中原時以一百二十度爲標準地在此線東者其地方時早於標準時在其西者遲於標準時所遲早之數視距此線之遠近定表首列地名定推算之地點也次列標準時明各地點之所屬也末列地方時曰早若干分秒曰遲若干分秒皆對本區標準時之差數也

謹案標準時之應用甚大如測量氣候鐵路電報海關彼此交通往還商舖借貸滙兑擔保以時間之差而發生重大之關係者匪一事例如今日長春通行時間係以吉長南滿二鐵路之駛車之時

間爲標準而此兩路所定之時間又以北京中央觀象臺之時間爲標準故以長春地方之日中平時比北京之日中平時實早三十分而强至奉天地方又祇早二十五分此因經度之遠近而生差異者也是以長春實以北京之日中平時爲標準而非斯地方之正確時間也若依民國曆書之法推算之以格林維基東經一百二十七度半爲長白時區之標準時而此區爲半時區與中原時區之標準時祇早半時依日行之度凡經線行十五度爲一時行七度半爲半時即三十分而觀象臺所推吉林省城之地方時遲於長白區之標準時僅爲二分十九秒則吉林應在東經一百二十七度而强準此以推長春約在東經一百二十五度十分即與長白區中線相距二度二十分〇〇每日行二度半差時十分則長安地方時應遲於標準時者祇爲九分而强再以民國曆書日中平時推算十五年一月一日日中平時爲十二時三分四秒再將長春約畧遲於標準時之九分加入是爲十二時十二分（此係約數）此即長春一月一日午正之標準時也餘可類推愚以此有關於治曆明時之大不得以地方之小而略之故詳具於篇

論曰粤在帝堯歷象日月星辰敬授人時此爲中土治曆授時之始太史公有天官書漢書有天文

志諸史仍之志書亦史之一體其叙天度亦猶諸史之有天文志耳夐乎尚已近世論者或謂星野之分本爲古法自遠西歷法輸入以太陽星系爲主地之本體更以經緯度爲用古法已可存而不論矣至於日躔表影之測今法尤精積時計刻之法近稱更簡此亦非一成而不變者志中何爲錄之則應之曰志書之作職以藏往前紀所載有繫於長春者悉應入錄以概其全星野之說初見於全遼志繼載於盛京通志日躔表影積時計刻之法又爲吉林通志所詳言不容棄而不載惟治歷授時所以便民章用藏往之職既盡知來之效難遺謹就民國以來中央觀象臺所舉成法推而致之長春俾以地方時而瞭然標凖時雖所舉尚略未能極授時之用然本此一端以爲三隅之反則於地方未嘗無小補也故以附書

長春縣志卷之一

輿地志三　彊域

縣治在吉林省城正西二百四十里緯度僅偏北五分

縣境北界農安縣於兩儀門分界距縣治一百三十里西北界長嶺縣於弓棚子分界距縣治一百八十里西界奉天懷德縣於大嶺分界距縣治七十五里西南界伊通縣以伊通邊門爲界距縣治五十里南界雙陽縣以邊壕分界距縣治五十里東南至潘家染房距縣治十八里東界吉林縣以驛馬河爲界距縣界一百里東北界德惠縣於刁家油房分界距縣治一百八十里

東西寬二百八十里　南北袤二百五十里

當有清嘉慶五年設治伊始行畫區分鄉之法分全縣爲四鄉曰懷惠曰沐德曰撫安曰恒裕鄉設鄉約每鄉分若干甲甲設甲長每甲分若干牌牌設牌頭茲將區畫大略表示於左

長春廳原畫四鄉表

鄉名	所在地界址	畫分甲數	附考

懷惠	驛馬河東		未詳	宣統元年將全部畫出另設德惠縣
沐德鄉	驛馬河西	東至驛馬河西至霧開河	共分八甲	宣統元年將四五六七等甲畫出併入懷惠鄉設德惠縣德惠縣之命名亦由二鄉之名各取一字以成
撫安鄉	霧開河西	東至霧開河西至伊通河	共分十一甲	
恒裕鄉	伊通河西	東至伊通河西據新開河	共分十九甲	光緒十五年將十四十五二甲畫隸農安縣

吉林外紀長春廳在省城西北（宜云正西）二百八十里（廳治今新立城故去省里數比今縣治多四十里）南至伊通邊門十五里省城界東至穆什河一百九十里西至巴延吉魯克山四十里北至吉家窩鋪一百七十二里皆蒙古界

謹案吉林外紀吉林堂主事薩英額著於道光初年時距設廳僅二十餘年農安縣猶未設治此所指之界至即初設廳時畫分四鄉之四至也

吉林通志長春府東至松花江東岸伯都訥廳（今榆樹縣）界二百八十五里西至白龍駒奉天昌圖府（今懷德）界三十五里至南伊通邊壕吉林府界五十五里北至兩儀門農安縣界一百二十里東南（應作正東）至望坡山吉林府界二百八十里西南到伊通邊門伊通州界五十五里東北到紅石磁子松

花江伯都訥廳界三百里　西北到十二馬架子西奉天懷德縣北農安縣界三百里

謹案吉林通志脩於清光緒十八年其時長春已升府農安縣已設治畫出恒裕鄉之一部隸之餘則與長春廳之界至同（參看長春府舊圖）愚以與長春有沿革關係故并錄之

民國初元厲行自治縣議事會鄉議事會以次成立乃規畫全縣爲三十鄉又併其中之十六鄉爲六鎭共爲六鎭十四鄉

三十鄉

德濟鄉　德普鄉　沐澤鄉　沐恩鄉（以上舊俱爲沐德鄉）

安仁鄉　安定鄉　安天鄉　安樂鄉

安道鄉　安懷鄉　撫順鄉　撫來鄉

撫遠鄉　撫靖鄉　撫綏鄉（以上舊俱爲撫安鄉）

裕生鄉　裕民鄉　裕國鄉　裕忠鄉

裕順鄉　裕信鄉　恒清鄉　恒慶鄉

恒康鄉　恒和鄉　恒泰鄉　恒平鄉

恒升鄉　恒富鄉　恒豐鄉以上舊俱爲恒裕鄉

六鎮十四鄉

永清鎮　以安定安道安懷三鄉歸併者鎮址在吉長路東站

德安鎮　以德濟德普沐澤安天安樂五鄉歸併者鎮址在東卡倫

綏恩鎮　以撫綏沐恩二鄉歸併者鎮址在包家溝

來遠鎮　以撫來撫遠二鄉歸併者鎮址在萬寶山

泰和鎮　以恒康恒泰恒和三鄉歸併者鎮址在小合隆

恒平鎮　即恒平鄉鎮址在燒鍋店

以上爲六鎮

安仁鄉　撫順鄉　撫靖鄉　裕生鄉

裕民鄉　裕國鄉　裕忠鄉　裕順鄉

裕信鄉　恒清鄉　恒慶鄉　恒升鄉

恒富鄉　恒豐鄉

以上爲十四鄉

迨改民國後縣警察所成立自治已停辦乃重畫全縣爲五區分布警察保衛團扼要駐守而學校之區畫亦因之至今未改

鄉一區　在縣治東即沐德鄉頭二三甲及撫安鄉頭甲至六甲之地亦即據自治鄉九

鄉二區　在縣治東北即撫安鄉七甲至十一甲及沐德鄉八甲之地據自治鄉六

鄉三區　在縣治北即恒裕鄉六七八甲及上九中九下九甲之地據自治鄉六弱

鄉四區　在縣治西北即恒裕鄉十一二三甲之地據自治鄉三

鄉五區　在縣治西即恒裕鄉頭甲二三四五十甲及南六中六甲之地據自治鄉六强（內有裕信鄉之一部）

茲爲便於考覽將上叙變遷之迹綜列一表

縣境區劃沿革表

原劃鄉甲	自治鄉	五區	備考
沐德鄉頭甲	德濟鄉	鄉	
沐德鄉二甲	德普鄉		
沐德鄉三甲	沐澤鄉		
撫安鄉頭甲	安仁鄉		
撫安鄉二甲	安定鄉	一	
撫安鄉三甲	安天鄉		
撫安鄉四甲	安樂鄉		
撫安鄉五甲	安道鄉		
撫安鄉六甲	安懷鄉	區	
撫安鄉七甲	撫順鄉	鄉	
撫安鄉八甲	撫來鄉		

撫安鄉九甲	撫遠鄉		
撫安鄉十甲	撫靖鄉	二	
撫安鄉十一甲	撫綏鄉		
沐德鄉八甲	沐恩鄉	區	
恆裕鄉北六甲	恆清鄉	鄉	
恆裕鄉七甲	裕信鄉		七甲與五甲和爲一鄉均稱裕信鄉
恆裕鄉八甲	恆慶鄉	三	
恆裕鄉上九甲	恆康鄉		
恆裕鄉中九甲	恒和鄉	區	
恆裕鄉下九甲	恆泰鄉		
恆裕鄉十一甲	恆昇鄉	鄉	
恆裕鄉十二甲	恆富鄉	四	

恆裕鄉十三甲	恆豐鄉	區	
恆裕鄉頭甲	裕生鄉	鄉	
恆裕鄉二甲	裕民鄉		
恆裕鄉三甲	裕國鄉		二四甲合爲一鄉均稱裕民鄉
恆裕鄉四甲	裕民鄉		
恆裕鄉五甲	裕信鄉	五	
恆裕鄉南六甲	裕忠鄉		
恆裕鄉中六甲	裕順鄉		
恆裕鄉十甲	恆平鄉	區	即恆平鎮

古者表道植樹記里以鼓所以便行旅也吉林通志於彊域志中詳記各鎮村相去之道里其法最良茲將由縣城以達各鎮及鄰縣之道里分記於左

城南道里　出大南門越南嶺至易家嶺五里刁家船口十二里逯家瓦房十四里三家子二十里吳家

店二十五里十里堡三十里八里堡三十二里西五里橋子三十五里袁家窩堡三十八里新立城四十里六家子四十四里曹家口五十里此路爲往伊通大道

城南迤西道里　出永安門至五里堡子五里南大營八里歡喜嶺十五里胡家店三十五里入長春堡大道

城南迤東道里　出大南門越南嶺過伊通河至小河沿子十二里蘇家窩堡二十里逯家窩堡二十三里趙家窩堡二十五里高家窩堡三十里東五里橋子三十五里新立城四十里

城東南道里　出大南門過南大橋至于家油房五里貛子洞十里潘家染房十八里入雙陽縣界

城東道里　出大東門過東大橋至五里堡五里八里堡八里十里堡十里趙家店十五里安龍泉二十里胡家店二十五里蔣家窪子三十三里興隆山三十八里李家店四十五里齊家窩堡五十里西河堡五十八里卡倫六十里由十里堡至稗子溝十五里三道林子二十五里入雙陽縣界此路在吉長鐵路未建築時爲往吉林大道

城東北道里　出大東門過東大橋東北行至王家皮舖十里常家店十五里二十里堡二十里太平山

三十里興隆泉四十里太平溝五十里寡婦店六十里米沙站七十里江東店八十里烏海三家店八十五里三家子九十里鄭家屯一百零五里朱家城子一百一十里

城北道里　由大馬路出頭道溝過孟家橋經二道溝至三道溝十五里吳家店二十里小城子二十五里呂家店三十里王家店三十五里天金窪四十里燒鍋嶺五十里庫爾金堆五十里靰鞡草溝五十五里新開河六十里雙榆樹六十五里老成窩堡七十里趙家店七十五里兩儀門一百三十里

城北迤東道里　由小城子東北行至寸金堡四十里石廟子四十五里兩半屯四十八里楊樹林五十里黃家窩堡五十五里腰窩堡六十里王家屯六十五里萬寶山七十里唐鳳溝七十五里樊家屯八十里善人屯八十五里毛溝九十里永德號一百里靠山屯一百零五里三寶屯一百一十里潘家屯一百十五里鮑家溝一百二十里

城北迤西道里　出馬號門由經一路至二道溝十里宋家窪子十三里班家營子十五里四間房十八里賁家窪子二十一里大營子二十五里邵家店三十里拉拉屯三十六里牛酒局子四十四里孫菜園子四十八里小合隆五十里由二道溝西北行至大房身十二里魯家店十四里范家店十八里朱

家窩堡二十一里拐脖店二十五里兩半屯二十七里高家窩堡三十里哈拉哈三十三里蘇家營子三十五里大合隆四十里李家窪子四十二里六馬架四十五里大谷家窩堡五十里于家店五十二里蔣家油房五十七里林家屯五十八里鴻德彩五十九里韋家窩堡六十里

城西北道里　出西北門至大房身十二里范家店十八里翟家窩堡二十二里大西河堡二十五里小西河堡三十里雙龍台三十五里由范家店北行至家窩堡二十里計家粉房二十五里三傑窩堡三十五里黃家馬架四十五里萬家橋五十里過新開河至燒鍋店七十里滿家店一百里楊家店一百零五里二青山一百一十里小雙城堡一百三十里偏臉城一百四十里腰姜家一百四十八里

城西道里　出大西門經大佛寺至十里堡十里二十里堡二十里大孤榆樹二十五里靠山屯三十里白龍駒四十里入懷德縣界

城西南道里　出永安門西行經朱家大屯至福安屯五里袁家窩堡八里西行至分水嶺十里二道岡子十三里大三家子二十里蘑菇屯二十五里拉拉屯三十五里三家子三十八里宋家大院四十里張家屯四十五里至懷德界由袁家窩堡南行至鑵子洞十里楊家屯十二里雙德店二十二里朝陽

溝三十里亮冰塔三十五里長春堡四十里

鄰縣道里

長春吉林間二百四十里

長春雙陽間一百二十里

長春伊通間一百二十里

長春德惠間一百八十里

長春農安間一百四十里

長春長嶺間二百八十里

長春懷德間一百二十里

長春盤石間三百里

長春樺甸間四百里

論曰長春之疆域自設治以還變其廣袤者二變其區劃者三當嘉慶五年設廳伊始畫全境爲四鄉

盖包今德惠縣全部及農安縣之一部此其廣袤之最大者也迨光緒十五年升廳爲府又設農安縣屬焉劃恒裕鄉之十四十五二甲歸農安於是西北之疆域狹於昔矣此一變也宣統元年復劃懷惠鄉之全部及沐德鄉之一部設德惠縣而東北之疆域更狹此又一變也經此二次變更之後全縣疆域略成蝶形伊通河貫其中部如蝶之腰東北境至刁家油房西北境至弓棚子皆斜長一百八十里如張兩翼而北凹入突出如喙南部突出如尾唯一有趣之觀參閱全縣區域圖自知之矣至畫區分鄉之制合於古時比里連鄉之法亦寓有守望相助之意今日之區畫雖異曩時其區畫之故變遷之跡不可不知也自四鄉之制一變爲三十鄉再變而爲六鎮十四鄉三變而爲五區各區風氣判然各別遇有事端不無此疆彼界之分則其所係亦非細矣省志於疆域志中附載各鎮鄉道里足以利行旅徵廢興茲師其法幷以附着於篇

長春縣誌

卷二

長春縣志卷之二

輿地志四　山川　溝渠附

白龍駒山　一名阜豐山爲長白山支脈崛起伊通縣勒克山北部在治城西南四十里屬鄉五區山西麓即奉天懷德縣界高約五百丈周約十里面積約二百餘頃勢甚突兀爲長邑第一大山形如臥牛首西向前有小山如規作犀牛望月狀故老相傳有神駒出現於此因以得名蓋神話也山產石最富色駁質堅砢磊天成採掘爲礎無煩斲治南滿鐵路北段所需石塊咸取給焉大山昔爲居民武姓陳姓李姓及慶雲觀所有小山爲張姓所有迨俄築遠東鐵路適經兩山中間遂於有清光緒三十一年强行侵占日俄戰後旋歸日據僅西北一隅仍屬武姓亦不過十之三耳山有鑿石廠爲莠民逋逃藪石工千餘縱博攘竊擾及閭閻久失鈐轄之權終貽養癰之患

興隆嶺　在治城東南三十里爲雙陽縣境普南山之支脈東北行入縣境經前後六家子綿亙二十餘里嶺脊坦平至東卡倫鎮漸低爲平原

興隆山　在治城東四十里屬鄉一區由東而西延亙二十餘里上多良田無峯巒少樹石吉長鐵路與

隆山車站在其中部

太平山　在治城東北三十餘里屬鄉一區脈由南而北勢最平漫迤西爲伊通河

鷄鳴山　在治城東北八十里屬鄉一區山分前後中間低平脈由東而西連亙十里許至霧開河流域屹然而止前山有泉北流入二道河上有廟曰慶雲觀舊傳此山時聞鷄鳴因以爲名

南長嶺　在治城東北七十里屬鄉二區東西横亙約十里許嶺勢平漫

萬寶山　在治城北七十里屬鄉二區脈起東北勢極平坦上多良田西南行至伊通河流域勢漸平伏

萬寶山鎮居其南原

長春嶺　在治城東北百里屬鄉二區嶺東西横亙四五里許上多良田

前潘家嶺　在治城東北一百六十五里屬鄉二區由西而東自五家屯至姜鳳山屯止長約六里高約丈許四周窪下

後潘家嶺　在前潘家嶺北相距里許西由猴山起東至齊老院子屯止長約六里高丈餘四周窪下東麓設有二區保衛隊分駐所

猴山　在潘家嶺西相距里許於窪甸中岡陵突起周四里餘高不及丈

對龍山　在治城北九十里屬鄉三區北部東西斜亙三十餘里其西爲西對龍山入鄉四區界兩山夾新開河對岸相峙如雙龍焉因以爲名

蓮花山　在治城西北百五十里屬鄉四區山不甚高周約八里東西北三面臨水北面水勢稍寬積爲大河東西水小皆北流入大河河内昔有蓮花故名

大青山　在治城西北百三十里屬鄉四區東起二青山西南行山勢平漫連亙三十餘里西入懷德縣界

二青山　在治城西北百十里屬鄉四區山勢平漫長約十餘里

龍泉山　在治城西北一百九十里屬鄉四區北界長嶺縣東西連亙十餘里高約數丈山南麓有小河西流山西有廟曰水晶宮

刁家山　在鄉五區南十里高約五六丈勢甚突兀上有雜樹下爲伊通河

長嶺子　在治城西南五十里屬鄉五區爲伊通縣勒克山支脈岡巒起伏連亙數十里縣城南嶺即其

餘脈至伊通河西岸屹然而止嶺東雜樹叢灌中有鑿石𢊍

謹案滿洲源流考云今吉林西南五百里即長嶺子滿洲語稱果勒敏珠敦南接納嚕窩集北接庫呼訥窩集自長白山南一嶺環繞至此爲衆水分流之地東北流爲輝發等河入混同江西北流爲英莪占尼哈達葉赫赫爾蘇等河長嶺府之名當取諸此據此所謂長嶺子近人多以長嶺縣當之以其縣治土名長嶺子故也實則大謬長嶺縣蓋在今農安縣之西當吉林城之西偏北距吉林城五百十里此云里道固合惟與省志在吉林西南者不合以愚考之渤海長嶺府故地應在吉林城西南之地帶求之何則新唐書云扶餘契丹道也長嶺營州道也扶餘即今農安契丹上京正直扶餘之西爲由渤海上京以至契丹必經扶餘而長嶺縣又在其西亦赴契丹道所必經而非赴營州道所必經也賈耽道里記云自都護府今遼陽城東北經古蓋牟新城又經渤海長嶺府千五百里至渤海王城蓋唐使由營州今朝陽城以至襄平再由此東北行至長嶺府以達渤海上京亦即由渤海入營州之道也尋其取徑蓋由今撫順清源西安雙陽吉林以達寧安即渤海上京此一帶地有吉林哈達大嶺綿亙數百里爲諸水東西分流之地此即長嶺府之所在今按長嶺子有二一迤於伊通河東岸

屬雙陽界一迤於伊通河西岸即在長春城西南之長嶺子連亙數十里此二嶺皆自吉林哈達大嶺蜿蜒而來亦正當由渤海上京入營州之道意者爲長嶺之尾閭乎姑存此說以待考定（日本松井氏謂長嶺府在今英額門一帶其說甚確）

東西葦山屯山　在治城西三十里屬鄉五區脈隆起由東而西連亙十餘里

謹案按吉林通志載長春府之山有三一白龍駒大嶺已具於前一巴彥朱爾克山今無是名疑不在縣境內一碧柳圖山即勒克山在伊通邊門內當白龍駒山之南省志謂在長春界內又云在克爾蘇邊門外皆誤

右諸山　名山名嶺者六

伊通河　一名益褪水（金史）又名一禿河（全遼志）皆伊通之音轉源出伊通縣磨盤山屯板石屯之山腰水泡由伊通邊門流入縣境經鄉一區新立城西北納新立城五里橋子小河沿子諸水至縣城南嶺東北流環東郭過鐵嶺屯穿吉長路大橋納頭道溝水背郭北去經小城子燒鍋嶺萬寶山鎮西甸子北流至趙家店匯新開河水迤邐至農安界折而東北流至三道橋子入德惠縣界縱貫縣境蜿蜒二百

餘里實長邑第一大水也平時水淺至三尺濶僅數丈不利舟楫每値春融桃汎或霖雨連綿則泛濫一二里許沿河田盧時被漂沒兼因河流甚低不宜稻田兩岸土鬆動易坍陷大好良田胥變沙礫病民傷農爲害甚烈殆由年久淤塞不加濬治坐視横流而莫爲之所可慨也夫

新開河　源出伊通縣西北經苦房草甸入奉天懷德縣界北流由縣鄉五區十二馬架村入境東北流經龍宮賈家橋龍王廟小梁山馬家油房榆樹林張大屯前後石虎村姜家店萬家橋薛家橋韋家窩堡二十家子小八家戰家窩堡韓家橋東西對龍山納翁克河水折而東流至華家橋北流至兩儀門趙家店入伊通河環流縣境由西南斜貫東北成一半圓形曲折二百數十里泥底無沙深可丈餘淺或涸流沿河窪甸甚寬霪雨時行漲溢十數里外河身微高無隄岸最益灌溉頗宜稻田瀕河細柳叢生彌望無際并盛產蘆葦靰鞡草苦房草暨魚類甚夥居民實利賴之

霧開河　又名烏海河源出雙陽縣由馬家頭臺甩灣子屯入縣鄉一區境北流至東卡倫鎮由街東南折而東北流經賈家屯五家子姜家屯鷄鳴山高家屯張家燒鍋冰泉眼哈拉哈諸屯至尹家窩堡東首入德惠縣界流貫縣境約百餘里沿河兩岸最宜稻田現已墾耕數百晌

驛馬河　原名伊爾們河又名一迷河全遼志今稱驛馬河或稱飲馬河皆一音之轉源出磐石縣庫勒嶺一稱呼崙嶺經雙陽縣由縣鄉一區三合屯入縣境沿吉長兩縣間北流至吉長路飲馬河車站入德惠縣界流貫縣境約四十里產魚甚富瀕河尤多細柳水勢深濶類伊通河不能通行舟楫

富河　在新開河西源出奉天懷德縣范家屯驛西土門子由縣鄉五區大房子屯西入境東北流經于家油房樊家窩堡天成店温家大橋仍東北流經四區翁克鎭又名翁克河至西對龍山入新開河經流縣境百里許

新立城河　由雙陽縣境小南屯東北溝流出越柳條邊入縣境由新立城北經何家屯西流至袁家窩堡入伊通河曲折七八里

五里橋子河　源出雙陽縣鹹草溝由邢家台過柳條邊入縣境經東西五里橋子入伊通河經流縣境約八里許

高家窩堡河　源出雙陽縣陶家屯北由靠邊王屯入縣境經高家窩堡十里堡屯入伊通河經流縣境約十里許

趙家窩堡河　源出雙陽縣界蔡家窪子西北流越柳條邊入縣境經康家窪子蘇家窩堡西流由遂家瓦房屯南入伊通河經流縣境十餘里

遂家窩堡河　源出雙陽大頂山前西流由吳家屯越柳條邊入縣境經遂家窩堡西流過坑李三家子屯西北流入伊通河經流縣境十餘里

小河沿子河　源出雙陽縣界范家店東南溝經腰站小河台西北流越柳條邊入縣境由小河沿子屯西北流入伊通河經流縣境十餘里

鮎魚溝子　源出雙陽縣小河台北西流越柳條邊由狟子洞屯入縣境西北流經鮎魚溝子屯北流入伊通河經流縣境五六里許

謹按新立城以下諸河皆患狹淺流涸無常惟小河沿子河常年不涸諸河皆在鄉一區撫安鄉頭甲即自治區之安仁鄉也東距柳邊甚近東入邊爲雙陽縣境地勢突起山岡連亙自此發源之谿澗水皆西流平時深不盈尺寬不及步迨大雨滂沱山水驟發溝澮皆盈橋圯堤崩氾濫爲害居民患之然雨霽則水涸尙無大礙於行旅

乾務海河　一名乾溝海源出鄉一區之奧海三家屯狹處數尺寬處數丈東北流至德惠縣之牟家店入霧開河經流縣境約五十餘里

二道河　有二一源出鄉一區沐德鄉三甲張家窪子盖由四處漫散之水滙爲窪甸復東北流經赫家窩堡西甸始成爲河北流至前雞鳴山納山泉及霧開河支流水勢漸大河亦漸濶東北流至白廟子屯西北蓄爲巨浸深達四五丈濶約十餘丈又北流至大尹家窩堡水勢漸小亦漸淺至馬家樟子入霧開河長約六十里一源出雙陽縣界雙頂山北流入縣鄉一區沐德鄉二甲魏家窩堡屯西南入境東北流經放牛窩堡康家屯福源東至靰鞡草城子折東流經二道河子屯東灣子腰屯至五家屯廟東半里許入驛馬河河岸最高達二丈餘水濶達六七丈深僅沒膝長約五十里蓋因與霧開驛馬兩河併稱得名

富餘河　源出鄉二區老邊岡北流經冷家瓦房金富屯狐狸膆子林家屯大王家屯孟廣田屯小王家屯西五家子至補城地屯折東北流約半里許入伊通河長約六十餘里河岸最高達七八尺水最濶處約丈餘深僅沒膝經冬不涸

謹按此河原名窮棒子河極不雅馴經于紳萬齡建橋渡旁改揭今名

頭道溝　在鄉二區界西起索家屯東經王家碗鋪李家油房苑家油房至四海川入德惠縣界長約三十餘里

二道溝　在鄉二區界西起孫秀才屯東經李鳳五邵全才魏家窩堡過路店各屯至四海川入德惠縣界長約三十餘里

三道溝　在鄉二區界西起胡連屯東經岳德成王長江劉偶帽子李有刁家油房後張家各屯至姜家甸子入德惠縣界長約三十餘里

謹案以上三溝皆無泉源春夏陰雨連綿盈澮成流至冬則涸又皆在鄉二區界起於撫安鄉十一甲經沐德鄉八甲入德惠縣界

朝陽溝　源出鄉五區蔡家窪東北流至長春堡亮冰折北經朝陽溝屯永順堡賈家窪大三家朱家屯再折而西又經大孤榆樹趙大架子靠山屯曹珠店白龍駒屯入新開河長約五六十里

頭道溝　此爲鄉五區任家屯前後嶺浸溶之水滙而成流經縣城北南滿鐵路用地公園東過吉長鐵

路水門洞入伊通河長約十里許南滿路頭道溝車站在其北岡上

二道溝　源出鄉五區大房身南溝甸東流至張泮屯過南滿路頭道溝車站北水源地至孟家橋東北由屠蠻子屯入伊通河長約十餘里東省鐵路二道溝車站在其北岡上

三道溝　源出白龍駒山東北原爲濫觴細流經袁家店范家店興隆堡火燒李至車家窩堡匯納各溝渠之水水勢始大東北流至蘇家營子崔家營子趙家營子四間房蔡家窩堡趙家窩堡兩甲窩堡至小城子南入伊通河長約六七十里

謹案以上三溝皆源出鄉五區界流經三區界與在鄉二區之頭二三道溝同名此溝有雨則水注無雨則泉涸蓋爲無源之泉職宣洩之用者也

興隆溝　源出鄉五區田家油房西北嶺下東流經魏家窩堡興隆溝老虎溝閻家館子朱家大屯至縣城永安門外東入伊通河長約十餘里

黑魚泡　在治城南二十五里屬鄉一區伊通河東岸距半里許南北長約二里東西濶約十數丈深約四五尺許昔有芙蕖生水中今產菱角雞頭米及蒲草又曾產黑魚故以名泡

謹按黑魚泡有二其一在撫安鄉五甲今已竭涸故未列入

月牙泡　在鄉三區萬家橋北因泡東有土岡環繞成半圓形崖下滙水成泡形如新月故名曩昔積水甚深近則淤墊墾田僅存崖略矣

狐狸洞泡　在鄉四區東南史家窩堡屯東周約二三里水深丈餘遇雨盛水漲則浸爲五六里深達數丈再多則東連新開河茫無涯涘産魚甚富因蘆荻叢生妨設網罟須至嚴冬始鑿冰而漁

窪中高泡　在鄉四區北境位于長春農安長嶺三縣交界東西寬四十五里南北長七十里屬於縣境者南寬約二十里北寬約三十里東西長四十五里全泡面積壯濶東至巴吉壘西至山頭南至陶家甸北至波羅泡屬於縣境者東至玉龍盛西至山頭南至陶家甸北至薛家馬架劉大房子姜家爐西北兩面邱陵環峙西南面老山頭岩崖相錯最稱險峻有九條玉帶十二山頭尤著名北面如龍頭山東南峰巒屏障中間水道蜿蜒瀦成數十池沼致四周均成畸形泡水深致一二丈淺至四五尺常年不涸産魚甚富並産蒲靰鞡草城硝甚夥水禽有雁鴨恣人獵狩沿岸最宜稻田東岸已墾者二百餘頃韓僑競租之又生雜草可供斥賣居民視爲利藪劃區培養盖不遺餘力也

謹案泡之本字應作濼或作泊今作泡者因音近而誤者也遼史聖宗紀太平二年春二月辛丑朔駐蹕魚兒濼又五年如魚兒濼又營衛志鴨子河濼東西二十里南北三十里在長春縣東北三十五道興宗道宗紀亦屢言如魚兒濼而史文皆與如混同江長春州等比月相連則遼之魚兒濼必去長春州甚近鴨子河即今松花江則鴨子河濼亦必在松花江之側可知遼之長春州應在今農安縣之西北去扶餘縣治甚近而在松花江之西岸近人多以伯都訥對岸之運糧泡俗稱月牙泡當鴨子河濼理或然也若今長春境內之窪中高泡農安境內之波羅泡縱横皆數十里其大與運糧泡埒且其地常發見古物必爲遼金時之勝地疑魚兒濼之名二泡或居其一特以無徵不敢妄斷耳

蓮花泡　在治城南四十里屬鄉五區西背西嶺即長嶺餘脈東向伊通河滙納附近溝渠之水南北斜長約里許曩嘗生蓮故以得名今則形勢猶存而淤塞殆盡菰蒲叢生菡萏埀絕矣

謹案縣境有三大河流伊通流貫中央新開河碗蜒於西霧開河縱繞於東餘如驛馬河流入東河爲吉長兩縣天然界劃翁克河横斜東北斷續靡常至於溝渠澤浸則滄桑屢變莫可究詰矣

右諸川　名河者十四名溝者九名泡者五

論曰昔鄭漁仲有言郡縣有時而更山川千古不易故禹貢以山川定疆界誠篤論也詞小雅云高岸爲谷深谷爲陵至顔魯公麻姑山仙壇記所云見東海三爲桑田此盖言語之虚數辭之曲於形容者非所論於地理也世豈有山川而輕於易地者乎然黄河下流古今屢徙淮水入海亦非故道是川流亦非絶無變遷者所不能變者山耳水性就下遇山而阻水爲山束故亦不易他徙漁仲舉山川並言由此道也大抵長嶺一脈由奉天東北部入吉林西南部縱貫南北數百里成一高原以爲泉流之脊凡在此脊之東者水皆東流如輝發河是也在此脊之西者水皆西流如東遼河扣河清河是也在此脊之北者水皆北流如伊通河驛馬河是也而松花江遼河亦爲此脊所障一在其東而北下一在其西而南下終古不能合併此非川爲山阻之明證歟長春地適居長嶺脈之北端爲伊通驛馬二河下流所滙之處故受諸水以北入松花江且以地勢驗之雙陽伊通爲脊而長春爲麓德惠農安又爲麓中之麓此又以山川而徵及地勢者也考長春之地理者須先辨其地勢之高下明乎此然後山川之脈絡瞭如指掌矣至於溝渠泊浸亦具川流之一體復爲河源之所出物以類從故附載於後云

長春縣志卷之二

輿地志五　城鎮

甲　城池概要

長春縣治原名寬城子清同治四年始築今城

吉林通志長春府原名寬城（應作俗稱加子字）屬蒙古郭爾羅斯前旗游牧地嘉慶五年於長春堡設理事通判名長春廳道光五年移建於此仍舊名同治四年始挖城濠脩築木板城垣（卷十二沿革）

城以板爲之高一丈餘周二十里門六池深一丈

吉林通志同治四年馬賊竄擾由商民捐建築板爲牆高一丈餘周二十里門六東曰崇德南曰全安西曰聚寶北曰永興西南曰永安西北曰乾佑池深一丈（卷二十四城池）

按同治四年馬傻子嘯聚竄擾即此所謂馬賊也

原築六門之外又四門並東西門之內有所謂東西雙門者長春城之四方有九門有東門東南門南門西南門西門（又名聚寶門）西北門（又名乾裕門）馬號門北門（又名永興門）東北門

按此所説猶有未盡兹别詳説如下

全安門　即城南門北通大街清同治四年築光緒二十三年重脩高二丈五尺寬二丈門兩側有

磚墻二十餘丈高二丈五尺上有望樓樓前及兩側有女牆三十一堵每堵砌有礮眼簷下樓前

額題曰衆山遠照

永興門　即城北門南通大街亦清同治間重築形式與南門同望樓懸額題曰關左通衢民國元

年開闢北門外商埠築馬路與城内大街通以門礙路拆毁之

崇德門　通稱大東門直通城内三道街同治年間建築民國十二年補修高二丈五尺寬二丈上

有望樓女牆形與南門略同築有炮眼惟城根有洞以通水

聚寶門　即通三道街西門同治年間建築民國十二年補修高二丈五尺寬二丈上有望樓今已

拆去上有女牆十九堵

乾佑門　通稱西北門同治年間建築民國十四年重修高二丈五尺寬二丈上有望樓女牆重脩

時女墻拆去

永安門　即西南門通南關街同治年築高二丈寬丈餘此門爲往南嶺兵營必經之路民國十五年吉林軍務督辦張公作相赴南大營閱兵嫌其窄小令拆去

小東門　即通二道街之東門已頹毀惟門南側有土墻兩丈北側有磚墻三丈上存女牆三堵下有通水洞建築年月無考

小西門　即通二道街之西門今已拆去建毁年月均不可考

西雙門　一名金安門在西三道街雙橋左側門柱門樓均以木爲之寬一丈五尺高二丈許修建年月無考

東雙門　在東三道街下坡門式與西雙門同民國十年因門柱折倒即行拆去修建年月無考

馬號門　在縣署馬號北門即以此得名今已破壞修建年月無考

小東北門　在東雙門胡同北已拆毁昔第二保安警察隊駐所即門舊址建毁年月皆不可考各門望樓皆祀胡仙故老相傳謂同治四年夥匪馬傻子率衆攻城見胡仙守城驚逸而退故建祠奉之云

按外門十內門二除原建之六門外餘皆後建之便門故無正名

蓋此皆後闢之便門以利行人不能與原闢六門並論也城垣初以板築而各門則以甎甃之
迨至今日板垣盡撤祇以商舖牆垣銜接成之見者不知其爲城也獨各門之甎甃未盡撤猶具城之雛
形耳所謂便門初鑿牆垣以通行人久之置門爲關於是小西小東東北諸門名爲之起矣故考是城之
沿革者自宜屏而不數自民國元年開闢北門外商埠以永興門爲礙交通而撤除之而北面之池亦湮
塞民國十九年濬青油大馬路築成全安門亦折去以便交通長春事情北門外及西門内有繞城之池周長約二里半
按長春城自東北門起經大北門至西北門止長約四里許均係掘地爲池寬丈餘不等平時通行
無阻惟當春融雪消或大雨水爲之滿則姑假津梁以渡爲之或因商民院墻接連而成並非官家
特別建築又自西北門起經西雙門至西南門止長約四里許有西河溝寬數丈由西門西側依城
東南流經三道街以至二道街頭道街至西南門外折而東流入伊通河此爲天然濠溝並非人工
所鑿大西門北側有一溝東北流注入西河溝以此爲池城西南面無池南面則有朱家大屯街南
之溝橫貫東西以達永安門此亦池也由西南門起經大南門至小東門止長約二里餘有小西河
之水注入伊通河伊通河既合此水流至小東門折而東又折而北至大東門外始背城而去亦天

然之池也由小東門起經大東門至東北門止長約三里許雖舊有之池已湮爲平地居民築室其上已無迹可尋矣此環城鑿池之大略也

此外環城之池多借河渠爲之今日猶存舊觀此城池之概略也至城垣之形頗不規則南北袤約四里東北廣約七里蓋東西廣於南北之一倍故有寬城子之名此城在設治前即有之其爲何代所建已渺乎不可覩矣

按吉林通志兩言長春舊名寬城可知得名甚久渤海扶餘府所屬有仙州其故城應在長春境明初之伊屯河衛亦應在是地此已別具沿革卷中故不具論

附長春城街衖名稱表

一城內諸街

南大街　由全安門起至三道街口止長約二里通稱南大街

北大街　由三道街口起至永興門止長約二里通稱北大街

按南北大街爲全城繁盛之區自開闢商埠後北大街尚仍舊狀而南大街漸形蕭索矣

東西四道街　西由大街起東入東三道街東下坡止長約二里許其前街稱爲前四道街亦曰小四道街西至天利胡同東入三道街約半里許

東三道街　西由大街起東至東門止長約三里街口路北有火神廟迤東爲賣菜市每至賣菜時間（按賣時間在午前五六點鐘起至午後十二時止）車載肩挑路爲之塞

西三道街　東由大街起西至西雙門止長約二里餘地勢最高街道亦寬昔時商業最盛近年亦多半凋零矣

雙橋西街　昔稱西嶺東由西雙橋起西至西門止長約里餘在光緒初年此處交通要衝故商業最盛所有棧店油房諸大商舖均在此街如仁和棧益發合等商號資本雄厚商界群呼爲西嶺八大家自俄人築路後形勢改變諸商全行荒閉無一存者

東二道街　西由大街起東至小東門止長約里許

西二道街　東由大街起西越小西門穿西成舘胡同至西河溝止長約二里餘

東頭道街　西由大街起東入二道街止長約半里

西頭道街　東由大街起西逾太平橋至西河溝止約二里

南關街　由大南門起至永安門止長約里許此街早年最爲繁盛近年尚有糧棧及雜貨舖商數家然其情形迥不如前

新開路街　南至三道街北至四道街長不及半里原爲劉姓房址俗稱劉家大院後售與王琳民國九年王琳乃闢爲新街以利交通故名

西北門街　南至三道街北至乾佑門長約里餘南首東側爲道勝銀行舊址故此街今改稱道勝胡同

橫街　東起九聖祠東衚衕西止九聖祠西衚衕長數十丈

二城外諸街

大南門外街　西由大南門起東至大橋東河灣止長約里餘路北爲朝陽寺街南則爲柴草市

大東門外街　西由東門起東至大橋止長約里餘

永安門外街　西由永安門西橋起至柴草市止長約里餘

朱家大屯　東由永安門西橋起西至天主堂營地止長約二里餘此街商號無幾民戶居多

熱鬧街　東由商埠大經路起西至商埠地止長約里餘街巷狹小居民繁雜

自強街　東起熱鬧街南胡同西迤自强學校西下坡長約里許

城壕外街　東起馬號門橋西至小西北門街長約二里

三城內大街東諸巷

扇子面衚衕　南通頭道街北達二道街與湧聚衚衕相對

聖廟衚衕　昔爲老師衙門衚衕北首爲許家衚衕南達二道街北通三道街

湧聚衚衕　昔爲萬德棧衚衕南通二道街北達三道街與福來店衚衕斜對

福來店衚衕　今改爲天利衚衕南通三道街北達四道街與鎮守使署西衚衕斜對

天主堂衚衕　南通前四道街北達四道街

鎮守使署西衚衕　南通四道街北達積善衚衕

鎮守使署後衚衕　西通鎮署西衚衕東達徵租衚衕與徵租後衚衕相對

積善衚衕　西通鎭署西胡同東越徵租胡同達萬德湧胡同

徵租衚衕　南通四道街北達城壕平康里東首橋巷

徵租局後衚衕　今改爲文化胡同西接鎭署後胡同東達萬德湧胡同

萬德湧衚衕　南達三道街十聖祠北至城壕

四城內大街西諸巷

聚寶衚衕　南通頭道街北達二道街與塘子衚衕相對

轆轤把衚衕　南通頭道街北達二道街

塘子衚衕　南通二道街北達三道街與新開路相對

九聖祠東衚衕　今改爲三叉衚衕南經二道街至頭道街北達三道街

九聖祠西衚衕　南通九聖祠東衚衕北達三道街與英人所設之仁慈堂對過

太平橋衚衕　北起太平橋與西成舘胡同相接南至永安門西橋

西成館衚衕　南越二道街達太平橋北通三道街巷內多回族其所設之淸眞學校即在此巷路西

西合衚衕　在西雙門外北起三道街巷口西南達五戶屯巷內多居民

華豐一衚衕　在聚寶門裏路南北起三道街東南經五戶屯達朱家大屯街西首巷內多居民

按西合華豐兩衖一帶爲八大商棧舊址在清光緒初年未築鐵路以前運轉貨物以此處爲聚點當時車水馬龍肩摩轂擊煩極一時之盛今則敗瓦頽垣荒凉滿目民戶之外雜以菜畦蓋不勝今昔盛衰之感矣

龍春衚衕　南通三道街北達四道街巷內有龍春舞臺故名以其地在城之中心故又稱腰園子衚衕

南清宮衚衕　亦曰英聚樓胡同今改爲中國銀行胡同南通三道街北達四道街

福來當衚衕　今改爲定遠胡同南通三道街北達四道街

縣署東衚衕　南達四道街北通馬號門

縣署西衚衕　今改名法院西衚衕西通四道街北達地方法院

馬號門外諸巷

馬號門外東北衚衕　西南起馬號門東北達二馬路

興仁衚衕　又稱警察廳東衚衕南達二馬路北達奎星街與竟成衚衕相對

熱鬧街南西衚衕　北通熱鬧街南達城壕街

熱鬧街南東衚衕　北通熱鬧街南達城壕街

熱鬧街北衚衕　南起熱鬧街北至商埠地

乙　商埠概要

長春商埠爲有約自開商埠之一宣統元年經吉林西南路道顏世清請准開辦即於是年五月設立開埠局辦事其界址即於長春城北門外劃一地段約三萬五千方𤰝謂之商埠

大馬路　由城北起門北至頭道溝日本橋止長約二里最爲繁盛

二馬路　東起大馬路西至大經路長約半里

三馬路　西起永春路東穿大馬路越永長路入長通路長約三里

四馬路　西起經一路東越永春路大馬路至永長路止長約二里許

五馬路　西起經一路西越永春路大馬路止長約二里永長路至公園西門止

六馬路　西起大馬路東至永長路廣場長約五十丈

七馬路　西起大馬路東至永長路長約四十丈

永長路　南由三馬路起北至頭道溝五條通橋止長約二里餘

永春路　南由二馬路起北至五馬路止長約二里

長通路　西北起廣場與六馬路斜接東南至東大橋止長約三里

興運路　南起長通路北迄吉黑榷運局長約半里許

大經路　南起二馬路北與頭道溝日本鐵道用地八島通相接長約二里

二經路　南起熱鬧街民地北至頭道溝公園水溝長約二里此路尚未建築

三經路　南起熱鬧街西首城後堡北至頭道溝公園水溝長約二里此路亦未建築

大緯路　東起大經路與西四馬路相接西越三經路至民地長約里許

二緯路　東起大經路與西五馬路相接西越三經路至民地此路尚未建築

二　商埠諸巷

燕春茶園東衚衕　南至三馬路北達四馬路

衛生衚衕　東達永長路西達燕春衚衕

郝家衚衕　東通永長路西達燕春衚衕

益豐樓後衚衕　東通老市場西達大馬路

積善衚衕　又名北市場衚衕南通四馬路與燕春衚衕相對北越五馬路至六馬路

永長頭條衚衕　東通永長路西達積善衚衕

安業衚衕　西通大馬路東穿積善衚衕

花園南門衚衕　西通永長路與安業衚衕相對東達長通路

康寧衚衕　西通永長路東達長通路

太平街　東通興運路西達永長路

太平街衚衕　南達興運路北越太平街至頭道溝沿

按以上各巷均在大馬路東

王氏衚衕　東通大馬路西達永春路

魁星街　東通永春路西達大經路

竟成衚衕　南通奎星街與警察廳東衚衕相對北達四馬路

興華衚衕　東通朝陽南衚衕西達竟成衚衕

朝陽衚衕　南通奎星街北達西四馬路

同順衚衕　南通西四馬路北達五馬路

朝陽北衚衕　即同順二條衚衕南通四馬路北達永慶衚衕

永慶衚衕　東通永春路西達大經路

新市場北衚衕　南通市場北達五馬路與南律街相對

同順三條衚衕　南通四馬路北達五馬路

樂禮衚衕　南通四馬路北達永慶衚衕

中華衚衕　昔爲小廟衚衕南通五馬路與永春路斜對北達頭道溝朝日通

南律街　舊名六合屯街南達五馬路北至小胡同

何家衚衕　西通南律街東北達新立屯街

六合屯衚衕　南達何家衚衕西達中華胡同

六合屯南衚衕　南達南律街西達中華胡同

新立屯街　東達大馬路西達中華衚衕

紀家大院衚衕　東達大馬路西達中華衕衚

新立街衚衕　東達大馬路西達中華衚衕

按以上有諸巷均在大馬路西

二　頭道溝東頭商埠街巷

興華街　東起吉黑榷運局西北至塩倉後馬路長約半里餘

塩倉後馬路　西起頭道溝東七條通東至吉長鐵路長約一里

塩倉西衚衕　南通興運路北達塩倉後馬路

吉長鐵路東馬路　南起吉長鐵路北至二道溝沿長約三里

頭道溝鐵路用地街巷

按頭道溝於清光緒三十一年日中協約爲鐵路用地定期九十九年所有街巷均爲日人建築街衢宏廠道路砥平市廛櫛比已經建築之街道十七町二十四總面積五百五萬一千六百三十八平方米合五十二萬八千一百八十坪（按每坪合中尺六平方尺）

中央通　北起車站廣場南入八島通

日本橋通　西北起車站東南至日本橋與商埠大馬路相接此街商肆最多爲頭道溝繁盛地點

八島通　西北起鐵路東南隔倉庫越井樓至商埠界與大經路相接

敷島通　東北起車站廣場西南經井樓廣場至西三條通

大和通　東北起東廣場西南經南廣場至八島通

朝日通　東北起五條通橋西南經日本橋至商埠大經路北首止

東一條通　北起日出町南越頭道溝至朝日通

東二條通　北起日出町南越頭道溝至朝日通

東三條通　北起日出町南經南廣塲越頭道溝至朝日通

東四條通　北起日出町南至日本橋通

東五條通　北起日出町南至五條通橋與商埠永長路相接

東六條通　北起日出町南至祝町六丁目

東七條通　北起日出町西南入六條通

東八條通　東北至商埠東南越日出町至三笠町八丁目

西一條通　北起和泉町南至千島町長春神社在通右側

西二條通　北起和泉町南經井樓廣塲至千島町

西三條通　北起和泉町南至千島町

鐵道北九通　西爲中央通東至北八條通均南起住吉町北至二道溝南沿

中央通以東諸町　曰日出町富士町三笠町吉野町祝町室町浪速町彌生町曙町入船町梅ケ枝町

永樂町老松町共十三町

中央通以西諸町　曰和泉町露月町羽衣町錦町蓬萊町平安町常盤町千島町共八町

鐵道北諸町　曰住吉町春日町高砂町共三町

市鎭

新立城　在鄉一區治南四十里嘉慶五年吉林將軍富俊因墾民日多始奏請設治於此曰長春廳關

以治城偏南北遷四十里從此遂降爲市鎭矣街有鄉警派出所冬季臨時稅卡街東西長約里許有

雜貨商店十數家清光緒間爲最繁盛時代近受時局影響漸次衰落僅存小本營業數家逢三六九

日爲集期

東卡倫　在鄉一區治東六十里於清嘉慶二年設置在十鎭中爲最盛有警察分所駐防陸軍稅捐分

卡營業稅分卡代理郵政硝磺局卡倫商會縣立小學校吉長鐵路卡倫站在鎭西南里許街西南東

北斜長里半市廛櫛比氣象發旺有公司粮棧燒商雜貨商數十家馬市在焉逢雙日爲集期

萬寶山　在鄉二區治北八十里清嘉慶初年墾民漸多自集爲市互易有無僅有攤床担販小本營業至咸豐年爲最盛時期有殷實商號數家如萬成當萬合當萬成燒鍋資本雄厚規模宏大同治四年股匪馬傻子攻入鎭街搶掠一空從此市面蕭條矣鎭有警察分所縣立小學校街東西長里許商店十數家逢三六九日爲集期

朱家城子　在鄉二區治東北百一十里前清嘉慶初年始有朱姓到此耕墾有土城故名嗣以墾民日多於嘉慶十三年立集市焉有燒商質當日益興盛同治四年因遭匪患市面蕭條光緒十七年設分防廳捕盜營商業復振宣統元年移分防廳至大房身（即今德惠縣）鎭內無兵保護大本營業均行他遷迨至民國十三年十月二十七日股匪攻破鎭街慘遭焚掠市廛益形彫敝矣鎭內有學校團隊稅卡郵政馬市特產白梨沙菓

包家溝　在鄉二區治北一百二十里地勢如仰盂然前清嘉慶間始有包姓到此耕墾嗣以人煙漸密遂立集焉咸豐癸丑年建築娘娘廟關帝廟近年紳民組織慈善會收養煢獨廢疾之人並設義學一處救濟貧童失學如此善舉誠可風也鎭駐團隊冬季設卡徵稅商號十數家逢一四七日爲集期

小合隆　在鄉三區治北五十里清嘉慶間墾民漸多遂立集市日見繁興有燒鍋雜貨商等二十餘家咸豐間最盛同治四年股匪「馬傻子」破鎮商業乃衰至光緒間始見恢復民國十一年復遭匪患爲股匪天容所破各商號物力殘敝矣鎮有縣立學校駐軍警團隊稅卡郵政街東西長里許雜貨商十數家馬市在焉逢雙日爲集期

小雙城堡　在鄉四區治西北三十里地屬夾荒於清道光七年招墾設鎮舊有城周四五里土墻高約丈餘磚門高約兩丈城墻坍頹過半城僅有東南北三門西門已填塞矣城堞零斷不完署具形迹而已鎮有財務分處印花稅分處縣立學校警團駐所代理郵政徵租局清理田賦局街形原如十字近因西門閉塞僅南北街長約里許東西街尚餘兩部有燒商雜貨商十數家馬市一逢三六九爲集期

翁克　在鄉四區治西北九十五里清咸豐年間立集彼時有彩盛泉燒鍋彩盛當舖等商號後經匪患均遭焚掠市面一蹶不振矣街東西長約半里商店八九家

燒鍋店　在鄉五區治西北七十里清嘉慶六年設立集市名葦塘溝嘉慶二十年有山西人武某設瑞興店二十二年增設瑞興燒鍋因改今名日漸繁盛今則燒商歇業氣象蕭索遠不如前矣街東西長

約里許雜貨商店十數家逢三六九日爲集期

西大嶺　在鄉五區西七十五里嘉慶年間設集地介長春懷德之間東部爲縣境西部爲懷德縣境昔有燒商一家今已荒閉冬季設卡徵稅街東西長約半里雜貨商店十數家

鄉一區莊村

撫安鄉頭甲　曹家口　千金堡　王家屯　六家子　新立城街　何家屯　袁家窩堡 一區九校　東五里橋子　西五里橋子　八里堡　孫家皮鋪　十里堡　小八家　前高家窩堡　中高家窩堡　後高家窩堡　吳家店　窮崗子　西河沿　吳家學房　趙家窩堡　鍾家窨　逯家窩堡 一區八校　坑李　孤家子　白家爐　小窩堡　前三家子　後三家子　紅咀子　黑魚泡　逯家瓦房　蘇家窩堡 一區十七校　唐家窪子　石老坦屯今爲韓回回窩堡　東小河沿子　西小河沿子　王帽頭鋪　潘家染房　四家子　貓子洞　貓子台　柳罐印子　鮎魚溝子　柴貨張　于家油房 一區十五校　靠山屯　陸家窩堡 一區七校　南十里堡　計四十九屯

撫安鄉二甲　八里堡 一區十六校　十里堡　半拉窩堡　大椑子溝　東椑子溝　楊家店　太陽溝

三道林子　東朝陽溝　大葦子溝　五里堡 一區二校 二道河子　周家碗鋪　陶家窩堡　小葦子溝　趙家店　金錢堡　分水嶺　腰金錢堡　後金錢堡　後五里堡子　後十里堡　後八里堡　拉拉屯　臭水坑　獾子洞　竇家溝　安龍泉　于家窩堡　太陽溝　陸家窩堡　王家皮鋪　計三十二屯

撫安鄉三甲　陳家口　黑魚泡　山灣子　欒家岡子　六家子　宋家溝　四人溝　南六家子　北六家子　西小城子　東高家窩堡　祁家窩堡　西高家窩堡　雙泉眼　河西堡　裴家油房　小三家子　大三家子　馮家嶺　狍家溝　後三家子　南三家子　克拉蘇　魏家窩堡　邵家嶺　西八家子　東八家子　後大泉眼　前大泉眼　二道溝　東大泉眼　後拉拉屯　前拉拉屯　前四家子　後四家子　佟家橋　太平橋　太平溝　高家屯　周家岡子　東興隆泉　興隆泉　韓家屯　腰興隆泉　西興隆泉　窮岡子　新立堡　西岡子　計四十八屯

撫安鄉四甲　卡倫街 一區一校 小城子　影鳳池　魏家窩堡　高懷玉城子　小北屯　朱家屯　六里堡　十里堡　八里堡　六家子　柳條溝　太平莊　鳳凰嶺　河南窩堡　計十五屯

撫安鄉五甲　前興隆溝　後興隆溝　蔣家窪子　南溝子　高家窩堡　拉拉屯　賈家店　小朝陽堡　于家窩堡　廣家窪　朝陽堡　興隆嶺　木家窪子　徐家窩堡　小房身　興隆山　陳家隈子　計家燒鍋　興隆溝　毛家窩堡　孫家染房　一區十三校　耿家屯　前分水嶺　安龍泉　計二十五屯

撫安鄉六甲　一間樓　金容堡　三家子　潘家店　黃家燒鍋　前太平山　後太平山　太平堡　耽家屯　馬家駝子　佟家溝　耿家店　吳家馬架　山西頭　西興隆泉　佟村堡　張家粉房　小青咀　小東溝　高家屯　許家溝　瓦岔窰　大青咀　大青咀東溝　寸金堡　大房子　山灣子　黃家窩堡　腰灣子　馬哨口　計三十屯

沐德鄉頭甲　曹家河沿　李家河沿　王家河沿　火燒窩堡　前四合店　東四合店　西四合店　孫家灣　三家子　羊草溝　小羊草溝　前徐家大坡　後徐家大坡　邊沿子　魏家窩堡　放牛溝　小礩子溝　小葦子溝　大葦子溝　狠洞子　常家屯　三合屯　一區四校　孫家屯　小南屯　陰陽界　泉眼溝　干溝子　四家子　康家屯　福源東　老母猪溝　任家屯　小南屯

長嶺子　計家窪子　影鳳屯　前侯家屯　後侯家屯　張家窪子　軲轆草城子　筏子溝　前
興隆山　興隆山　哈塘王　大房身　東大房身　吉荒屯　吳家店　王家店　楊家糖房　雙
陽屯　鍾家屯　張家窪　計五十三屯
沐德鄉二甲　二道河子　一區十一校　東灣子　張家灣　趙家岡子　腰屯　五家子　張家糖房
候家屯　褚家屯　鄒家屯　大通沿子　榆樹林　拱家灣子　一區十校　小袁家窩堡　袁家窩堡
下袁家窩堡　龍家窩堡　一區三校　夏家溝　閻家瓦房　東小房身　西小房家　大廣寧窩堡
小廣寧窩堡　計家岡子　二道灣子　下甸子　蓮花泡　老牛窩堡　前八家子　後八家子
東八家子　西八家子　陸家燒鍋　滎家灣子　瞿家灣子　唐家灣子　後唐家灣子　河陽堡
前三家子　後三家子　張家灣　大城子　朝陽溝　半截溝　西朝陽溝　小城子　一區五校　路
家店　閻家岡子　韓家窩堡　大泉眼溝　小泉眼溝　范家店　楊樹溝　計五十三屯
沐德鄉三甲　張家窪子　火燒窩堡　東安家窩堡　西安家窩堡　赫家窩堡　一區十二校　大周家
窩堡　王家油房　石家油房　小南關前店　西挖銅溝　老西溝　大馬架子　小馬架子前猍

猓溝　後猍猓溝 一區六校 太平溝　盛家屯　前雞鳴山　後雞鳴山　小尹家窩堡　小周家窩堡　白廟子　大尹家窩堡　程家窩堡　二道幛子　坐山堡　吳家油房　趙家窩堡　姜家油家　冰泉眼　小北屯　耶家店　大楡樹　雙楡樹　一立氣　蘇家窪子　孟家店　北樹林子　龍鳳溝　西小房身　腰小房身　東小房身　共計四十二屯

鄉二區莊村

撫安鄉七甲　粱家屯　小粱家屯　柳家糖房　宋家窩堡　天吉 二區十五校 二區一分所 南長嶺子　前五家子　後五家子　東五家子 二區十三校 西五家子　南五家子　小南屯　姜家屯　高家屯　史家窩堡　永太成　高家窩堡　義和屯　山咀　二道溝　靠山屯　永太號　恒發店　瓦盆窰　偏坡子　畢家幛子　小二道溝　大二道溝　小唐家幛子　大唐家幛子　葛家屯　張家燒鍋　北窪子萬和堡　葉家油房　青山堡　干溝子 二區十九校 興隆店　北史家窩堡　三家子 二區四校 竇家窩堡　宮家店 二區八校 王家樓　西永利莊　腰永利莊　東永利莊 二區三校 北干溝子　哈拉哈 中東路車站 王家瓦房　趙家店　上台子　大房子　尹家窩堡　大尹家窩

堡　小尹家窩堡　新河堡　後四家子　腰四家子　佟家橋　西山　興順號　太平溝　劉家
屯　魯大屯　蕭家爐　畢家店　孟家窪子　龍王廟子　前石家　二區七牧　李家屯　寡婦店
張家藥舖　王家糖房　前大溝　後太溝　韓家店　即米沙子站二區十七牧　西太溝　秦家岡　千
烏海　永太店　小東屯　江東屯　五馬架　六馬架　七馬架　元太號　姜家窩堡　邵家窩
堡　三家子　計八十九屯

撫安鄉八甲　大王家屯　三家子　項家窩堡　趙家窪子　王老總屯　小王家子　丁家窩堡
張家油房　黃家牛圈　北新立堡　腰六馬架　高家店　楊家爐　東南屯　東腰屯　拉拉屯
西腰屯　別家窪子　王家屯　前腰屯　後腰屯　前程家　後程家　周家染房　小別家窪子
陳家屯　獾子屯　張家屯　河沿子　胡家屯　楊家壕　哨口屯　孫家窩堡　薛家屯　三姓
屯　腰窩堡　新立屯　小橋子　朝陽堡　藍家店　二十三家子　拋拉窪　順山堡　唐房溝
西山頭　秦家子　郭家屯　趙家屯　孫家屯　孫家染房　前曾家窩堡　後曾家窩堡　腰曾
家窩堡　樊家屯　萬祥號　毛家溝　水泉　鐵嶺窩堡　大李家屯　小李家屯　萬寶山　二區一牧

長嶺子　西長嶺子　計六十三屯

撫安鄉九甲　東長嶺子　順山堡　窰坑屯　廣太號　高家窩堡　曹家窩堡　窮岡子　西頭溝　崗岔嶺　東順山堡　永德號　五馬架　前劉家城子　後劉家城子　孤家子　牌樓溝　邵家溝　于家店　單家店　四家子　王家溝　猛虎溝　孫家屯　前王家溝　燒鍋屯　王家屯　趙家店　鄭家屯　丁家粉房　王家粉房　岫岩窩堡　河南營子　龍鳳溝　梁家屯　柳家溝　劉家油房　六馬架　呂家崴子　廣寧窩堡　龍家溝　老窩堡　小八家　山根子　葉家溝　靠山屯　趙家溝　小房身　小劉家屯　義和屯　潘家屯　太平橋　榆樹林　宋家溝　康家窩堡　江家窩堡　鮑家溝 保衛第二步隊　前葦塘　褲當溝　小雙廟 二區十八校　姜家窩堡　山灣子　楊家崴子　頭道溝　西二道溝　岫陽溝 二區十二校　索家溝　秋家幛子　福安屯　三合莊　周下坡子　計七十八屯

撫安鄉十甲　唐家店　郭家屯　李家粉房　雒家窪子　大房身　牟家窪子　鄭家屯　時家窰　朱家城子 二區二校 保衛第二隊　呂家店　後興隆洼　大石嶺子　前燒鍋地　山咀子　前興隆堡

後興隆堡　二區十六校　唐家窩堡　富來莊　東富來莊　驛馬站　岫陽窩堡　朝陽溝　前王家溝　後王家溝　永和堡　後燒鍋地　柳家粉房　四棵樹　崔家窩堡　横頭山子　東横頭山子　別家窪子　佟家窩堡　西拋拉窪　東拋拉窪　東二道溝　賈家屯　朱家窩堡　周家屯

東頭道溝　計四十一屯

撫安鄉十一甲　倪家屯　姜家屯　李家屯　崔家屯　金福屯　王家屯　胡連屯　宮家店　東新立堡　鄧家溝　後馬架　張家菜園　梅家屯　王家屯　恍來號　五福堂　南山屯　楊家木舖　後十八家子　鑵子洞　大王家屯　于家屯　戴家平房　衛家屯　巢長屯　康家窩堡

龍安堡　小東屯　後二里堡　紀家窩堡　弓棚子　耿家窩堡　前崗子　桑家溝　腰崗子

後崗子　新李家屯　于家大院　前十八家子　馬家駝子　二十里堡　張九臯屯　南小橋子

小王家屯　大房身　小郭家屯　老邊崗　王家小橋子　黃家窩堡　後葦塘溝　二區三分所

小孤山　王景春　匡家屯　南山于家屯　韓鳳藻屯　盛家屯　溫家屯　孫岔子屯　後唐家窩堡　後閻家屯　計六十屯

沐德鄉八甲 東六馬架 西六馬架 石灰洞 林家店 小姜家屯 葛家粉房 二區六校 冰泉眼 東三馬架 西三馬架 大宋家屯 小宋家屯 楡樹城子 馬圈屯 楡樹排子 二區十一校 崔家屯 魏家屯 大姜家屯 萬春號 前房身 後房身 王家小店 門城窩堡 葦子溝 崔家大櫟 李家店 曹家店 孫家店 四家子 五家子 前潘家嶺 後潘家嶺 小王家子 磨虎城 刁家油房 二區十校 新立堡 猴山 補城地 二道溝 三道溝 二區十四校 趙家屯 閻家窩堡 二區五校 于家油房 賈家樓 甸子姜家 邊崗廳屯 曾家粉房 半道干家 前四馬架 後四馬架 孔家窪子 王作屯 佟太溝 炮手管子 上八家子 下八家子 鄧家溝 山咀屯 張廷窩堡 四海川 前張家 後張家 齊家窩堡 共計六十二村

鄉三區莊村

恆裕鄉北六甲 于家店 小白家營子 大白家營子 小東山 韓家平房 孤家子 大谷家窩堡 劉家帽鋪 三區十五校 劉家染房 炮手屯 六馬架 三合成 李家窪子 孟家窩堡 大合隆 孫家碾房 蘇家營子 大姜家窩堡 郇家營子 高家窩堡 哈拉哈 唐家營子 劉萬良屯 西四

間房 三區四校 小谷家窩堡 王家堡窩 劉家窪子 胡家樓 于家嶺 兩半屯 三區十七校 陳家窪子 王八盖屯 楡樹林 三區五校 姜家屯 東哈打窩堡 西哈打窩堡 前石虎溝 後石虎溝 黄家馬架 十三家子 小西藏 月牙泡 萬家橋 三區二校 薛家橋 平安堡 蔣家油房 谷家嶺子 別家營子 黄家營子 韋家窩堡 林家店 東崗子 西崗子 二十家子 西別家營子

計五十五屯

恆裕鄉七甲 層巒子屯 團山堡 楊家崴子 三道溝 逯家溝 水泉屯 上台子 吳家店 炮家窩堡 唐家營子 老西窩堡 譚家營子 宋家窪子 三區九校 梁家窰子 蔡家窩堡 紀家窩堡 二道溝 下台子 西北屯 計十九屯

恆裕鄉八甲 小田家窪 謝家店 馬家哨口 南崗子 馬排頭屯 東田家窰子 大壕裡 大田家窪子 廣寧窩堡 馬家窩堡 周家屯 薛家窩堡 小城子 三區八校 城西堡 三區十三校 孫顧爐屯 趙家窩堡 馬架子 羅家窩堡 盧家屯 秋家窩堡 叢殿順屯 石家窪子 欒家屯 倪家窩堡 馮家屯 臧家屯 高家染房 鄧家屯 大營子 三區十二校 四間房 小高家窩堡 彭家屯 劉家屯

班家營子　白狗屯　崔家營子　蘇家營子　車家窩堡　陳家溝　三合堡　王家屯　小姜家窩堡
邵家店　貝家洼子　董家洼子　依家堡子　雙廟子　于家屯　老頭李家　小郭家窩堡　八岔溝
柳罐印子　張鄉約屯　翠芳園　張家洼子　陶家洼子　聶家屯　李家洼子　張家店　萬豐店
鄭家屯　侯家營子　張家窩堡　勝水泉子　宋家屯　楊家店　國家屯　梁家屯　李家油房　蔡家窩堡　孟家窩堡　叢家梁子　拉拉屯　復州屯　牛酒局子　火燎桿屯　鐵脖子屯　四道溝

計七十八屯

恆裕鄉上九甲　小合隆 三區一校　杜家堡　小田家舖　武家崗子　呂家屯　溝子沿　王家窩堡　王木舖　朱家園子　棚舖　小嶺　回回營　放牛窩堡　于家窩堡　彭家屯　南城劉　劉家屯　小戰家窩堡　三家子　二家子　前孫家窩堡　張家油房　扈家屯　小八家 三區十九校　燒鍋嶺　腰開元堡　東開元堡　西開元堡　朱家大屯　新立屯　滿家屯　胡家糖房　孫家菜園　王家長屯
趙家屯　孤家子　小吳屯　秦來店　唐家營子　袁家店　朱家屯　趙家粉房 三區三校　夏家店
劉萬玉屯　興隆堡 三區六校　荊家屯　楊家店　義合屯　呂家洼子　興茂盛　閻家油房　前平

山　顧家小橋子　畢家灣子　郎家窩堡　吳家屯　譚家屯　興隆溝　後四平山　朱家店　傅家
屯　燒鍋局子　閻家溝子　姜家窩堡　縮脖子　陳家屯　大田家窪　盛家窩堡　計六十八屯
恆裕鄉中九甲　大蔡家窩堡　小八家　小蔡家窩堡　王家窩堡　張家屯　侯家窩堡　萬來號　東
馬家窩堡　北馬家窩堡　長發號　前馬家窩堡　腰棵樹　三合屯　後馬家窩堡　郭家窩堡
高家窩堡　龍王廟子　對龍山　三區十校　楊家屯　三區二十校　聶家小山　後對龍山　毛家屯
華牛坡子　張家店　宋瑚屯　潘家屯　小門呂家　張家屯　石廠　楊家窩堡　三區十一校　拉
拉屯　柳樹窪　范家屯　旅家屯　宋家屯　羅家店　齊家店　大牛窩堡　劉家店　吳家屯
孟家窩堡　王胡窩堡　三區二十一校　李家堡　三區十四校　朝陽溝　畢家舖　崗家劉　老韃地
興隆盛　雙廟子　劉家爐　都家店　柳罐印子　臧家屯　葉家小舖　唐家屯　小山屯　二
道街屯　東河泡　林家屯　温家隈子　鄭家大壕　王世文屯　范家店　十五家子　姜家屯
長發屯　袁家屯　苗家屯　老邊崗屯　馬家窩堡　羅家屯　前兩儀門　後兩儀門　王家屯
華家橋　陳家紙房　王馬架屯　夾信子　計七十八屯

恆裕鄉下九甲　逯家窪子　上台子　西窪子　孫家屯　王家屯　張家屯　秦家屯　王漢窩堡　曹家窩堡　北栢家屯　曲家屯　腰窩堡　靰鞡草溝　三區七校　庫金堆　新開河　邊家屯　吳什江屯　窮崗子屯　前新開河　東炮手窩堡　毋狗營子　樊家屯　西炮手窩堡　藺家窪子　侯家窩堡　張家窩堡　鄭家窩堡　杜家窩堡　雙榆樹　何順昌屯　王家站　六家子　山灣子　孤家子　趙家店　老成窩堡　興隆台　馬家店　崔家店　東河套　紀家屯　潘家屯　後趙家店　馬家三家　前馬家三家　北馬家三家　腰馬家三家　明家甸子　正馬家　三家　張仲達屯　唐瑚窩堡　南馬家三家　耿家窩堡　西耿家窩堡　前耿家窩堡　陳家窩堡　柳家窩堡　廟窩堡　王義窩堡　柳鑵印子　孫家小山　荊家屯　何家窩堡　財主窩堡　興茂號　金家爐　橫頭山子　半拉窩堡　樊家三家　三家子　山東窩堡　三區十八校　魯家屯　石家屯　温家三家　宋山東屯　柏家屯　小孤家子　龐家屯　共計七十八屯

鄉四區莊村

恆裕鄉十一甲　孟家城子　杏木崗　周家店　安家店　條子河　窪中高　西北屯　大房身

段家店　九條玉帶　泡子沿　馮家屯　于家老店　大僊堂　陳家店　李家店　薛家馬架
黃花城子　腰窩堡　朱家爐　四區八校　東山頭　香油房子　九積城　曲大學生屯　韓家店
劉家店　瑪瑙屯　窮棒溝　李二旗杆　周江家　六馬架　孫家屯　北盛店　呂家園子　黃
家洼子　甯家雜貨舖　劉大房子　李珍屯　程家崗子　八大泉眼　大台子　後玻璃崗　碾
子屯　玻璃崗　大牛圈　胡家崗子　三道崗　李家糖房　二青山　四區十二校　小雙城堡　四區
三校　邊崗屯　偏臉城　四區十一校　前歐家　宋三門　大壕裡　小壕裡　京東嶺　龍王廟子
四區七校　東盛家窩堡　前宮家　韓家大橋　魏家洼子　井家堡子　馬家小山　陸家窑　陶
家窩堡　于家洼子　呂家油房　對龍山　郎頭窩堡　周營屯　張家油房　姜連甲屯　孫家
窩堡　團山子　董家洼子　腰崗　二道崗　四區五校　林家店　小腰窩堡　後宮家　馬家屯
丁家窩堡　席文海屯　山灣子　筏子墻　王大房子　王豆腐房　連家營子　劉振屯　張大
中屯　太平莊　葛家屯　匡家營子　黑崗　四區四校　翁克　前崗　小荒屯　趙家粉房　天津
魏　新立屯　裴家豆腐房　狄家屯　張家灣　劉家爐　孫家窩堡　前楊家　後楊家　李排

頭　劉甌屯　時家窩堡　馬家窩堡　戰家窩堡　張家窩堡　北江家　後崗　後歐家　計百十七屯

恆裕鄉十二甲　葫蘆頭溝　萬盛店　呂家店　羅圈溝　周小官屯　大青山　趙家屯　腰屯　六馬架　坑楊家　祝家窩堡　四區六校　前大房身　後大房身　楡樹排子　團山子　長嶺子　孤宋家　徐家店　孫家平房　琥珀崗　西十二馬架　前十二馬架　後十二馬架　小腰屯　興隆溝　吳家店　橫街　二十里堡　順山堡　四區十校　胡巴崗　于家大房子　前于家大房子　後于家大房子　復州窩堡　邊家窩堡　平安嶺　梁家屯　佟家窩堡　楊家窩堡　小城子　老頭山　小姚窩堡　魏家窪子　楊家店　蓋家屯　王家店　曲家店　三合屯　姚家窩堡　四區十三校　婁家崗子　趙連玉屯　懶漢溝　三家子　前坨子　趙家屯　桑家窩堡　連家營子　王家屯　劉家窪子　雙山子　陸家屯　馬家窩堡　四區十四校　龍家窩堡　青山堡　薛家窩堡　劉小店　和氣屯　計六十七屯

恆裕鄉十三甲　獾子洞　東宋家窪子　劉家窩堡　唐家窩堡　小伙房　腰江家　東江家　西

江家　榆樹溝　前恆裕山　後恆裕山　小門李　車圈子　邢家窩堡　麥家窩堡　弓棚子
四區二校　馬家屯　扒子舖　張家窩堡　劉家爐　明水泉子　王家雜貨舖　四區一校　潘家屯　錢
家油房　姜家爐　管家溝　任柳罐印子　曲寶山　五道泉子　新立屯　黃品祥屯　王子玟
屯　哈拉海溝　五家大屯　四區九校　下坡劉　山咀　福聚公　十二馬架　前十二馬架　前蓮
花山　公基北溝　夾荒溝　老房身　後營子　于粉房　劉家屯　王家窰　于家店　平元堡
下台子　上台子　龍泉山　小東屯　西上山子　小腰窩堡　小恆裕山　梁家爐　後狼洞子
王店屯　姜小舖　趙先生屯　劉老窩堡　山牙口　土壟屯　邵家館子　後狼洞子　小泉眼
西山頭　小西窩堡　龍王廟子　小朝陽溝　朝陽溝　楊店　趙家園子　姜家屯　共計七十
五屯

鄉五區莊村

恆裕鄉頭甲　長春堡　五區六校　蓮花泡　康家屯　長嶺子　孟家窩堡　高家店　譚家溝　平安
堡　魏家糖房　小楊家屯　南蓮花泡　黃家窩堡　二十里堡　柳家窩堡　殷家店　蔡家窪

子　龍王廟子　岳家屯　朱家窩堡　一間樓　周家營子　邢家窩堡　計二十二屯

恆裕鄉二四甲　邵家窩堡　許家窩堡　宋家屯　小隋家窩堡　賈家窪子　楊家屯五區十三校　黑咀子　紅咀子　永順堡　曲家溝　大南陽堡　小南陽堡　大朝陽溝　小朝陽溝　遼濱塔　劉家屯五區十七校　鮑家窩堡　馮家窩堡　董家窩堡　董家屯　劉家墳　大房子　雙龍堡　韓酒局子　李家窩堡　雙德店　東溝　獾子洞　南嶺　歡喜嶺　范家屯　胡家屯　磨姑屯　張家窪子　望山堡　碑樓子　大房身　石廟子　小南屯　石家棚舖　計三十九屯

恆裕鄉三甲　李家窩堡　夏家窩堡　南三家　西三家　宋大院　施家粉房　宋家油房　拉拉屯五區七校　小魯家屯　魯家屯　鄭家屯　東雙山子　西雙山子　耿家油房　小北屯　六馬架　大屯　張家屯　二十里堡　山後屯　趙家酒局　三間房五區九校　葦山屯五區五校　東葦山屯　西葦山屯　曹珠店　陳大院　孟家屯　大三家子五區十六校　二道崗子　後二道崗子　東二道崗子　萬順堡　河南陳　雙廟子　廣寧王　棒槌楊　丁家窩堡　朱家屯　大孤榆樹五區十五校　小孤榆樹　魏家窩堡　腰屯　東潘家　西潘家　窮崗子　趙大架子　窮棒

子嶺　白龍駒　前靠山屯　後靠山屯　田家油房　二十五里堡　計五十三屯

恆裕鄉五甲　刁家山　五區十一校　黑咀子　歡喜嶺　楊家屯　分水嶺　袁家窩堡　福安屯　南嶺米家　羿家堡子　前高台子　後高台子　前興隆溝　石虎溝　水平溝　閻家館子　八里堡　五里堡　十里堡　城隍堡　侯家園子　譚家園子　東高台子　西高台子　計二十四屯

恆裕鄉南六甲　小開元堡　天增堡　齊家窪子　袁家店　雷家店　偏臉屯　六家子　祝家屯

小隋家窩堡　五區十校　大隋家窩堡　西大房身　東大房身　腰大房身　前大房身　後大房身

八里堡　水平溝　後黃瓜溝　三合屯　唐家油房　楊家粉房　火燒李　小房身　穆家溝子

魯家屯　李家屯　前興隆堡　興隆堡　興隆堡下溝　路家溝子　范家店　朱家窩堡　娘娘廟　桑家窩堡　五區四校　紀家粉房　小紀家粉房　滿家屯　東兩半屯　三道溝　馬仲屯　潘家油房　李三家　拐脖店　計四十三屯

恆裕鄉中六甲　翟家窩堡　大西河堡　小西河堡　馮家屯　岳家屯　東雙龍台　西雙龍台

五區一校　東開元堡　五區十二校　西開元堡　新開河　小梁山　賈家橋　西馬家油房　東馬家

油房　南城劉家　萬源號　陳家窪子　伊通河窩堡　五區十四校　西三傑窩堡　東三傑窩堡
後三傑窩堡　于家嶺子　劉國樑屯　喬家窩堡　驛馬站　計二十五屯
恆裕鄉十甲　長嶺子　五棵樹　翟家雜貨舖　雙榆樹　順山堡　常家窩堡　康家窩堡　岫陽
窩堡　樊家窩堡　于家油房　榆樹樑子　大房身　五區十二校　新立屯　窮崗子　山咀子　二
道嶺子　晏家油房　張家窩堡　打子場　福增店　小南屯　十二馬架　邢家崗子　五大戶
五區三校　義和堡　龍王廟子　四家子　齊家窩堡　西雷家窩堡　三門于家　太平莊　丁家
窩堡　天成店　溫家大橋　山崴子　黃花溝　龍宮　三家窩堡　歡喜嶺　賈家橋　張家店
東大嶺　大牛圈　小山　小北道　孫家平房　南道　山後屯　腰屯　白龍駒　萬山堡　新
開河　團山子　翟家窩堡　後二道嶺子　苑家屯　前二道嶺子　長嶺子　小常家窩堡　前
打子場　燒鍋店　五區八校　月令泡　于甲長屯　董家屯　侯家屯　王家大窪　西常家窩堡
叢家崗子　前平安堡　匙油房　後平安堡　楊粉房　國家屯　前許家　劉家店　北董家屯
阮家屯　鄒坨子　郜家窑　李家店　三合屯　王大壕裡　山灣子　大有堂　梁家屯　莊家

窩堡　後油房　前油房　東雷家窩堡　平安堡　東榆樹梁子　隋家屯　東董家屯　計九十三屯

按縣境區域遼濶村落星散初由墾民來歸聚爲屯堡惟百戶以上尚屬寥寥晚近兵匪肆擾閭閻殘破一區受患稍輕富室多半遷徙二區幅員廣袤東連德惠北毗農安每屆夏令匪患猖獗村單丁弱守望難資急宜赶練鄉團藉謀自衛三區面積較小人烟稠密殆以附郭闤集之故歟年來擾竊頻仍不遑寧處禁暴詰奸清鄉尚己四區屬於長春農安長嶺三縣夾荒開墾較晚面積雖廣墟里尚稀民俗强悍樂於鬥爭團編鄉丁頗能自衛匪氛稍戢戶鮮播遷五區西毗奉天懷德縣伏莽潛滋攻沒剽掠閭閻彫殘畧同各區在昔有清盛時井里晏安家給人足民習耕鑿富等封君鼎革以還滄桑倏變蓋藏俱盡杼軸其空雖云運會式微今昔異感然安集撫綏臻於郅治亦賢有司之責也

長春縣志卷之二

輿地志六　商埠　附圖

長春地處要衝康途四達爲吉林全省之門戶日俄鐵軌東西夾峙輪蹄輻輳百貨雲集實稱商務繁盛之區前吉林將軍達桂按中日東三省條約第一欵省城哈爾濱滿洲里等處均應自行開放商埠乃於光緒三十二年十二月實行開埠之約規畫地勢於長春府崇德門北至頭道溝再至二道溝聚寶門西至十里堡周圍三十餘里畫定界限疏聞於朝並咨外務部照會各國駐京公使中外商民莫不稱便惜其計畫未善致啓外人蔽混之端蓋當時商埠公司收買民地懸値過廉業戶多懷觀望日人因民之不願私增地價隱相購買民爭趨之迨商埠公司查之其狀下令禁止而其勢已成索還不易並以民智閉塞但圖小利於一時豈計大患於他日陽奉陰違在所不免而各國商賈以長春一埠凡吉長鐵路發軔之處衝繁要地幾已盡爲日有亦復裹足不前迭經商埠公司與駐長日領事交涉日人藉詞鐵路用地以文其私購之非卒之由公司畫分經界其頭道溝東偏地段歸南滿洲鐵道會社發價承買事始就緒時東督徐世昌以設立商埠本各國營業之區實公共居留之域主權所在詎

容他族居奇前既失之東隅自速當爲桑榆之計爰令代理西路道顏世清相幾挽救設法籌維勘定商埸豫籌鉅欵務使土地之權操之自我經理之任不假於人庶幾規模立而商務可興矣

商埠地爲國有土地除公用地基及其他建築外餘地租放市民修蓋房間埠地溝道在内計五千三百八十七畝二分九厘四毫民地三千二百十六畝一分一厘五毫吉長鐵路佔地三百零六畝九分二厘八毫日本輕便路佔地一百零二畝零八厘二毫中東路佔地一百五十六畝二分三厘共地九千一百六十八畝六分五厘除公用地基及其他建築外餘地租放市民徵地皮租及車稅各欵

開埠局　前清宣統元年吉林西路道顏世清請准開辦商埠即於是年五月設局辦事歷由吉長道尹兼任督辦置局長副局長各一局内組織總務稽核捐務工程各股常年收入房租九千餘元地皮捐五萬四千餘元車捐一萬餘元共計大洋七萬餘元常年支出局用經費二萬餘元商埠學校經費六千七百餘元工程費用三萬四千五百餘元共計大洋七萬餘元局址住在商埠西四馬路

開埠局租建章程

第一章　總則

第一條　本章程依照總章第五條之規定而設凡欲在埠內租地建築者不論中外商民均應一律遵守

第二條　本章程由本開埠局協同巡警所分別執行之

第三條　本埠遇有應行公用徵收時雖經租建之土地亦須照章退讓其章程另定之

第二章　租地條例

第四條　本埠界內土地永爲本埠所有不論中外商民祇准照章向本開埠局租用不得管業

第五條　本埠地畝分作五等暫定租價如左

特等地一畝每年收租洋三十六圓

一等地一畝每年收租洋二十四圓

二等地一畝每年收租洋十八圓

三等地一畝每年收租洋十二圓

四等地一畝每年收租洋七圓二角

第六條　本埠地以官弓二百四十弓爲一畝計工部營造尺六千方尺

第七條　本埠地畝均經編號列等除各項公用基址外餘地皆可指租

第八條　凡欲在本埠租用者不論中外商民均須先赴開埠局具呈掛號聲明願租某號某等地幾畝允照定價繳租先按租價十成之一留洋作定局中經理員乃據所呈登入號簿並赴所指地段丈量簽界然後由局轉報西南路道台衙門請發印契若是外國商民須兼呈由該管領事照會道台方可給租倘係長春商埠未經設領事之國之商人或請就近領事官照會亦可

第九條　租戶所留定洋局中經理員須給收條爲憑俟地畝租定後租戶繳納初次租價時即在租價内如數扣除並將收據繳還抵作租洋

第十條　租戶掛號後至遲二十天必須來局領契從掛號之日起倘逾限二十天不來領契非是有意悔約即屬無力承租開埠局得將所掛之號註銷另行招租定洋充罰並將租契送道署繳銷中外租戶一律辦理

第十一條　凡租地每一戶至少以二畝起碼至多以十畝爲限如有經營事業非大地不辦者應

先將情節聲明由開埠局酌核定奪

第十二條　租價係按畝按年計算凡地畝租後該租戶即應將本年應收租洋自承租之日起算至年底止作一次如數繳清嗣後每年應繳租洋均定於中歷正月內由開埠局派員向各租戶一律收清均製給收單爲憑如有向收不付屢催不應至中歷二月底仍無力將本年租洋全數繳清者開埠局得將該號租契即行註銷並得將地上產業拍賣變價抵還欠租倘洋不敷仍着落欠租之戶補足若有餘亦歸其領回中國商民一律照辦若係外國商民並請西南路道台照會該管領事官照前辦理如遇本埠未經設領事之國之商民則照會本埠最近之該國領事官

第十三條　地畝租定後由開埠局請西南路道台發給印契轉給該租戶收執如係外國商民並請道台照會該管領事官存案若本埠未經設有領事之國之商民則照前條辦理

第十四條　租戶原領道契如遇遺失須將遺失情節到開埠局呈明並覓妥人具保一面在通行章報登佈告白俟三個月後別無糾葛方能請領補給

第十五條　凡租戶承租地畝可轉租與別人但只能全地轉售不能破碎割租

第十六條　地畝轉租時原租之戶與接租之人須同至開埠局具呈簽字繳還舊契換給新契過戶如原租與接租者均是外國人或一戶是外國人仍須一併呈由該管領事官照會道台方爲合格若本埠未設領事者則照第八條辦理

第十七條接租之戶其期滿年限須從原租之戶接算未便另自起限一律照後開第二十條辦理

第十八條　租戶如係外國人恐有回國及意外之事須將承業之人及代理之人先行報明開埠局登册並在該管領事官處存案備查

第十九條　租戶於承租地畝祇准轉租不准典押其地上産業雖可典押與人但須隨時呈報開埠局註册中外商民一律辦理

第二十條　租契暫定以六年爲期滿後另換新契此後或仍以六年爲滿或改定延長期限由開埠局臨時察看情形酌定

第二十一條　當期滿應換租契時開埠局先期出示通知各租戶遵辦倘有意抗延過期後即可將該號租契註銷地面産業充公

第二十二條　當初次期滿時本埠商務如果興旺開埠局可以察看情形將地畝酌加租價

第二十三條　至第二次期滿之後所有埠內產業中國國家可請中人公平估定價值全數購回無論何國人不得抗阻如或不欲購回仍可商定續租

第三章　建設條例

第二十四條　凡中外商民在本埠建造房屋須先期將印契呈開埠局由局派員前往勘驗如果地契相符並於路政無礙即予批准仍俟發給執照方可動工

第二十五條　凡建造房屋不論中外商民自地畝租定之日起限特等四個月一等三個月二等兩個月三等四等皆一個月必須動工倘逾此限期仍未建造即是無財力之人開埠局可將其租契註銷地即歸公從前所納租價概不退還若已開工建造而特等八個月一等六個月二等四個月三等及四等各兩個月倘未完工亦得將其租契註銷若因規模宏大或有障礙等情准其報明由局派員查驗可酌予限期責令完工此後不准再有逾限情事如租戶能於租地後立即興工建築完美開埠局當予特別利益其章程另行規定

第二十六條　凡租戶在地上建築住屋及行棧店鋪或樓房或平房均可任便起造惟須先將圖樣送開埠局驗看有無違礙侵損公益及工料不堅之事倘有以上情弊由局派員指示酌改該租戶均當照辦

第二十七條　租戶建屋開工後由局派員隨時赴工場察看如向工人有所詢問必須明白回答倘見爲不妥之處可彼此和平商改

第二十八條　租戶蓋造房屋填築地基所需泥土必須從遠方購取不准在本埠地內掘用

第二十九條　凡埠內建造房屋必須先築陰溝一條或數條且必須與商埠局所造之大溝相通以便宣洩污穢積水

第三十條　所築之溝應用何法需用何等物料凡溝身之大小寬窄與地面相距深淺以及高低平側之勢應如何接通大溝之處均須請由開埠局派員前往察看指示該租戶照辦

第三十一條　租戶建築房屋均須於所築地基之四周留出餘地作爲備衖

第三十二條　凡租戶造屋有不遵章驗契領照並不送驗圖樣輒先動工及動工有所違礙侵損

不聽開埠局指示商改皆當另議罰規中外商民一律辦理但局中考核以上諸端亦須隨到隨辦不得延擱俾租戶得以從速興工建造

第三十三條　火油一項在市內不得存積過量如欲建設火油池棧者不論中外商民必須赴開埠局報明核奪辦理倘無相當地方可以阻其建設

第三十四條　埠內各居戶有何修造動工關係公衆之事亦應先在開埠局請領准單

第四章　附則

第三十五條　本章程未盡事宜臨時以告示宣布

第三十六條　本章程施行日期由西南路道稟准吉林行省公署以告示定之

商埠市場　老市場在三馬路與四馬路界中民國元年九月商人馬秉虔解富之劉乃剛等租領開埠局預留建築市場地基二十六畝有奇仿照京津各埠集資建築營業市場曲巷列肆櫛比鱗次攤床雜業麕集其間商貨騈闐遊人如織頗具熙攘氣象焉迨民國九年遽遭回祿全部建築付之一炬嗣經重行修復賡續經營其繁榮況狀弗減於前民國十六年開埠局爲發展埠務興通市面起見將營

業市場收回官辦計新樓房三十九間瓦房二百二十三間板房十一間戲樓一所共估價大洋五萬六千一百四十九圓

商埠新市場　民國七年道尹兼商埠督辦陶彬氏爲發展埠務起見指定西四馬路西五馬路中央地段規畫新市場一處並由開埠局設市場事務所負責管理之規模較老市場似覺稍遜所有攤床酒肆市井雜技以及妓寮茶社羼居雜處倍極喧闐開埠局派員經收地皮捐凡出地攤者日納吉錢五吊絡以遊人如雲流品混雜犯奸作科數見不鮮剽悍者資作衣食之源適爲消納莠民之所殆亦社會政策中救濟之術歟

南滿鐵路用地　附圖

日本明治三十八年九月五日之日俄講和條約俄國將長春以南之鐵道移讓於日本日本雖指定寬城子驛以南地而與俄國之意見相違迨三十四年授與孟家屯迤南地明治四十三年三月日使本野與俄外相衣士包陸斯吉開始交涉同年六月十三日俄國容納日本之主張寬城子驛及其附屬地爲共有之事解決而日本政府以五十六萬三百九十三魯布與俄國讓共有權由滿鐵會社交

付之而滿鐵會社總裁後藤男與寺內陸相協議任命佐藤少佐爲委員着手附屬地之收買因受我國官憲嚴禁土地私賣之限制乃買入四十餘萬坪遂中止嗣經日本林公使與北京政府交涉之結果四月二十日由長春府指示新買土地通知日本委員速將預定地域掘壕由我國官憲監視辦理之其後繼續進行協定價額至八月下旬全部收買百五十餘萬坪日金三十三萬八百七十五圓此爲現在之鐵路用地亦即南滿鐵道之終端也歷年經營之猛進設施之完備遂成今日雄偉壯麗之巨埠加以商貨雲集貿易激增鐵軌飆馳攸往咸宜遙與旅大海外相呼應而滿鐵政策之實施則以此地爲尾閭用能縱橫捭闔拱制近東有由來矣附述日側司法軍事警察行政如左

司法　當中日通商航海條約拋棄治外法權後租界地之日人對於司法初審由領事官掌理其事上訴審則由關東廳高等法院掌之及民國四年五月南滿東蒙交涉結果經我政府收回治外法權華洋訴訟權由我國法院裁判之日本僑民互訟仍由領事主理又領事爲關東廳事務官兼租界地警察監督

軍事　日本明治四十年九月日本滿洲獨立守備隊第一大隊第四中隊常駐長春驛幾度交替以迄

現在一中隊守備駐在地常盤町四丁目明治四十九年九月設置憲兵分隊以迄於今駐在地錦町一丁目十番地

警察　日本明治四十一年四月設置長春警察官出張所後改爲長春警察署歸大連關東廳直轄警視一警部三警部補九巡查部長六巡查百八十一巡捕十七翻譯生一囑託一內部組織署長以下置警務係保安係司法係衛生係高等係會計係營業係統計係管理區域西公園西二條通長春驛日本橋通二條通富士町大和通南五條通東頭道溝以上各地分爲六區各區設置派出所共十八處分行職務歸警察署統轄之

長春地方事務所　爲日本滿鐵管理地方行政事務之機關也明治四十年十月設置南滿鐵道株式會社長春出張所四十三年改爲共同事務所大正四年十一月改組長春地方事務所所長以下置庶務係地方係勸業係土木係建築係經理係涉外係所址駐在地和泉町一丁目

地方事務所規程

第一條　左列各地置地方事務所所管轄區域分別規定之

瓦房店大石橋營口鞍山遼陽奉天鐵嶺本溪湖安東

第二條　地方事務所管理地方事務

第三條　地方事務所奉天長春及安東三地方事務所較其他地方事務所別置勸業係土木係建築係庶務係地方係經理係

第四條　地方係所掌理事務

一　印章保管事項

二　人事事項

三　文書收受發送及保管事項

四　外事事項

五　管理事務事項

六　社宅事項

七　社會施設事項

八 屬於他係主管以外之事項掌理之

第五條 地方係掌理左列事項

一 地方委員會事項

二 公費事項

三 教育事項

四 衛生事項

五 警備事項

六 造園事項市街經理及植樹等

七 市場公會所屠場其他公共施設事項

八 土地建築計畫及經營事項

九 給水事項

第六條 勸業係掌理左列事項

一　商工業助長事項
二　農政林業助長事項
三　鑛業助長事項
四　其他原始事業助長事項
第七條　土木係掌理之事務
一　土木工作物建設改良及保存事項
第八條　建築係掌理之事項
一　建築物建設改良保存事項
二　機器及電氣施設建設改良各事項
第九條　經理係掌辦之事務但第四事項以奉天長春及安東地方事務所爲限
一　社會預算及決算事項
二　金錢及有價證券出納及保管事項

三　物品出納保管及調度事項

四　工事請負契約事項

第十條　奉天長春安東除其他事務所在第六條事務內地方係屬之所管事務工費經濟調查衛生消防土地建築物並貸付事務道路水道下水建築土木公園機械屠畜場農務勸業火葬場小學校公學堂補習學校圖書館商品陳列所楊木林驛以北鐵道收入及社員給與事務對外交涉事務等

地方委員　日本明治四十一年長春租界區徵收公費財政及其他重要事項設委員會徵求意見其初委員由滿鐵社長指名係名譽職大正八年一月地方委員會廢指名制改公選地方委員選舉人資格選舉名簿選舉六十日以前作成調製日期前六個月以來同一公費賦課區引續居住者名簿調製而地方委員任期以二年爲滿凡二十五歲以上男子有選舉權有左列事情者消失選舉權

一　禁治產者及準禁治產者

一　現在刑罰執行中者

一公費及手數料滯納金督促規定受公示處分仍滯納者

現在長春區地方委員[illegible]額十三名內華人一名地方事務所劃分六區各置區長補助執行公共事務

土地　日本鐵路用地總面積一百五十二萬八千一百八十坪今將佔用地分別列左　一坪合中尺六平方尺

社用地　六十九萬七千九百八十八坪

關東廳協定地　一萬八千五百二十五坪

陸軍協定地　三萬一千六百七十七坪

商業地域　三十三萬二千七百一十六坪

工業地域　十四萬五千二百三十八坪

糧棧地域　五萬七千六百二十一坪

住宅地域　一萬九千八百四十坪

道路用地　二十萬零八千八百一十三坪

河川溝渠　一萬五千七百坪

綜上貸付面積爲一百五十二萬七千二百一十八坪貸付土地及料金一等五錢二等四錢三等三錢四等二錢五等一錢五厘六等一錢每一平方坪每月所付數

水道　鐵路用地内設備上水暨下水上水就適當水源地鑿井汲水調節飲料

水源地	最近一日汲水量	建設年期
第一水源地	三、一九五立方米	大正二年
第二水源地	一、五八〇立方米	大正七年
第三水源地	六五八立方米	大正八年
第四水源地	在計畫中	

每月汲水總量七萬八千二百立方米一日均計汲水總量約二千六百立方米水道給水費之規定如一般用水十錢工業用水十五錢工事用水二十錢

長春驛　站内路線延長四十三英里鐵路鋪設用地三十五萬四千坪票房用地六百三十二坪貨物事務所用地二萬坪東西貨塲用地十一萬七千九百坪驛内全年平均收入運費日金二千四百萬圓客票收入一百七十萬圓兩項總收入約二千六百萬圓之譜均計一日之收入多至十萬餘圓比較朝鮮鐵路全路總收入相埒近年以來輸出貨物一年之中統計三百萬噸核算價值一億四千六百四十四萬二千一百圓輸入貨物統計九十萬噸核算價值一億七千零零七萬三千五百七十圓

長春縣誌

卷三

長春縣志卷之三

食貨志七　戶口附外僑

清嘉慶五年議准查出郭爾羅斯地方流寓内地民人二千三百三十戶均係節年租地墾種難以驅逐應劃清地界自本旗游牧之東穆什河西至巴延吉魯克山二百三十里自吉林伊通邊門北至吉佳窩舖一百八十里定爲規制不准再有民人增居每年令吉林將軍造具戶口花名細册送部備查仍設立通判巡檢各一員彈壓專理詞訟會典事例二百三十四

嘉慶五年設廳至十六年編定民戶一萬一千七百八十一丁口六萬一千七百五十五

道光二年編定民戶除遷出戶一千一百八十七丁口一萬零五百三十四加新增戶一百八十二丁口六百五十七實在戶一萬零七百七十六丁口五萬一千八百七十八十六年新增民戶四千四百九十四編定一萬五千二百七十新增丁口一萬二千二百九十編定六萬四千一百六十八

光緒七年至九年新增民戶八千七百零五編定二萬三千九百七十五新增丁口二萬七千九百五十二編定九萬二千一百三十五吉林通志二十八

長春設治之初丁口不滿七千百餘年來生息休養幾增至六十萬以嘉慶十六年編定六萬一千七百五十五丁口之數比例以求民戶激增之速乃至六十倍矣勞本蕃衍於斯爲盛茲將近年調查城鄉男女戶口及外僑寄居各數目分晰列舉備考覽焉

城一區正戶二千五百零二副戶二千九百三十六男丁一萬七千四百六十六女口九千一百零九

城二區正戶一千七百五十七副戶二千三百三十八男丁一萬零四十七女口七千三百九十九

城三區正戶一千二百四十八副戶二千三百九十九男丁八千二百零七女口五千七百零二

城四區正戶一千零一十五副戶一千一百四十一男丁九千四百八十女口三千七百三十二

城五區正戶一千零十五副戶二千一百零二男丁一萬零二百一十七女口六千三百八十八

按城內五區正副戶統計一萬七千五百四十五男女丁口統計八萬七千七百四十七

城區及商埠地日本僑民七十八戶二百九十四人

寬城子站俄國僑民三百二十二戶七百六十三人日本僑民十一戶十八人

城埠外僑累年戶口表

區別　年度	民國五年	民國十年	民國十三年	民國十五年
戶數	一〇八	一三六	一三九	一五一
人口	五二九	六八八	八一〇	五六五

鐵路用地人戶表

種別　年度	日本人 戶數	日本人 人口	朝鮮人 戶數	朝鮮人 人口	合計 戶數	合計 人口
民國十三年	二、一八六	八、一三五	九二	四一八	二、二七八	八、五五三
民國十五年	二、二九五	九、四〇〇	一四九	六八九	二、四四四	一〇、〇八九

按民國十一年三月末調查頭道溝鐵路用地內中國人戶口一萬四千五百二十一日本人戶口八千零零七外國人戶口二百五十統計頭道溝中外人戶口二萬二千七百七十八

鄉一區正戶五千三百一十副戶八千一百一十男丁五萬七千一百零七女口四萬七千八百八十九合計十萬零四千九百九十六

鄉二區正戶五千九百九十二副戶七千三百三十二男丁五萬七千七百八十九女口五萬二千零八十八合計十萬零九千八百七十七

鄉三區正戶四千三百九十七副戶六千七百四十一男丁四萬二千七百一十五女口三萬八千六百六十九合計八萬一千三百八十四

鄉四區正戶三千六百五十九副戶五千三百八十男丁四萬三千三百九十三女口三萬六千四百零三合計七萬九千七百九十六

鄉五區正戶五千六百九十一副戶六千七百八十五男丁四萬九千三百零三女口四萬四千六百七十四合計九萬三千九百七十八

按長春鄉五區正副戶五萬九千三百九十七男丁二十五萬零三百零八女口二十一萬九千七百二十三統計四十七萬零零三十一

田畝　附學田

禹別九州任土作貢畫圻分田底慎財賦然後國用饒而民生裕故古之敷政者必自經界始也長邑

於前清嘉慶五年借郭爾羅斯公牧地設治招墾流逋四歸百年以還蕪萊盡闢逮及清季已墾熟田六十餘萬晌嗣劃歸農安德惠兩縣二十餘萬晌本邑現有實田四十餘萬晌縷析如下

鄉一區沐德頭甲八千五百二十二晌六畝沐德二甲一萬零一百八十四晌四畝沐德三甲八千四百四十四晌一畝撫安頭甲六千二百六十二晌七畝撫安二甲五千六百八十一晌七畝撫安三甲八千三百八十七晌六畝撫安四甲二千六百八十五晌八畝撫安五甲五千三百五十四晌一畝撫安六甲六千七百五十五晌七畝統共六萬二千二百七十八晌七畝學田五家子三十六晌五畝卡倫九晌小城子七晌二畝興隆山十三晌陸家店二晌雞鳴山二晌五畝新立城十三晌

鄉二區撫安七甲一萬一千五百一十二晌二畝撫安八甲一萬一千四百五十九晌八畝撫安九甲一萬四千九百九十八晌四畝撫安十甲九千六百四十八晌四畝撫安十一甲一萬四千九百零五晌五畝沐德八甲一萬二千七百五十九晌六畝統共七萬五千二百八十三晌九畝

學田老邊崗十晌天吉十晌

鄉三區恒裕北六甲七千二百三十五晌恒裕七甲四千三百三十八晌五畝恒裕八甲一萬一千零

四十一晌七畝恒裕上中下九甲計三萬一千七百七十三晌三畝統共五萬四千三百八十八晌五畝

學田柳家窩堡四十晌燒鍋嶺三晌

鄉四區恒裕十一甲二萬一千四百八十七晌七畝恒裕十二甲一萬二千五百四十九晌七畝恒裕十三甲一萬零五百一十四晌二畝統共四萬四千五百五十一晌六畝

學田無

鄉五區恒裕頭甲四千二百五十二晌二畝恒裕二甲四千三百一十八晌七畝恒裕四甲二千五百三十九晌四畝恒裕五甲四千六百一十二晌七畝恒裕南六甲五千六百六十五晌八畝恒裕中六甲五千八百零四晌恒裕十甲一萬四千四百三十九晌四畝統共五萬零三十晌二畝

學田大楊家屯熟地五晌八畝

奉天安廣縣學田係前清光緒三十年長春府知府王古愚捐廉銀一萬兩購置荒地一千五百六十六晌七畝七分現已墾成熟田二百零九晌八畝所收租金專充興學經費檔案庋存財務處

五常縣藍彩橋學田係吉林長春榆樹扶餘五常五縣醵資購置荒地一千一百零二晌五畝於前清宣統三年經長春府城議事會議決充作吉長扶榆五常五縣學務經費現已墾成熟田五百九十六晌二畝八分八厘所收租金按五縣袞分輪值經管文契歸財務處保存

按清乾隆五十六年郭爾羅斯札薩克公恭格喇布坦以其遊牧之地招流民墾種初不知有履畝繩丈之制地多租少流民利之故至者日衆嘉慶四年將軍秀林查辦始爲借地安民之議凡得熟地二十六萬五千六百四十八畝添設長春廳以其地劃分四大鄉一曰沐德二曰撫安三曰恒裕四曰德惠俗呼爲大荒又曰老荒每畝徵糧四升共折銀五百七十八兩六錢該札薩克自向民人徵收爲置通判以彈壓之每屆四十五年勘丈一次如有浮多熟地照地增租四大鄉界址以外橫跨長春所屬地界名曰夾荒於道光七年招民領墾經部奏定於租界外有續行開墾者作爲十年一限按畝勘丈入册收租咸豐元年至六七年光緒十一年至十八年屢奉理藩院咨催勘丈將軍長順查出熟地四十三萬餘晌蒙古每年所得止十四萬餘晌之租長順派補用通判張呈泰與蒙古等共定增租之議照十四萬餘晌之數再加一倍增租免其勘丈取其蒙公印結在案會長順去

任事遂中止。吉林通志二十九

物產

動物

禽屬

燕　即元鳥有越燕胡燕二種俗以紫頷善搆巢者爲巧燕尾如剪刀曰剪燕以其棲於梁間故又名家燕亦名紫燕不善築巢者曰拙燕又名青燕又一種大者曰蝙燕凡燕春來秋去皆以社日故曰社燕逐捕昆蟲爲食滅除田間菑害誠益鳥也

隼　即鷂類小者爲鷂有花豹白豹細胸松兒朵兒攔虎獸諸名盛京通志

鷂　負雀鷂也爾雅釋鳥女眞禽有鷹鷂契丹志二十六

雉　黑水靺鞨俗插雉尾爲冠飾唐書二百十九雉俗呼爲野鷄盛京通志野鷄最肥油厚寸許遼東野雞頗有名出獵秋間號打野雞圍柳邊紀畧

鳶　俗呼鷂鷹不善搏擊貪於攫肉盛京通志

沙鷄　似雉而小足有毛爾雅謂之鵽鳩俗呼沙半斤盛京通志亦名樹鷄多出林中不在沙漠之內

野鴨　有綠頭黃足等名蒲鴨大於野鴨黃色

烏鴉　土名老瓜能返哺以報所生孝烏也有純黑者有白頸黑身畧小者集群成陣遮蔽天日

白鵲　金時咸州貢白鵲金史五行志

鷹　亦名鵕嘴灣鈎尖爪銳力猛故又名鷙鳥

黃肚雀　俗名黃肚囊有大小二種小者長嘴短尾大者尾根白

鸛　水鳥有黑白二種其翎可爲箭翎盛京通志

白翎雀　青黃色翎白窮冬恒寒不易其處元人重之故元世祖樂有白翎雀歌盛京通志

大眼雀　睛大而圓身青灰色

鵪鶉　性好鬪惟青蛙花者不鬪

白眼雀　目有白圈長嘴白尾

靛雀　色如藍靛頭青頸白

百靈鳥　鳴聲清亮善學各鳥語人多以籠之

蠟嘴　即桑扈之屬喙有黃蠟畜之可玩（盛京通志）

紅料　身色紅善鳴有花者謂之花料又謂之蔴紅料

千里紅　頂有紅毛喜食蘇子俗呼蘇雀又曰老羌雀出於俄羅斯地雪後即來網而取之炙食極美

（柳邊紀略）

鸕鷀　形似烏鴉

鸕鷀鶴鶉鷗鵂鴿鳩燕鴻啄木蝙蝠等類所在有之

獸屬

馬　夫餘國出名馬肅慎氏有馬不乘但以爲財產而已（晉書九十九）　唐開元十八年渤海靺鞨獻馬三十匹（冊府元龜）　遼統和四年討女直獲馬二十餘萬匹彼時女直等諸部設有官馬群駐牧各處馬極蕃庶索倫馬則身長體健毛短而澤其他皆自山海關西及朝鮮來高麗馬大與驢等能負重致遠不善馳騁故價不甚昂關西馬皆產於蒙古價倍高麗或遇甯稽人非十五六貂不能易一馬也（柳邊紀略）

牛　女直以牛馱物遼開泰六年東京留守巴格奏領兵入女直界俘獲牛馬豕羊不可勝數又東女直其人無定居行以牛負物遇雨則張革爲屋（契丹志二十五）牛黃唐天寶七載黑水靺鞨獻牛黃女直產牛黃（明一統志）

羊　女直等部落多產羊（北盟會編）

犬　女直地多良犬田犬極健力能制虎最難得又蕃犬可供驅策故元代時有犬站以代馬今費雅哈赫哲各部落尙役犬以供負載（盛京通志）獵犬不畏虎隨吠其後或嚙其尾虎伏草間犬必圍繞跳嘷人即知虎所在虎怒逐犬出平陸人乃得施弓矢殪之又有捕貂之犬嗅其踪跡所在守而不去伺貂出嚙之（扈從日錄）

豕　夫餘好養豕食其肉衣其皮黑水靺鞨畜多豬女直獸多白彘金會寧府貢豬（金史二十四）

野豬　女直國獸多野豬今山中有之大如牛形如彘耳稍小上下牙如鋼鈎猛如虎兕

驢　土人負重恒以驢代脚力昔時驢亦多近今凡推磨者皆用之然偶病皆不治（柳邊紀畧）

馬鹿　形大如馬山中極多亦曰浮鹿一名八叉鹿歲取其角入官（盛京通志）

虎　濊祠虎以爲神（見後漢書）勿吉有虎豹羆狼（見魏書）今深山中有之間有白質黑章尤猛摯虎骨熬爲膏入藥（盛京通誌）

文豹　濊多文豹（後漢書）似虎而小白面團頭色査者曰白豹黑者爲黑豹文圓者曰金錢豹最貴重文尖長者曰艾葉豹（盛京通志）

熊　小者爲熊大者爲羆紫黑色今山中熊類不一有猪熊猴熊諸名性極猛力能拔樹擲人熊矯捷而羆憨猛皆獸之絕有力者羆重千餘斤熊亦及半熊羆皆冬令蟄居不食熊小或居木孔羆大則居穴也石熊全身烏黑猙獰可畏長喙巨牙前掌如人手後掌如人足重七八百斤松花江兩岸舊爲費雅喀部所居喜弄熊呼曰馬發多以重價購養使鄰里親朋射殺爲歡有馬熊狗熊二種射斃而後聚食之先食熊頭於野謂敬長老也餘則聚食於家婢女惟食熊髀不淨者遠之（曹廷杰日記）熊蹯東方佳品官厨以爲貴（扈從日記）

羆　靺鞨太山有熊羆女直產羆皮熊各處皆有羆惟吉林盛京始有他處所無

鼉　鼉類色蒼赤形比內地所產稍大肉味微腥（盛京通志）其皮可蔽潮濕（採訪冊）

豺　足似狗瘦如柴性猛善逐獸

狼　性陰險喜食肉皮毛青白者爲佳可爲坐褥

貛　似狗而短體肥行遲皮宜裀褥又形如狗喙如豕足皆五爪毛深厚其油能治火傷（東華紀要）

狐　女直產狐狸有黑白黃三種又色赤而大夜擊之火星迸出毛極溫暖集腋爲裘尤貴重元狐出下江大於火狐色黑毛暖最貴又青狐名倭刀（盛京通志）　烏稽出元狐黃狐元狐全黑者不可多得一歲不過數張（甯古塔紀畧）

貂鼠　挹婁出好貂（後漢書）　夫餘出貂豽又出善馬貂豽肅愼貢貂皮（晉書九十九）　勿吉以尸捕貂貂食其肉多得之（見魏書）　黑水靺鞨多貂鼠貂以紫黑色爲貴青色爲次貂鼠女直有之大如獺尾粗毛深寸許冬月服之得風更暖著水不濡落雪即消亦奇物也

鼪鼠　一名鼬又名黃鼠狼其尾可以製筆

黃鼠　形如鼠而大穴居食穀粱頭似鼠尾有毛黃黑色烏稽出黃鼠食之最佳（甯古塔紀略）

鼢鼠　即田鼠形似鼠而大常穿地以行（盛京通志）

松鼠　蒼黑色尾大好食菓蓏小者不過三寸通身豹文同上

蝟　似鼠有毛刺足短尾長犯之則縮毛張如集矢俗呼刺蝟皮入藥同上

白兔　渤海所貴者太白山之兔黑水靺鞨地多白兔唐開元天寶間貢獻白兔皮又開元七年靺鞨獻

白兔貓皮冊府元龜

跳兔　大如鼠其頭目毛色則兔爪足則鼠尾長其端有毛或黑或白前足短後足長則跳躍性最狡滑

獵犬不能獲之疑即詩所謂跳躍毚兔者也前足寸許後足近尺今山中多有之盛京通志

鱗介

魚　女眞海多大魚北盟會編元劉哈喇巴圖爾傳居二年召還帝諭之曰自此而北納延故曰阿巴拉呼者

產魚吾今立城名其城曰肇州汝往爲宣慰使既至一日得魚九尾皆千斤遣使來獻元史一百六十九　甯古

塔魚肥美實異於他處冬時河水盡凍厚四五尺夜間鑿一隙以火照之魚輒聚以鐵叉叉之必得大

魚甯古塔紀略　虎兒哈水開後無貴賤大小皆以捕魚爲樂或釣或網或以叉每出必載車而歸柳邊紀略　剃髮

黑斤人最善叉魚認取魚形水紋拋叉取之百無一失雖數寸魚亦如探囊取物不知何以神異若此

曹廷杰日記冰鮮魚遼史春巴納曰鴨子河濼皇帝卓帳冰上鑿冰取魚（遼史三十二）每春冰泮時遼主必至寧江州鑿冰釣魚（松漠紀聞）今吉林諸江河冰魚最著名諸冰魚中白魚最美濱江所至漁者各池之夏秋網得即畜於池入冬鑿取出水即冰官斯土者市之遠饋京師其味之鮮若新取於網者（採訪冊）

鯽　渤海俗所最貴者湄沱河之鯽（唐書三百十九）本草形似鯉而脊隆故又名鰿大者有重至三斤鮮美不可名狀冬月肉厚子多其味尤美

鱖　扁形濶腹大口細鱗有斑采明者爲雄晦者爲雌又花鯚魚

魴　縮項尖脊扁身細鱗俗呼鯿花（盛京通志）

鱧　一名文魚首戴星夜則北嚮爾雅云鱧魚圓長而斑點有七點作北斗之象（爾雅義疏釋魚）唐開元二十六年渤海靺鞨獻乾文魚一百口（冊府元龜）俗呼黑魚亦產鰱首肥而巨（盛京通志）

白魚　名鮊廣雅云鮊鱎也玉篇鱎白魚也鮊一作鮊鮊又名鱖說文鱖白魚也今白魚生江湖中細鱗白色頭尾俱昂大者或長六七尺不等松花江產者最佳珍爲美品

鯇　說文鮀鮎也本草蜀本圖經云有三種口腹俱大者名鱯背青而口小者名鮎口小背黃腹白者名

鯇（通京通志）

鮎　爾雅郭注別名鯷江東通呼鮎爲鮧爾雅翼云鮧魚偃額兩目上陳頭大尾小身滑無鱗謂之鮎魚言其粘滑也今混同江中多有之大者至數十斤或百餘斤取皮製衣柔韌可服（盛京通志）

船釘魚　長二三寸大頭濶口黃色有斑見人則以喙插泥中

鰷　形狹而長鱗白而細其性浮俗呼白漂子（盛京通志）

鯉　說文亦謂之鱣本草鯉爲魚中之王諸河皆有之異疾志鯉無腮者有毒

鰌　俗呼泥鰍爾雅謂之鰼有漦濡滑難握穴泥中與他魚相牝牡

達發哈魚　甯古塔三姓琿春諸江河中皆有之秋八月自海逆水入江驅之不去充積甚厚腹中子大如玉蜀黍取魚晒乾積之以爲食粮又名打不害肉疏而皮厚長數尺每春潮漲時溯烏龍江而入山谿間烏稽人取其肉爲脯裁其皮爲衣無冬無夏襲焉日光映之五色若文錦（扈小附錄）又名達布哈其牙最利能含小魚類似內地之烏魚每至七月下弦至八月晦逆海遊入混同江

蟲屬

蠶　濊知養蠶作錦布（後漢書）濊有麻布蠶桑作棉（見魏書）高句麗民皆衣布帛土田薄瘠蠶桑不足以自供（同上）遼地多寒畜之者猶少（盛京通志）

蜜蜂　出吉林諸山中甯古塔不知養蜜蜂有採松子者或樵者於枯樹中得蜂窩無數漢人教以煎熬之法始成蜜又蜂蜜貴家購之以佐食吉林有白蜂蜜脾蜜尖生蜂蜜

蜾蠃　亦名土蜂純雄無雌其子即螟蛉（盛京通志）

蟋蟀　一名促織秋後則鳴穴於竈者曰竈雞（盛京通志）

蟪蛄　廣雅謂之蟟蟉今俗名聒聒

螳螂　俗名刀郎乳子作房著樹枝上即螵蛸入藥

蜣蜋　俗呼矢殼郎好轉糞爲丸

蛾　蠶蛾而外凡草木蟲以蛹化爲蛾者甚多

蝴蝶　山中蝴蝶如掌大彩色斑爛子即山蠶也

螢蟦蜻蜓　所在多有近於水邊者最多又蚰蜒蜈蚣水蛭蜉蝣等類山原草澤皆有

壁錢　似蜘蛛而背有斑在壁上作幕如錢

蟾蜍　背黑無點多痱瘟俗呼癩哈蟆又山哈蟆多伏嚴中似哈蟆而大腹俗呼哈什蟆其油可食

蝸牛　頭有兩角涎劃至屋壁又土蝸俗呼鼻涕蟲

蚊虻　攢嚙人馬馬畏之不前乃焚青草聚烟以驅之

蜘蛛　背黑色大如錢小者名蟢子天晴織網於樹中昏夜擇中居之

蜂　有馬蜂黑蜂等名飛鳴嚶嚶其尾有毒人多避之

蟻　穴居地中亦名蚷子有黄白黑各種

螞蚱　形似螻蛄身綠兩足生於草野間

植物

穀屬

黍　說文黍以大暑而種故名古人併言黍稷黍有二種黏者爲秫不黏者爲黍猶稻之有秔糯也俗呼紅黏穀亦呼小黄米北人用之釀酒並以黄米作餳黍穄今呼散糜子本草云黍穄粒微大食之發舊

疾即黍之有秔者

稷　粘者爲秫北方謂之高粱或謂之紅粱通謂之秫又謂之蜀黍土人率多飯之陶淵明使公田二頃五十畝種秫秫者稻之粘者也崔豹古今注所謂秫爲粘稻是也（九穀考）　粘黍一種殼黑與蜀黍無異但性粘（盛京通志）

稻　說文稌也今俗概謂粘者不粘者未去糠殼曰稻分稉稻私稻秔稻皆未去糠殼之稱也故古謂粘米爲稻（說文段注）　又稻一名稌堪作飯作粥南方以爲常食北方以爲佳品有水旱二類南方下濕地宜水稻北方澤土宜旱稻渤海可貴者有盧城之稻（唐書二百十九）　稻稌種初來自奉天近則種者甚多惟出自伊通州一帶爲佳粒長色白俗名本地西西鮮雙聲蓋謂鮮云（採訪冊）　旱稻土人呼爲秔子有紅蓮稻白蓮稻之名稱昔年地寒霜早故少收獲今則天氣覺暖隕霜亦晚故種者頗多

粱　說文禾米也凡黍稷稻之米無別名禾之米則曰粱（說文段注）　周官倉人職掌粟人之藏注九穀盡藏焉以粟爲主今北方呼粟之純白者曰粱（九穀考）

大麥　爾雅謂之牟莖葉與小麥相似但莖微粗葉微大芒長可作酒麴亦可爲飯兼有用以飼畜者

小麥　即詩之來有春秋之分本屬所種者爲春麥可爲麪粉

蕎麥　伏種秋收礳爲麪粉味甘香作餅餳尤佳亦作菠

稗　似禾而亦有不同略似粟但色微黑又一種爲野稗亦曰水稗一本數十莖莖淡紫葉綠穗疏散大暑後熟光澤如黍草可葺房亦可爲芻

玉蜀黍　一名玉米幹葉似蜀黍而肥高三四尺穗如秕麥有黄白各種俗呼包米漚粉可食嫩者可煮食代飯亦可礳麵餅食六七月間青黄之交亦農戶必需食料也

大豆　古謂之菽有黑白黄青數色黑豆小者爲雄豆入葯大者堪食黄豆亦有大小二種本屬農產大宗占輸出品鉅額又小白豆叢生子赤色加入黍蜀炊飯極佳

小豆　古謂之荅有綠赤白三種可佐蜀黍爲粥亦可攙糖作餡色赤粒小者入葯

綠豆　僅一種可作蒸糕以水浸生芽爲蔬中佳品其性能解毒可以爲粉

豌豆　葉嫩可煮食並可入饌礳粉白而細膩

蠶豆　以蠶時熟故名豆類中惟此無枝蔓亦呼爲樹豆一名胡豆

豇豆　有紅白二種莢雙生長而肥可充肴蔬

扁豆　此豆有早晚二種色亦不一白者入葯

雲豆　種來自雲南俗呼六月鮮近有羊角豆七鼓豆諸名分土洋二種

芝蔴　一名胡蔴陶宏景曰胡蔴八穀之中惟此爲良純黑者名巨勝時珍曰古者中國只有大蔴其實爲蕡張騫得油麻種於西域故名胡麻以別中國大蔴也本草綱目又分黑白赤三色取油和味白者佳黑者良

薏苡米　其粒如糯可作粥飯可磨粉亦可同米釀酒俗名草珠子米入藥曰薏仁

蔬屬

葱　分二種春發曰羊角秋種曰白露氣味最辛根鬚亦可入藥有山葱爾雅謂之茖

韭　禮名豊本早春最美南史周顒所謂春出早韭即此莖曰韭白根曰韭黃至秋結花尤佳可作雜葅有山韭詩謂之鬱爾雅謂之藿

蒜　一名胡蒜相傳其種自漢張騫使西域携歸有紫皮白皮二種獨頭者可入藥又小蒜生田野間俗

呼小根菜味辛而烈或謂曰薤本草薤即火葱又有山葱爾雅謂之勤

芥　有青芥紫芥白芥南芥荆芥旋芥花芥石芥皺葉芥皆菜之美者俗以大芥爲芋芥以馬芥爲痴芥

白芥子入葯

茴香　一名蘹香生苗作叢肥莖綠葉粒小可入藥又有小茴香爲西域種亦入藥

秦艽　有二種味極辛生青熟紅又一種結實向上者名天艽狀如柿者俗呼柿子艽亦可入藥

芫荽　一名胡荽俗呼香菜亦名蒝荽人喜食之相傳其種來自西域

白菜　分爲二種即菘也肥厚嫩黄者爲黄牙白窄莖者爲箭杆白居民多灌園種之爲秋末珍蔬近今

有外洋白菜最肥大葉青黄色細嫩無觔

菠菜　叢生圃中其葉鋭莖細即菠薐菜也原出頗薐國又種後必過月朔乃生

莧　赤白二種皆可茹又馬齒莧一名五行菜以其葉青莖赤花黄根白子黑也

蒿　野外最多亦可茹蔞蒿今呼爲蔄蒿菜

芹　水旱二種白莖細葉圓可爲菜蔬山芹生於野者亦同即紫蓳

蘇　有紫白二種可榨油品在菜油下二十年前爲食料燃料大宗近以豆油代之者因石油暢行日廣豆油用途亦隘矣

薺　開細白花結莢如小萍初生可茹

苦蕒　葉似苦苣而細斷之有白汁花黃如菊根葉皆可茹此爲苦菜即詩之荼菜也

渠麻菜　吉林處處有之然生無常地常時多在旺地亦可茹（吉林外紀）按渠麻菜即苦蕒關內謂曲蕒菜以其葉多曲齒又根莖皆屈曲也有甜苦二種俗呼甜者曰甜蕒苦者曰苦蕒此在實地調查未可但據一二人紀載偶殊遂謂實有二物也

灰蓧　作蔬最佳其子蒸曝取仁可炊飯及礲粉食（廣羣芳譜十五）

蘑菇　種類不一生於榆者爲榆蘑生於榛者爲榛蘑而榆蘑生樹窟中味尤美即古所謂榆雞也舊志蘑菇有凍青羊肚蒿子雞腿銀盤粉子等名

麆子尾　即猴頭蘑菇箇莫大於猴頭味最鮮於雞骰（柳邊紀畧）吉林一省尤爲產蘑之區生於倒枯松上圓莖一二尺而色白者爲松花蘑最不多得紫色而散生者爲松散蘑斫伐椵樹俟三年後枯朽而生

者爲黄蘑又名凍蘑色深黄生於樺木上而有蒴者名蒴蘑耦生者爲對子蘑秋生者爲花臉蘑但性最寒不易多食耳東華輯畧

木耳　質厚味勝他産

山藥　本名薯蕷亦可入藥盛京通志

芋　一名土芝味甘肉白皮黄蒸煮食之甚美近有海外土豆皮淡紅色大於中産又高麗土豆黄白色但其味均不及中土所産者

甘藷　其根似芋大者如鵝卵小者如雞鴨卵剝其皮肉白如肌蒸煮均皆甜美有紅白二種紅者名紅藷白者名白藷俗則呼爲地瓜本草綱目

蘿蔔　圓而皮紅者爲大蘿蔔長而色白者爲水蘿蔔子入藥名萊菔又一種色紫黄者爲胡蘿蔔均爲常蔬

生菜　即萵苣白色開黄花斷之有汁如苦蕒結子亦同宜生食色紫者名紫苣和土作器火煆如銅廣羣芳譜

茄　一名崑崙瓜一名洛蘇亦名酪酥紅白二種有海茄水茄旱茄之别色亦各異

紅花菜　一名紅百合根似百合小而瓣少莖亦短小葉狹而尖開紅花六瓣亦結小子即仙丹花今之捲丹也白者名百合根如蒜頭有分瓣根可食亦入葯盛京通志

黃花菜　生於野外小科如薺花正黃色一科數花結數子形似油菜取爲羹茹甚香美亦名金針菜盛京通志

河白菜　河邊兩岸多有之土人採爲菜蔬

老羌菜　一名俄羅斯松抽薹如萵苣高二尺餘葉出層層刪之其末層葉葉相抱如球取次而舒已舒之葉老不堪食割球烹之碞如安松郊圃種不滿二百本八月移盆官弁分畜之盛京通志

瓜屬

黃瓜　種來西域莖綠有刺蔓長數尺開黃花結瓜細長形又高麗瓜色黃形圓俗呼柿子瓜

倭瓜　種出東洋開黃花葉大如蕉結瓜扁圓形味最甜香

南瓜　種來南番莖長葉大結瓜甚長其味微甜

攪瓜　形式倭瓜而小內生筋絲醬淹蜜漬皆宜食時以筯攪取出之似縷切此今俗呼爲西胡蘆

匏瓜　即葫蘆今俗以長者名匏子圓者名葫蘆皆可食細腰者爲藥葫蘆小扁者爲油葫蘆盛京通志

西瓜　形似扁蒲而圓色皮青翠其𤓰類甜瓜味甘脆中有汁熟時加意保存可留數月但不能經歲亦不變黄色有久苦目疾者曝乾服之而愈

甜瓜　有銀皮瓜芝蔴粒哈嗼腿諸名均極香甜夏日盡飽無破腹之患又有羊角蜜白沙蜜虎皮脆燈籠脆鐵把青黄金棒諸名元表蜜裹素肌丹黝香沁齒頰

果屬

桃　園圃中有植之者味亦甘酸然不及他省之美

李　園圃中有植之者大如花紅果中滿涵黄汁甘芳如蜜

杏　園林皆植杏樹有名荷包杏者極大熟時丹黄色味酸濺齒食之亦美

安石榴　園圃植石榴者無多惟各家多有以木桶瓷缸栽植者其葉細小花深紅色又一名海榴

玉櫻　紅白相間其紅者爲朱櫻

葡萄　園圃中亦不多有每家間有栽植三四架者有紫碧圓長之别又一種山産實小味酸分黑白二

色其小而黑者即詩之薁也

藥屬

車前　俗呼車輪菜即詩之芣苢

防風　野外多有之俗名屏風草別名曲方氏

紫草　板花俱紫山中產者入藥園圃產者亦可染物

無名異　今俗呼土子

地膚　苗可作蔬俗呼爲金苗掃帚入藥

艾　端午艾葉爾雅謂之冰壺

草屬

紅根草　產於深山之內葉瘦而長柔韌可爲草繩

䔍蔴　亦曰蔄蔴吉省地多山林最宜植蔴土人多種䔍蔴爲綯繩之用

線蔴　又稱爲大蔴雄曰枲雌曰苴子實可榨油種山谷間大暑割刈以水浸之婦稚共同剝劈梱載售

於城市

大蔴　雄曰枲雌曰苴子實可榨油皮漚爲蔴曰綫蔴

菸草　俗呼黄菸爲吉省特產冬以煙管吸之可禦寒近年外商購收精製利市三倍爲消耗品絶大漏卮

靛　一名蓼藍可以染布靛入藥名青黛

馬藍　似蒲而小花藍無香可作染色根可作刷月令荔挺出即此子入藥名蠡實

羊草　俗名羊胡子草生原野間長尺許黝色油潤飼馬肥澤居人七八月刈而收之經冬不變

雁來紅　一名秋紅春夏葉色青黄至秋時則漸紅如花土人謂之老來變一名十樣錦

香蒲　嫩時如筍可食茸入藥名蒲黄亦名昌蒲生水中

蘆葦　一名萑詩八月萑葦一名葭爾雅葭蘆注曰葦一物而三名也盛京通志

灯心草　即水葱生水中如葱而長又可爲蓆今織作扇曰蒲扇

木屬

開合木　一名金銀柳結子如花至冬不凋木紋細潤盛京通志

楸　類核桃樹其木可爲箭杆及船槳土人每歲採收備用皮最堅韌可束物

榆木　鴨子河在長春城東北四面皆沙堝多榆柳吉林遼史志　榆木其類不一皆美材刺榆花榆尤佳刺榆大者可爲車軸花榆紋細宜爲几案凡榆臃包處花紋尤細可飾器用人多珍之小刺榆葉初生時鮮可茹長丈餘質細而堅槍杆多用之

柳　山澤原野所在皆有高者數丈小者丈餘栝棬之屬多用之今遼東皆插柳爲邊掘壕於其外

花巨柳　質堅緻可爲箭杆蠟蟲食之一名蠟條

白楊　葉微小皮白可作箭杆一種生于澤者刳爲槽盆性不燥裂

黃楊　樹最低小葉如白楊木堅紋細深山內有之

杻　爾雅謂之檍皮紋糾結質最堅俗名筋子木大者爲車軸次於榆軸

青岡柳　今山中皆有之亦柞類其材可爲弓及車轅等物

凍青　寄生樹上葉圓子紅經冬不凍青翠可愛

水屈律　樹幹深灰色少槎枒質堅而柔

鑛物　煤　石山

陶家屯之煤鑛在邑之東南距縣城二十四里前清光緒七年商人張福永承領開採旋因無煤封閉近據日人勘測該處鑛區面積十二萬六千一百二十二坪一坪合六中尺地質爲片麻岩系侏羅紀層及第四紀層煤質有煙帶黏結性適於汽罐使用含硫化鐵成分煤量產額約三十九萬二千噸至五十八萬八千噸

白龍駒石山在長春張家屯迤西距鐵道十餘里山多產石其附近地畝半爲張氏產光緒二十九年東清鐵路公司修理鐵道時該屯居民張雲閣等曾與俄人議定價値開掘是山石塊計方納價由公司陸續購買以爲塡築之用居無何日俄搆釁俄師旣北於是南滿鐵路歸日人管理日人誤以此山爲俄人已購之產當附屬於鐵路因以張雲閣等仍在此山採石指爲竊盜三十三年正月將張雲閣之弟張雲龍拘赴公主嶺日警務署覊訊多日又送至奉天日總領事館即由駐奉日總領事荻原牒送奉天第五署警分局囑爲轉告總局罰辦訊據張雲龍聲稱是處山石自昔年東清鐵路公司訂立合同定價售買嗣後南滿鐵道仍用此山石塊並未給價曾經呈請長春府逕牒日陸軍憲兵大尉楠木石之助查禁

未得復文又因前次俄人積欠石價工價多金戰事忽起俄人北徙無從取償而石工紛紛催付工價因復開掘以償此款不料日人誣指爲竊逼令繳契查閱即被將契扣留繼復將其輾轉押送等詞乃將張雲龍暫留局中移請奉天交涉總局以文牒日領事詰問指竊證據日領事覆稱白龍駒石山本爲張姓所有之產前經中國官吏暗諭以相當價值讓與東清鐵路公司自是石山永歸俄人採用日俄戰後東清鐵路及附屬地均爲我國所有該山自當全歸我國乃張雲龍等猶敢竊掘石塊致被逮捕因而轉送貴國罰辦且張雲龍前在公主嶺時曾辯稱該石山雖已讓與俄人未曾領價故伊取石實爲無罪然我國駐紮公主嶺警務署長則謂該山已由俄員交給日員全屬我國權利張雲龍之言不過藉詞圖免應請速加張雲龍以相當之處分等語巡警總局曰前將軍趙爾巽因查日領事來文與張雲龍所言大相徑庭張雲龍果爲盜竊與否應以該山曾否讓與俄人爲斷如照日領事來文謂曾由我國官吏暗諭以相當價值將該山讓與俄人則其並無明正契約可知而張雲龍現有被日人扣留之契約其並未賣與俄人尤爲顯而易見豈能以俄人曾買此山石料遽指該山爲俄產遂咨行前吉林將軍達桂轉飭長春府知府德頤查明張雲龍等實未將該山賣與俄人我國官吏亦無暗令出賣之事即檄交涉總局鈔錄

張雲龍供詞嚴牒日領事切實駁詰並索取扣留之契據日人仍強詞置辯達將軍以訊明張雲龍該石山實非在鐵道附屬地以内繪圖存案給資令先回籍俾省拖累是年八月改設行省張雲龍迭請向日人索回此處石山並被扣留之契約因先令奉天交涉司陶大均以該山當時果否由東清公司收買轉由俄員交付日人接收牒詢駐奉俄總領事久未得覆而雲龍之兄張雲閣等又屢至長春府控訴爰諭長春知府章紹洙就近與駐寬日領事據理力爭三十四年六月據報駐寬城子日領事牒覆謂張雲閣等兄弟實有賣地與東清鐵路公司之證據並錄契約兩紙閱其所錄各載有地四十餘晌而契内載明張姓地畝僅止三晌餘此外則均非張姓之業且該石山是否即在其内亦無明文斷不能指為張雲閣等已將此山售與東清公司之確據迭與日領事辯詰往返十餘次終未能決遂擬會同日員前往勘明當時張姓售出地畝究有若干然後牒告俄員再往鐵路公司調查售地原案復行開議未幾前派譯員藺興科會同日員鎌田松本等履勘既畢備言張雲閣等面稱該山實未嘗售與俄人惟前次俄人曾經佔用附近山廠熟地當時雖已訂定價值仍未立有賣地合同而南滿鐵路會社日人則謂此山確已轉售曾由該地主等與東清公司訂立合同等語當經商諸日員鎌田等暫先按照張姓祖遺原契將附近之山

廠熟地丈量日人則欲按照俄人移交之採石地圖勘丈彼此相持未決事遂中止嗣又由南滿鐵道會社交出東清公司賣地收條二紙及奉天交涉局吉林交涉局執照二紙然均係指熟地而言並無石山字樣迺告以張雲閣等售出地畝僅有熟地三晌五畝一分實未將石山包括在內證以契據所載已可概見惟日人仍始終堅謂南滿鐵道會社已確認此山爲屬於南滿公司所有反覆辯論迄未就範請將此案仍提歸奉省辦理於時張雲閣等以近被南滿公司將他人定購之石塊三千方有奇指爲俄人所遺全行運去不給價值呈請追償遂於是年九月復飭奉天交涉司再牒日領事嚴詞力爭並要其轉告南滿公司將運去石塊如數給價宣統元年閏二月以此事案懸兩載其間屢牒日領事輒延宕不覆以致議久未決且查得此山爲世界最古之山當爲國家保護檄飭長春府知府速行封禁毋許再採石塊以免糾葛並飭奉天交涉司向日領事切實申論文曰我國長春府所屬之白龍駒山現經專門家考查明確爲世界最古之山合全球祇有二座一在英國河爾蘭地其一即白龍駒山也此等古山應爲國家所寶貴理宜查禁不得擅自開採況近閱張雲閣等所立華俄證書其售與俄人者實爲近山下之山廠熟地儘可按畝丈量現在此山業經我國封閉俾得永遠保存應請轉告南滿鐵道會社勿在採取山石

迅速派員會同長春府將張雲閣等所賣之熟地丈量明晰以完此案並令該會社速將前次石價悉數償還自此次嚴牒日領事後日員已擬將張雲閣等與俄人所立之華俄證書驗明後即行發給石價矣

賦稅　國家　地方

長春自設治後所有賦稅除大租外不過燒鍋票課及釐捐斗稅土稅雜稅等項而已初無國家地方之分是項稅款向歸長春府派員徵收嗣因徵收日見暢旺乃於光緒十七年四月間設立專局其稅率及徵額因時代之遞嬗酌市面之繁簡屢有變更益見起色緣民智已開皆知納稅義務勇樂輸將莫遑或後也

謹案吉林通志載長春府稅務總局在城内由知府書役經徵雜稅富豐山分局一河陽堡分卡一

雜稅額徵市錢一萬六千八百吊同治三年額定二萬八千吊光緒十五年分設農安縣改如今額　照章除書役工食計錢一千六百八十吊　並府署辦公計錢四千八百吊　光緒十二年改核銀款實應解銀二千九百二十三兩零

稅則　牛馬騾驢每賣價錢一吊稅錢三十文　販活猪每口稅市錢一百文　賣宰猪每口稅市錢六十文　黄菸每百斤稅市錢四百文　燒酒每百斤稅市錢八十文

當課額徵銀三十七兩五錢（光緒十七年當舖十五家）

土稅額徵市錢三萬六千吊（咸豐七年額定二萬四千吊同治七年加徵一萬二千吊遇閏加三千吊）光緒十二年改核銀一萬零二百九十八兩零按時批解司庫（冊報）燒鍋票稅與吉林府屬額定共納票市錢十萬八千吊（光緒十七年冊燒鍋府屬十五農安七每燒鍋歲納票課錢二千七百六十吊二百三十文）由府批解官葠局斗稅額徵市錢一萬九千八百吊（光緒十年額定一萬八千吊十三年加徵一千吊十六年徵如今額）又燒鍋斗稅額徵市錢九千二百吊均由商人包納按時批解道庫

貨釐捐額收市錢八萬吊經商逕解司庫

洋藥捐分局在城內歸併總局批解無定額（總局派員經徵）

房稅無（郭爾羅斯公徵）

以上共徵當課銀三十七兩五錢徵雜稅土稅燒鍋票稅斗稅貨釐捐錢二十六萬三千三百二十吊（見卷四十三）

近十數年來長春稅捐局遵照吉林通行稅率原有七四九釐之分七厘即到貨落地捐四厘為營業稅九厘為賣錢捐惟洋貨概不徵收嗣以洋貨免徵有損國庫收入未免可惜故於民國三年七月以

七四九厘三種合併爲二成統稅不分華洋貨物凡賣錢所得一律按値百抽二徵收即二成貨物銷場稅也又粮石亦按百二徵收產銷二稅尙有斗稅分上中下三等上糧吉錢三百三十文中糧二百二十文下糧一百一十文於五年間因圜法漸荒改徵吉大洋上糧九分中糧六分下糧三分而豆麥兩種提出另立豆麥斗稅元豆大洋一角二分小麥大洋兩角迄今仍舊並未變更以上稅率均以一石爲標準又長春原屬蒙地故凡收入貨物銷場糧石產銷斗稅及牲畜稅五種均由正稅內提撥一成（即十分之一）與蒙租處爲經費至今猶沿行之茲將吉林現行稅則列次

山海稅捐表

種類	斤數	徵收稅額	種類	斤數	徵收稅額
鹿筋	一〇	五八〇	核桃	一〇〇	二九〇
鹿角	一〇	五八〇	核桃仁	一〇〇	五八〇
牛筋	一〇	五八〇	山茶片	一〇〇	六〇〇
花蘑	一〇	二一八	雜魚	一〇	五八

榆蘑	一〇	四三五	魚骨	一〇	八七〇
凍蘑	一〇〇	五八〇	蟹肉	一〇	一四五
口蘑	一	八七	海參	一〇	五八〇
木耳	一〇	二九〇	海茄	一〇	一四五
瓜子	一〇〇	二九〇	海菜	一〇〇	二九〇
葵花子	一〇〇	二九〇	烏魚蛋	一	二九
玉蘭片	一	二九	魚翅	一	二九
花椒	一	一五	魚肚	一	八七
胡椒	一	一五	江瑤柱	一	五八
大料	一	二九	乾鮑魚	一	一〇二
紅棗	一	七	蟹黃	一	八七
栗子	一〇〇	二九〇	大海米	一	二九

乾薑	一	一〇	小海米	一	九
鮮薑	一	一〇	金針菜	一	一二
洋粉	一	四四	東洋菜	一	五
青筍	一	二九	海蜇	一	九
落花生	一〇〇	二九	乾墨魚	一	二九
山鷄	一〇〇	四三五	乾蛤蠣	一	二九
野猪肉	一〇〇	四三五	氷蟹	一〇	五八
狍鹿肉	一〇〇	四三五	鮮蟹	一〇	五八
龍鬚菜	一	五	銀魚	一	五八
蛤吃螞	一〇	一四五			

說明 以上各稅均由買主繳納如係運銷由該運銷人繳納又徵收稅額以大洋爲本位而上列之額數均由釐爲單位計算

各貨按價值徵抽者如次

鹿茸值百抽二十　虎骨值百抽十五　鹿尾值百抽十

各色藥品值百抽五　貂皮值百抽二十　各色皮張值百抽十

缸稅值百抽七（缸戶繳納）　蔘值百抽十（由賣主繳納）

藥稅值百抽五（由賣主繳納如係運銷由運銷人繳納凡本省土產及外來生熟藥品均照此例納稅民國十三年十一月奉令外省藥材免稅）

豬鬃馬尾值百抽十（由賣主繳納）

煤稅　已領部照者距鐵路百五十里內交通便利地方每噸抽大洋一角五分其距離百里以外交通梗塞地方每噸抽大洋一角其未經請領部照之煤礦仍按吉省舊章值百抽十五納稅均由開採者繳納

雞卵稅　凡裝箱出口之雞卵每價值大洋一元收稅大洋五分由販運人繳納其零星售賣及在省境以內販運者概免徵收

木炭稅　值百抽十由賣主繳納木柈稅值百抽十亦由賣主繳納省城木稅值百抽十八由賣主繳納另收百分之六山分

石稅　值百抽十由賣主繳納　石灰稅值百抽十窰主繳納　銷場稅按商號賣錢數值百抽二

糧石銷場稅　十三年十二月將内地出境兩稅改爲出産銷場兩稅均按值百抽二徵收出産稅歸賣主（即農戶）繳納銷場歸買主（即糧商）交納

二分純利捐　按錢店二業每年所得純利抽百分之二於次年春季内繳納

當帖捐　繁盛地方典當帖捐二百元質當八十元偏僻地方典當一百五十元質當五十元領帖時一次繳納另有章程

當課　典當年納課銀八十元質當年納課銀二十元九厘

純利捐　抽當業每年所得純利抽千分之九於春季繳納

長春質當帖捐　以四十元爲額分按五年攤納

長春質當課　年納大洋二十元分兩期繳納

契稅　典三賣六另有條例契紙費每張收大洋一元詳列於後

驗契費　每張契紙收大洋四元註册費收大洋四角詳列於後

牲畜稅　牛馬騾驢按價值百抽五猪羊按價值百抽二五由買主繳納經一次買賣即徵稅一道

燒商包納牲畜稅　年納大洋八十元每季隨同筒課繳納

木植斗納　均不在包額以內應照現行稅則分別納稅

屠宰稅　每宰猪一口徵大洋三角羊一隻徵收大洋二角牛一頭徵收大洋一元由屠商繳納

長春罐頭牛猪稅　罐頭牛每頭納稅大洋六角罐頭猪每口納稅大洋二角均由賣主繳納

豆麥斗稅　元豆每斗收大洋一分四厘小麥每斗收大洋二分由賣主繳納

雜粮斗稅　油麥江米上則每斗收大洋九厘小米元米稗子米包米查小豆吉豆雲豆綫麻子大麻子

西天穀爲中則每斗收大洋六厘大麥紅糧穀子包米稷子莜麥爲下則每斗收大洋三厘如有他項

粮食比照上列則分別收稅由買主繳納

附加雜欵　凡徵收山貨皮張海菜土產屠宰稅煤稅煙酒稅石灰稅木石魚草稅及山分票費硝磠捐

等均隨正加百分之五

已稅貨物轉運票費　每張大洋一角　票費每張收大洋二分

驗票費　每驗票一張收大洋一角牙帖税每張收大洋一元二角

當帖費　每張收大洋一元二角

硝磠捐　每斤收吉錢五文由買主繳納香磨課每盤年納大洋四元

黄菸税　按價值百抽十由賣主繳納

雜煙税　按價值百抽十由賣主繳納

白酒税　按燒鍋得酒每百斤徵大洋一元四角由燒商繳納

雜酒税　按價值百抽十由賣主繳納藥酒税每百斤收大洋二元

燒鍋課　一筒造酒年納課銀四百兩加一筒加收課銀二百兩小醑年納課銀二百兩自民國十一年

分起每銀一兩暫行折核大洋一元

燒商執照費　每張收大洋一百四十五元

整賣煙酒牌照　年納大洋四十元分兩期繳納

零賣煙酒牌照　甲種年納大洋十六元乙種八元丙種四元分兩期繳納

黄菸雜煙　均値百抽十二　雜酒藥酒均値百抽十
白酒　每百斤收大洋六角　驗單費每張收大洋一角
土產物品　只徵正稅一道行銷本省概不重徵
蘇油豆油　每百斤均徵大洋二角九分由製造者繳納
蔴油　每百斤徵大洋四角三分五厘由製造者繳納
糖蘿卜　每百斤徵大洋四角五分
牛羊猪油　每百斤徵大洋四角四分五厘由製造者繳納
藍靛　每百斤徵大洋一角四分五厘由買主繳納
茶條葉　每百斤徵大洋一角由買主繳納
線蔴　每百斤徵大洋三角六分三厘由買主繳納
蔴蔴　每百斤徵大洋二角一分八厘由買主繳納
芝蔴　每石徵大洋四角三分五厘由買主繳納

土面城　每百斤徵大洋一角四分五厘由買主繳納

國家稅

稅捐局歷年徵收表

稅目	稅率	收入款數		
		十五年度	十六年度	十七年度
山貨稅	名目繁多難於詳註	二五、一二六・五七一	二二、五〇二・九一〇	二六、八二六・一四四
海菜稅	同	九、〇八九・二九〇	六、五〇八・六〇五	一一、九六三・六八四
皮張稅	值百抽十附收五厘雜款	二二、三四〇・七八八	一七、二五四・八九九	二二、一一五・九五五
土產稅	名目繁多難於詳註	一〇、三一一・五三六	二五、一〇一・七八五	二三、八四一・四四二
菸稅	值百抽十附收五厘雜款	六六・四四九	九五・四七八	五三・二〇八
雜菸稅	同	四四七・四六一	二六七・三六四	三二二・四三七
黃菸公賣費	值百抽十二	七五・九四一	一〇九・一一八	六〇・八〇九
雜菸公賣費	同	五一一・三八四	三〇五・五五八	三六八・五二三

白酒稅	每百斤收一元四角外加五厘襍款	一八、五九二·九六〇	二一、四九一·一〇六	二三、二三七·七六〇
蒙酒稅	同	三、一五一·六八〇	三、三九八·六四〇	三、二八九·八六〇
白酒費	每百斤收六角	七、一八〇·八〇〇	八、七七一·八八〇	九、四八四·八〇〇
蒙酒費	同	一、二八六·四〇〇	一、三八七·二〇〇	一、三四二·八〇〇
頭道溝白酒稅	每班收洋五元二角	一四、八二〇·八〇〇	二三、二四四·〇〇〇	二一、八五五·六〇〇
頭道溝白酒費	每班收洋一元八角	四、九八九·六〇〇	八、〇四六·〇〇〇	八、五四五·四〇〇
雜酒簽封稅	原値百抽十外收五厘雜款改簽封後不收雜款	一、五六八·八四五	二、六五六·三四五	二、五三九·五〇九
雜酒簽封費	原値百抽十二改簽封後抽十	一、六一〇·二四七	二、六五六·三四五	二、五三九·五〇九
牌照稅	整賣一張二十元甲種八元乙種四元丙種二元分春秋換領	七、三〇〇·〇〇〇	四、九七六·〇〇〇	六、九一八·〇〇〇
牌票照費	牌照每張一角驗單二角餘均二分	六八二·五二〇	五四一·九六〇	六二九·三二〇
紙菸內地捐	每五萬爲一箱照價值分七等徵捐商埠文	五、九四三·八六三	一、二〇四·七一四	八、五二四·二七七
捲菸特捐	原按售價徵收百分之二十	七一、六七六·五一五	五六、四九七·四六八	三八、七一二·〇四四

捲菸附加税	十五年又附加百分之十	二五、八三八・二〇一	二八、二四八・七三四	一九、三五六・〇二三
郵包税	起於民國十五年今已停止			

附注　所收各款統按吉洋核算

印花税　於民國七年四月設立辦事處推銷印花歷年收入逐漸起色茲將十六十七兩年度售出票數及收入款數表列於下

印花銷售及入款數目表

年度	售出印花數	入款數
十六年度	五、〇〇〇・〇〇〇分	五〇、〇〇〇・〇〇〇元
十七年度	六、〇〇〇・〇〇〇分	六〇、〇〇〇・〇〇〇元

鹽税　於前清光緒三十四年剏設專局名爲吉林全省官運總局駐在吉林省城宣統三年十月始移長春民國二年一月改爲吉林榷運局四年一月吉黑兩省鹽務歸併辦理復易名爲吉黑榷運局內部分文書會計督銷採運各科更於吉黑兩省要地設有分倉並緝私營以便稽查督銷每鹽一石合

官秤六百斤所收款均以現洋爲本位玆將歷年銷鹽數目及收款數目表列如下

年度	銷鹽數	收款數
民國十四年度	二四三、五七八．二石	三五六、七七二．〇〇〇元
民國十五年度	三〇六、〇五七．一石	三六二、六四〇．〇〇〇元
民國十六年度	二五四、四一〇．四石	三七一、五二六．七五〇元

硝磺稅　民國八年剏設硝磺稅設總局於長春專收全省硝磺各稅其他各縣及大鎭則酌設分局總局有局長一員分爲文牘會計庶務稽查四課各設主任一員課員一員僱員五名更有看硝員稽查員等多員分局有局員一員及稽查等數員其所收售硝磺按時價收捐二成洋炞按市價收捐百分之四十廣炞按市價收捐百分之二十餘無稅收玆將歷年收捐數目列表於下

年度	收捐數目
十五年度	一四二、二五五．一一三元
十六年度	一一七、二八一．八四三元

十七年度	一二六、九一一・一七五元

地方稅

大租　長春縣境原係郭爾羅斯前旗地於清乾隆五十六年間該旗招致流民墾種所有大租自行設局徵收迨嘉慶四年經吉林將軍秀林查辦始爲借地安民之議凡得熟地二十六萬五千六百四十八畝每畝徵粮四升共折銀五百七十八兩六錢嗣後地漸增闢而租亦有變更復改銀爲錢每晌地徵中錢（即以五十爲陌）四百二十文後因設立審判無有底款商允於地租內酌加錢二百四十文作爲經費至民國二年始停止民國三年二月奉吉林國稅廳籌備處令以大租統改徵大銀元三角以一角解金庫二角撥歸蒙旗彼時大銀元按官帖八吊四百文徵收繼因吉錢毛荒又改爲哈洋（即哈埠所發行各種紙幣）每晌徵收哈洋三角歸蒙旗吉洋（即永衡官銀錢號所發行者）兩角歸縣署解省庫十三年又隨糧附收二成特別費至十六年九月停止旋以軍費浩繁又復附收至今仍之

歷年徵收大租數目表

年度	額徵數	實徵數	滯徵積欠數

民國十五年度	四九、六四三．二九二元	四二、三八〇．七〇八元	一二、五二四．九五六元
民國十六年度	五〇、一九二．六三〇元	四〇、二二五．五一一元	七、五六五．二〇一元
民國十七年度	五一、五一四．一一八元	三六、四七〇．八七三元	一〇、七二二．〇三六元

契稅　此稅向歸稅捐局辦理迨民國十二年七月一日始奉令撥歸縣署兼辦惟長春原屬蒙地人民彼此買賣皆兌而不稅當時衹收驗契費而已嗣後凡驗契者亦責令另行補稅其徵收稅率買契按原價百分之六徵收典契按典價百分之三徵收於民國十六年六月間更附收臨時軍費二成契中價額均以吉洋核算非吉洋者即照定章或時價折合之茲將歷年契紙推銷及契稅收款數目表列於下

契紙推銷及契稅入款數目表

年度	買典契紙銷數	買契稅收入數	典契稅收入數
民國十五年度	二、七八六二張	四二二、三三九．三三三元	一、〇三三．四〇七元
民國十六年度	一、三三九張	一九四、七六三．三九〇元	一、〇三六．四七〇元
民國十七年度	五、四九七張	二〇五、二三一．九四二元	九七三．〇五〇元

晌捐　此捐分爲警學團三項於清光緒三十四年加捐至民國三年每晌應納捐一吊三百文四年每晌改收三吊五六年間每晌復加至四吊五百文七八年間每晌又增爲五吊五百文九年每晌十七吊九百文十年至十四年間每晌改收吉洋六角三分十五年至十七年間每晌又增爲吉洋八角此十數年來變動增加如此又於十一年時每晌曾附收購槍費二角僅一年即止十二年至十七年之間每晌又附收附團捐二角（亦曰青糧費）積穀費一角故現在每晌地共收吉洋一元一角所有徵收屬於地方財務處辦理茲將晌捐收入數目列下

晌捐收入表

晌數	學款	警款	團款	共收款
三〇〇、〇〇〇·晌	七六、三〇〇·〇〇〇元	八七、六〇〇·〇〇〇元	七六、二〇〇·〇〇〇元	二四〇〇〇〇·〇〇〇

財務處徵收各項雜捐表

鄉資本捐	一八〇、〇〇〇·〇〇〇吊
鄉車捐	一四、〇〇〇·〇〇〇元

鄉牛馬捐	三○、○○○・○○○	吊
鄉屠捐	二○、○○○・○○○	吊
城屠捐	五○○・○○○	元
妓房捐	一○、○○○・○○○	吊
鄉營業稅	六○、○○○・○○○	吊
城營業稅	三、五○○、○○○・○○○	吊
鄉粮米捐	一、○○○、○○○・○○○	吊
城粮米捐	五○○、○○○・○○○	吊
城牛馬捐	三、○○○、○○○・○○○	吊
公產租	一二、○○○・○○○	文
學費	三、八六○・○○○	元
學款生息	二九、八○○・○○○	吊

鬃毛胰血	一、八〇〇·〇〇〇元

稅捐局徵收屬於地方稅各項收入表

稅目	稅率	收入款數 十五年度	十六年度	十七年度
貨物銷場稅	值百抽二	四三七、九二七·二八五元	四七五、七一六·五七〇元	四八六、六七四·一一四元
粮石出產稅	同	七二、〇三九·八六一元	一六六、二一七·五九八元	一二五、二〇三·五三九元
粮石銷場稅	同	七〇、八〇三·九三四元	一八九、七三三·五五三元	一四〇、四七七·〇三三元
牲畜稅	牛馬值百抽五猪羊抽二五	六四、六七二·八一一元	八五、〇八二·一五七元	八三、一一九·八三八元
純利捐	值百抽二	一五、五七六·八七六元	二〇、二七四·七三二元	一四、三五三·九一六元
木稅	名繁難詳	三二三·三三二元	五三·四九五元	一三六·三四三元
山分稅	按木稅抽六	一九七·〇三三元	三一·〇九七元	八一·八〇六元
木植費	按木稅抽八	二六二·七〇五元	四二·七九七元	一〇九·〇七四元
攤床捐	分五等每等二元進加	一六、二四四·〇〇〇元	一五、六七九·〇〇〇元	二一、二一九·〇〇〇元

木炭稅	值百抽十	四三三・七九〇元	二四〇・〇八一元	三一六・〇六四元
木柈稅	同	六・六一四元		
石灰稅	同	七七・七〇〇元		四五・五八六元
硝礦捐	每百斤抽五吊	二二・五五二元	二六・八九〇元	一三・二六三元
俄商營業稅	分等徵收	一〇一・二九四元	八六・六七五元	五九・四二三元
錢桌季稅	每家季納十元	六一〇・〇〇〇元	五九〇・〇〇〇元	五六〇・〇〇〇元
布機捐	每架月納五角	五、一四三・〇〇〇元	六、一七一・五〇〇元	四、六七八・〇〇〇元
當課	典當年納八十元質當年納二十元	二、一二〇・〇〇〇元	一、四四〇・〇〇〇元	一、五八〇・〇〇〇元
斗稅	粮分上中下按九六三收元豆一角四分小麥二角	一六、六一四・〇〇〇元	四三、一五五・六九四元	三二、四六三・二九六元
燒鍋牲畜包捐	每家年納八十元	五四六・六六六元	四〇〇・〇〇〇元	四〇〇・〇〇〇元
屠宰稅	牛每條一元猪每口三角羊每隻二角	七、〇二四・四三〇元	八、七八〇・四二〇元	八、八〇三・八三〇元
鑵頭猪稅	牛每條六角猪每口二角	七八四・四四〇元	一、四八七・三七〇元	一、五三一・二一〇元

日商包捐	捐額隨時商酌	一、六一六·五〇〇元	五、九二三·三三四元	二〇、〇九〇·二〇〇元
罰金	按偷漏由一倍至二十倍	二四、九四七·〇八一元	六、三八五·七八一元	五、〇八七·九八一元
各種票照費	行票每張一角攤照二分餘均二分	二、〇三六·九八〇元	三、六二一·五四〇元	三、六四〇·七二〇元
筒課	一筒年四百兩加一筒加二百兩每兩折合一元	三、一三三·三三三元	二、一〇〇·〇〇〇元	二、六〇〇·〇〇〇元

附注 所收各款統按吉洋核算

警費鹽捐 此捐創於民國十年十月間設有稽徵處徵收至十七年六月一日奉令歸併稅局兼徵徵法按鹽倉售鹽數目每百斤收哈大洋四角所收款除留經費外逕解財廳備作警費故名曰警費鹽捐云

附鹽捐收入數目表

民國十六年度 七、二一九·一三六元

民國十七年度 一三五、七七〇·三四四元

長春市公安局徵收各項稅捐表

類別	徵收率	徵收款數 十六年度	徵收款數 十七年度
鋪捐	由一元五角四分至二十二元二角四分	五一、六六〇、九〇〇元	五三、八〇九·一〇〇元
床捐	由六角六分至五元五角	一〇、八二四、六〇〇元	一三、三五〇·五五〇元
妓門	分四等按七四三二元收之	二、五七一·〇〇〇元	二、六三五·〇〇〇元
妓女	分四等一等三元二等二元三等一元五角四等一元	九、二五三·七五〇元	九、八七八·〇〇〇元
快車	每輛收哈洋七角	五、七三一·九四八元	五、〇一二·四五七元
脚車	同	七、三六三·一〇六元	六、一一四·〇四七元
人力車	每輛收哈洋一角三分	八九四·九七〇元	七二二·九一七元
自用車	每輛收哈洋二元	四〇七·三三八元	三四二·五七八元
汽車	每輛收哈洋二元	二一·一〇四元	一三·〇三三元
車牌	每塊收吉洋五角	一、四三六·〇〇〇元	一、四二〇·八〇〇元
戲捐	每百元抽十元	九、二三一·〇四九元	七、〇〇五·一二九元

屠猪捐	每口收吉小洋七角	八、五一五元·三四〇	九、〇二七元·五二七
牛羊屠宰	歸商包辦	三、七六四元·八〇〇	三、六四九元·〇〇〇
騾馬驢捐	同	七〇〇〇元·〇〇〇	七、〇〇〇元·〇〇〇
猪毛胰血	同	三〇〇〇元·〇〇〇	三、〇〇〇元·〇〇〇
鑵牛	每頭收吉洋四角	二八七元·四〇〇	二三七元·八〇〇
鑵羊	每隻收吉洋八分	一三元·三六〇	五元·九二〇
附加貨稅	由營業稅公所代收	二三、四四〇元·四六二	一九、九五四元·三五二
附加糧捐	同	八、〇二八元·三二九	七、〇〇六元·四九一
附加房捐	由市政籌備處房捐附收		二五、三四二元·七〇四
商會津貼	城內商舖分攤	二七、六五四元·〇二八	四二、一八四元·〇二一
罰欵		七七元·六〇〇	
票照	每張收吉洋一元	五八七元·五〇〇	九三二元·〇〇〇

養路費	脚快車每輛吉洋二角人力車吉小洋二角	二、五四〇・四九八元	四、〇〇二・五七〇元

附注　表列各欵均經折成永洋

按賦稅一項本極龐雜且長春又屬蒙地大租收入仍歸蒙旗掌筦其國家地方之區別初僅以解省庫與地方警學等欵及雜捐上分之及民國十八年始奉令將國家地方兩稅重行釐訂劃分界限與前逈異故志中所載各稅即係按新定之稅目分別臚列者也

實業

農

詩大雅黍稷重穋禾麻菽麥秬秠穈芑耜錢鎛銍言農種農具者如此其詳也然農各視地而異高下肥磽異乎土質寒燠燥濕異乎天時精粗勤惰異乎民習厚生敦業由來尚矣長春係因以招墾設治居民多以力田起家曩昔土沃人稀隰野百里四體稍勤即足自給近年蕪萊盡闢生聚日繁氣象熙皞誠樂郊也惟縣境土質畧有差異如鄉一區二區三區爲高原地土量輕鬆宜植豆麥黍粱三區亦多沃田四區地屬夾荒土質含沙較爲磽薄至沿河一帶地勢窪下宜作稻田此其大較也但關於播

種耕穫仍沿舊法倘能農具改良機械代力資生之原可操左劵兹按前代遺制敬述農時以宏我先
民矩矱焉

立春　清制每歲立春前一日由縣具鹵簿陳儀仗郡守以下皆詣東郊行迎春禮今廢
雨水　長工就傭農作開始
驚蟄　修耒耜糞田
春分　菜圃植蒜剪韭
清明　俗諺云二月清明麥在前三月清明麥在後民國以是日爲植樹節
穀雨　故事每歲是日有司詣先農壇行藉田禮
立夏　種植雜穀菜蔬
小滿　補種雜糧
芒種　農俗過此日後停止播種俗諺云過了芒種不可强種
夏至　次耘扁豆熟

小暑　三耘玉蜀黍熟
大暑　刈麥掘馬鈴薯
立秋　刈靛漚麻曬菌蕈及淡巴菇
處暑　同上
白露　收綿植葱始刈禾
秋分　百穀成熟稼收野澗
寒露　築場圃
霜降　醃漬菜蔬
立冬　窖藏晚菘
小雪　客作工滿蓋藏禦冬
大雪　同上
冬至　民國以是日爲冬節

小寒
大寒　納賦迎歲

工

長春在鐵軌未通以前人民多從事農業若其少數手工業仍在原始時代自闢埠互事以來汽機電力輸入內地日人挾其經濟勢力以利用天產豐富之原料所謂大機械工場隨地湧現近年邑人感受環境之督促始有大機械製麵取油之企業組織以相兢逐焉至於城埠鄉鎮之舊式手工業仍保其拘攣錮閉之習不稍變通遂無發展之可言兼以囿於情勢縣工會迄未成立關於失業之救濟以及儲蓄保險各種合作之組織均付闕如不能發揮工業自身之本能以收改善觀摩之效處此物競天擇之際未可視爲綏圖者也茲列舉各種工業覘其概況焉

金店　二十

銀匠鋪

銅器行　二十七

鐵器行	一百二十
錫器行	八
木器鋪	一百零一
皮件鋪	四十四
縫織工場	
成衣業	六十六
估衣業	五十
鞋帽鋪	一百零九
鞭杆鋪	十七
鏡鋪	十九
洋鐵鋪	二
筆店	十八

印刷業　十四
彈染業
裱畫業　十九
棚槓坊
理髮業　七十
泥木作房　五
窯業
鐵匠爐　二十一
刀剪舖　九
照像業　六
羅圈舖　七
鏇匠舖

炸炮舖	三
鎗爐	
燻皮業	
洋服店	
餜爑業	
鼓樂班	十四
漿洗業	十一
染坊	四十
紙坊	
香坊	四
澡塘	十四
繩麻舖	

鞍韂鋪	三
花店	三
醬業	十二
糖坊	二
粉坊	二十二
豆腐坊	四十七
畫匠鋪	十九
機房	二百六十二
碼花房	二
軍衣莊	五
條包鋪	四
膠房	一

氈毯行　三

雨傘鋪　三

燈籠鋪　三

燈罩工場　二

筐簍鋪　九

鐵匠爐　二十一

絨房　六

商

太史公之論貨殖也善者因之其次利導之其次敎誨之其次整齊之最下者與之爭又曰天下熙熙皆爲利來天下攘攘皆爲利往蓋巧者有餘拙者恆不足此積著之理自然之驗也長邑居民力田勤於稼穡逐什一之利者甚尠若夫列肆聚貨操奇計贏以致豐盈者如山西幫直隸幫山東河南三江各幫咸具堅忍卓絕之精神養成近百年來最大之潛勢自甲辰以還闢埠互市外商麕集優絀相形

盡易前代方物消長之通例進爲國際貿易之競爭然昧於經濟之趨向迄無充分之發展加以關市譏征束縛馳驟寖成驅鸇毆魚之勢而我國市廛日就蕭條矣晚近改訂商約思脫羈軛以謀國內商業之繁榮則厚生資用庶有豸乎

輸出額

類	數量	價額
元豆	四十萬石	每石十七元
黑豆	五百石	每石十五元
高粱	四十萬石	每石十元
穀子		
小米	三萬石	每石二十元
包米	五萬石	每石九元五角
小麥	五十萬石	每石二十元

大麥	五千五百石	每石十五元
豆油	四百萬斤	每斤二角
豆餅	八百萬片	每片二元
紙張		
茶葉	三十六萬零三百斤	每斤九角或一元四角不等
糖類	六十二萬六千五百斤	每斤一角八分不等
藥材	六萬二千一百二十斤	價額不一
顏料	靛油五千筩 五色顏料三萬筩	每筩七十圓 每筩五角
海味	四萬四千斤	價額不一
食鹽	四百萬斤	每斤一角二分
煤油	三十萬零五千五百六十箱	每箱五六元不等
五金類	四十一萬九千八百五十斤	價額不一

毛織類	二十五萬八千八百打	價額不一
磁器類	二十四萬對	價額不一
電料	六萬九千四百五十筒	價額不一
鐘表	二十一萬一千二百筒	價額不一
雜酒類	五萬九千二百打	價額不一
罐頭	四十三萬六千五百筒	每筒二角
鮮貨類	二十萬零一千二百斤	價額不一
乾菜類	二十五萬八千二百斤	價額不一
滷城蓆	滷七十八萬斤 城二百萬斤 蓆四十萬領	每斤五分 每斤三分 每領八角
鐵器	十五萬六千三百份	價額不一
書籍		
文具	十二萬四千九百個	價額不一

洋雜貨	十八萬五千七百個	價額不一
燒酒	三百萬斤	每斤二角二分
線蔴	三十萬斤	每斤三角
黃菸	一百二十萬斤	每斤二角
獸皮	三千張	每張四元
馬尾	二萬斤	每斤七角
猪毛	三萬斤	每斤一角
猪鬃	三萬斤	每斤三元
蘑菇	五萬斤	每斤三角
木耳	五萬斤	每斤一元四角
蜂蜜	五千斤	每斤四角
黃蠟	一千五百斤	每斤七角

藥材	六萬二千一百二十斤	價額不一
肉類	五十二萬四千零五十斤	每斤三角不等
麵粉	三百萬包	每包三元五角

輸入額

種類	數量	價額
布疋		
棉花		
綢緞		
呢絨		
紗羅		
皮貨		

商號

毛織類	二十五萬八千八百打	價額不一
磁器類	二十四萬對	價額不一
電料	六萬九千四百五十筒	價額不一
鐘表	二十一萬一千二百筒	價額不一
雜酒類	五萬九千二百打	價額不一
罐頭	四十三萬六千五百筒	每筒二角
鮮貨類	二十萬零一千二百斤	價額不一
乾菜類	二十五萬八千二百斤	價額不一
滷城蓆	滷七十八萬斤 城二百萬斤 蓆四十萬領	每斤五分 每斤三分 每領八角
鐵器	十五萬六千三百份	價額不一
書籍		
文具	十二萬四千九百個	價額不一

大麥	五千五百石	每石十五元
豆油	四百萬斤	每斤二角
豆餅	八百萬片	每片二元
紙張		
茶葉	三十六萬零三百斤	每斤九角或一元四角不等
糖類	六十二萬六千五百斤	每斤一角八分不等
藥材	六萬二千一百二十斤	價額不一
顏料	靛油五千筩 五色顏料三萬筩	每筩七十圓 每筩五角
海味	四萬四千斤	價額不一
食鹽	四百萬斤	每斤一角二分
煤油	三十萬零五千五百六十箱	每箱五六元不等
五金類	四十一萬九千八百五十斤	價額不一

骨器商　七
古董商　五
顏料商　一
借貸莊　一
保險公司　五
轉運公司　六
旅館棧店　一百三十
派報社　十三
車店　二十六
馬店　十一
猪店　二
魚店　四

飯館　一百四十八
肉鋪　四十一
攤床　二百五十五
醫院　六
茶館　四
戲園　四
妓館　五十八
鑲牙館　十三
鐘表店　二十一
麵鋪　四十
煤栚場　八十二

林

慨自虞衡失掌林政怠荒山澤弛禁樵採不時濅致山赤童壞彌望榛蕪非特斧斤之取無從抑且旱潦之災莫禦蒐利於地良用慨然長邑隰野盡闢農產代興所謂千年窩集早已戕伐無遺僅伊通河岸灌木叢生用能鞏固堤圩消除菑患誠天然保安林也惟因保育無方日遭摧毀漸失曩時蓊蔚氣象宜及時獎勵造植以爲倡導十年樹木其效乃宏爰遴道立苗圃褈概用示造林楷模爲

道立種苗圃創始於民國五年三月二十六日就長春西北杏花村舊址組織成立面積約四十餘畝爲王古愚太守所創之課農山莊苗圃事務所即設於是民國六年添購民地四晌劃分四大區一大區分四小區以一大區爲播種地餘三大區爲床替地開辦之初原定開辦經費大洋三百九十九元購地費大洋一千元嗣以地值超過預算復請追加大洋七百元六年度因擴充苗床經費增加全年計支大洋兩千九百一十元由吉林長春伊通德惠雙陽長嶺農安舒蘭八縣攤繳每月計支大洋二百四十二元五角八分三厘民國七年鑿井一眼增建房宇民國八添年設陳列室成績橱搜集木材標本以備參考茲將歷年育苗成績分列如下

民國五年播家楡三十畦得秧苗四千株

民國六年得濶葉樹秧七萬餘株

民國七年得樹秧十萬餘株

民國八年得秧苗九萬八千餘株

民國九年得秧苗八萬五千餘株出圃苗木三萬二千株

民國十年得秧苗九萬二千餘株出圃苗木五萬株

民國十一年得秧苗八萬餘株出圃苗木十一萬株

民國十二年出圃苗木三千八百六十四株

民國十三年出圃苗木一萬六千株

民國十四年出圃苗木二萬二千株

民國十五年出圃苗木一萬八千六百株

民國十六年出圃苗木一萬九千三百五十株

民國十七年出圃苗木三萬零二百六十株

礦

前清光緒七年八月將軍銘安附奏據同知李喬林佐領占祥等查明陶家屯（距城東南十四里）煤窰堪以開採即飭總理煤釐事務富爾丹掌工司關防協領金福酌覈招得商人張福永承領陶家屯煤窰旋於九年正月據張福永呈報無煤奏請封閉（吉林通志四十一）

按舊制本省奏准商領開採煤窰按年春秋兩季派官二員分往江東江西兩路各窰抽收煤稅照依官發實帳簿覈算每錢一吊抽收稅錢一十文其每季抽收釐稅數目移交戶司歸庫（工司官冊）

漁牧

周禮地官司徒置川衡掌巡川澤之禁令置澤虞掌國澤之政令爲之厲禁吾國之保護漁牧促進生產伊古尙矣長邑川澤甚尠漁業銷沈惟窪中高爲瀦水泊其魚類產況素乏考察然與內河阻絕生孳不繁伊通河水湍悍魚產尤屬寥落則又膛乎其後矣縣境爲金之泰州曩係游牧地帶自有清移民就墾戶口蕃衍昔之荒原廣野胥成禹甸畇畇蓋由牧獵時代進爲農桑時代實人群演進之公例也第本邑密邇蒙旗仍能吸收畜產若城南關馬市千百雲屯每屆春秋商販麕集特是求過於供生

產日衰數十年後恐有冀北羣空之感矣

電業

長春商埠電燈廠創辦於前清宣統三年由顏道世清任內撥發開辦費支出吉平銀十七萬六千五百三十一兩零三分二厘委高守仁爲總辦高文垣爲坐辦購置機器及鍋爐各二部發電量共二百五十啓羅民國七年十一月坐辦高文垣以原有兩部百二十五啟羅瓦特發電機不敷應用乃向美國奇異廠訂購三百啓羅瓦特發電機及英國撥柏葛鍋爐公司製造二百五十馬力鍋爐各一具共價美金八萬一千三百六十九元六角六分八年十一月高坐辦與奉天掄一建築廠訂立合同在舊廠建板樓一所工料總價大洋二千一百四十九元八角八分又於九年三月建築伊通河岸新廠工料總價大洋五萬五千三百六十五元六角十一年四月經廠長王立三將西部舊電機拆卸移裝於新廠十二年一月八日始發電是年二月三日又經廠長袁慶濂始將新電機開始移裝於新廠三月六日發電復稟呈孫道尹督策變更組織整頓營業由是廠務一新日臻起色十三年二月廠長高國柱添購二百五十馬力鍋爐一具計價美金三萬餘元十五年六月廠長金毓紱以電力供不應求復

向美國訂購五百啓羅瓦特發電機並新式鍋爐各一部業於十七年八月裝竣發光今當局運以精心持以果力營業駸駸逐年進步現全市計有電燈兩萬盞每盞平均光度在二十五度以上每月收哈大洋兩萬元有奇將來發展自可期待此十九年間沿革之厓略也本廠組織以吉長道尹爲督辦置廠長一人總理廠務文牘庶務會計工程四課設主任課員司事若干人其文牘庶務會計三課在東三馬路路北僦居民房辦公發電廠在伊通河西岸工程課附設於內另聘工程師一人專任技術計有廠工六十餘人本廠全部資產核値現大洋五十八萬餘元

最近三年收支盈餘概況

年分／項目	收入數	支出數	盈餘數
十四年	一八五、四五四 四五〇	一二八、六四二 六四八	五六、八一一 八〇二
十五年	二〇七、二一一 二二七	一四八、一五二 九六四	五九、〇五八 五六三
十六年	二五九、七四九 一三九	一七五、五五六 五一〇	八四、一九三 六二九

頭道溝鐵路用地日本電氣株式會社支店創自民國紀元前三年初由大連運至發電機一部組織

滿鐵長春電燈營業所閱時兩年籌辦就緒地址於南滿中東吉長三路之分岐點兼以工商企業日漸繁榮電燈電力之需要隨之激增自十六年五月電動機馬力大加擴張供給電燈三萬八千盞供給電力二千二百馬力十七年新建築事務所落成規模視前益宏內部組織支店長兼技師一人從事員十三人傭員日本人四十八人中國人四十五人住所頭道溝中央通

瓦斯爲供給燃火暖房烹任及一切工業上之需要品也民國十三年南滿洲瓦斯株式會社長春支店在頭道溝鐵路用地內埋設主要鐵管十四年夏間經瓦斯專家接通各住屋內之管並裝置計量各器同年十一月全部工竣開始營業所用石炭胥由撫順供給一日均計製造數約達三萬七八千立方呎十六年三月末計有瓦斯用戶一千八百二十餘家十五年賣出千四百三十二萬七千五百立方呎之多現在製造力日達十五萬立方呎將來瓦斯用途日廣不難普遍全市矣

鹽業

本省運銷食鹽向由營口貔子窩沿海一帶曬鹽收買輸入供給食戶歸政府專賣杜禁私販光緒三十四年創設吉林全省官運總局於吉林省城宣統三年十月移駐長春民國二年一月改爲吉林採

運局民國四年一月吉黑兩省鹽歸併辦理改稱吉黑榷運局內設文書會計督銷採運各科緝私隊二營查禁私販儲鹽場屋稱爲鹽倉管轄長春吉林濱江延吉伊通扶餘蘭江（即依蘭縣）琿春懷德磐石長嶺綏化黑河范家屯五站（即綏芬河）昂昂溪安達等處鹽倉局址駐在地長春商埠東門外

圜法　度量衡

舊制吉林通省錢均以五十爲陌曰中錢長春行中錢與會城同然民不見錢以故銀一兩有易市錢四吊或四吊數百者惟伊通州西以十六文爲陌市錢三吊合中錢一吊即奉天通行所謂東錢也

清光緒十年十一月二十四日將軍希元奏吉省制錢短少市間創有抹兌名目固爲權濟錢法以期周轉之意而公款存庫亦有抹兌錢帖殊非慎重之道當飭戶司分巡道等總覈通省應徵各款詳覆茲據稟稱吉省荒地租賦向均徵收現錢解庫嗣因現錢不充准令各佃等以現錢憑帖搭交應徵雜稅土稅燒鍋票課釐捐等款經前署將軍阜保於同治四年奏明准其搭交二成現錢八成抹兌迨至同治十年市廛制錢益形短絀又經前任將軍奕榕奏明將燒鍋票課全行改交抹兌其釐捐亦以抹兌呈交惟稅物錢文則仍舊交二成現錢八成抹兌歷經辦理在案夫謂抹兌者甲舖買物以一帖兌

至乙鋪開發而乙仍無現錢又轉開一帖於他處互相轉遞總憑一空紙而買實物故物價銀價因之增昂農民糶賣粮米終日枵腹奔馳不能換取一錢使用前任將軍銘安痛懲此弊於去年三月附奏革除然彼時省中所徵燒鍋票課釐捐斗稅雜土各稅抹兑錢帖尚有四十餘萬吊之多均存寄殷實鋪戶雖臨時撥用無誤究之款數甚鉅殊非經久之計應如何變通辦理稟請覈奏前來臣再四思維實因吉省向無鼓鑄外來制錢素不充裕況近年開荒徵租需錢尤多市廛不能周轉雖經奏明禁革抹兑而各鋪商仍有過賬名目蓋以現錢缺乏時勢使然若不預爲籌酌誠恐各商攤擠荒閉轉有掣肘之虞今既迫於現錢奇乏何如改收銀款以便官民查各省徵收錢粮以及雜稅官欵完納現銀居多今擬將旗民各署每年應徵雜稅土稅錢九萬七千餘吊即照省市銀價俱各折作銀數作爲永遠定額日後銀價長落不再增減由經徵各員以現銀解庫應徵荒地租賦每年約共收錢四十餘萬吊又皆清錢憑帖搭收亦因現錢缺乏徵收極難今擬將每晌內徵大租錢六百文者改爲大租銀一錢八分小租錢六十文改爲小租銀一分八釐俱由經徵之員以現銀解庫年清年款歸入銀欵項下抵充俸餉至吉林府長春廳燒鍋現在一年應納票課錢十二萬九千餘吊原係按家攤納其釐捐斗稅

錢三十萬吊有奇原係按各商一年所賣之貨按數抽收零星湊集銀價長落無定難令各商易銀交納查吉省應發孤獨養贍孀婦周年半俸半餉休致官員解退馬甲俸餉一應兵車脚價等項向係放給錢款一年不下二十萬擬吊將燒鍋票課釐捐斗稅仍照舊章徵收以爲發放各錢款之用俟三五年後錢法疏通飭令以現錢呈交抑或酌改銀款徵收隨時查看情形奏明辦理並查歲徵雜稅土稅錢款向以八成抹兌搭交蓋吉省市商銀價因制錢缺乏之久有現錢抹兌之分所有報部官價向來徵僅報現錢不報抹兌其現錢買銀較抹兌行價每兩減三二百文今將稅課改收銀款自應照依現時市抹兌銀價折銀作爲永遠定額嗣後按年照額解庫方無賠累案關課款更章亟應據實陳明如蒙俞允請旨飭部覆議俟奉准部覆後再將改徵雜稅土稅各款查照徵收之數照依彼時銀價分別折算改折銀款作爲定額不再增減另行詳細報部查覆

再吉省制錢久缺市面益形蕭條籌商再四惟有仿照制錢式樣鑄造銀錢以濟現錢之缺以代憑帖之用先由俸練各餉項下提銀五千兩飭交機器局製造足色紋銀一錢三錢五錢七錢一兩等重銀錢一面鑄刻監製年號一面鑄刻輕重銀數吉林廠平清漢字樣蓋吉林地方俗呼船廠廠平二字實

從俗也每遇應放俸練各項即以此項銀錢搭配發給各兵俾在街面行使並剴切曉諭人等按照銀錢所鑄數目隨市易換該鋪商自不能任意輕重較之零星銀兩既不十分瑣碎又免折耗壓平之勢如此變通辦理於商民自無窒礙於小民商販似有補益果能遠近通行再查看地面情形廣爲鑄發設或行使稍滯自當別籌疏通之法

清光緒十三年十二月將軍長順附奏再查抹兑名目既已禁革而燒鍋票銀釐捐等項自未便再以抹兑收放致滋轇轕惟甫經整頓現錢仍屬無多此二項課款每年數至三十餘萬吊之多若概令其交納清錢實係强其所難若不預籌變通臨時何以收納查吉林長春廳燒商每年應納票課錢文向以三月十六日爲期陸續呈交通省七釐貨捐抹兑錢文則按二八兩月彙總交庫臣擬將此二項錢款仍令該商照章呈交一俟呈交到官即按當日報部銀價陸續易銀收庫收齊彙總專案報部倘有應發錢之處再行隨時提銀照行易錢發放臣等係爲嚴禁抹兑慎重課款因時制宜起見所擬是否有當理合附片陳明

清光緒十五年九月初七日將軍長順附奏再吉林前因制錢短少於光緒十二年奏設寶吉局鼓鑄

另抽四釐貨捐賠補迨臣長順抵任後添爐座增工料節縻費約計一年四爐共鑄錢八九萬吊而所抽四釐貨捐尚可敷衍自本年四月禁止抹兌迄今市面賴此新錢周轉惟各屬亦覺短少現錢臣擬籌借公款銀兩旣令派往上海採購銅觔軍械委員就便購換制錢十數萬吊一併解回吉林俾得分潤各屬以蘇民困蓋上海商賈輻輳行使大小銀錢即少此十數萬制錢不致支絀而吉林驟獲此鉅欵實足以救敝起衰固知各省錢禁均嚴出境第根本重地錢法最宜疏通臣籌欵換錢亦屬因時制宜不得已之舉合行仰懇天恩飭下兩江總督轉行上海海關道勿事留難臣一面設法添鑄方可源源接濟以上均據摺檔

按吉林舊有寶吉局專事鼓鑄銅錢正面用漢文光緒通寶幕用清文寶吉每吊錢用銅二觔四兩四錢用白鉛一觔十二兩六錢除火耗二成每淨重三觔四兩

塊銀　淸代賦稅釐捐及官吏俸給向以銀兩爲法定本位與制錢楮幣相輔而行大者爲元寶約重五十兩有奇次則謂之錠銀重三五兩不等每兩折算制錢兩吊有奇市面大宗交易賴以周轉靈活迨及淸季銀根缺乏旋因經濟變動本位消除不復流通市面矣

制錢　亦曰銅錢長邑在光緒中葉以前銅錢盛行市面每枚作爲二文五十枚爲一百五百枚爲一吊以康熙錢乾隆錢鑄造最佳流通最多每一枚均以重一錢爲率光緒十三年吉林將軍希元奏准仿照康熙年間最小制錢每枚八分重試行鑄造此後私鑄紛起錢法日紊鵝眼榆筴充斥市面商民交困矣

抹兑　前清光緒五六年因銀錢缺乏周轉不靈遂由憑票改爲抹兑鄉民糶賣粮物由商號輾轉過賬僅持一紙空帖不能換取分文金融停滯物價昂貴錢法隳壞實以此時爲最也

商帖　自抹兑禁革之後改出商帖以資周轉初尚限於燒當富商祇在本境流通甚稱利便繼而坊肆雜業輾轉效尤信用頓減倒閉踵接影響市面累及細民迨官帖發行遂棄絕焉

官帖　前清光緒二十四年吉林永衡官帖局印行官帖以銅錢吊爲本位分爲一吊二吊三吊五吊十吊五十吊一百吊七種凡繳納賦稅一律通用官民稱便迨至民國初年發行漫無限制卒因準備薄弱逐漸毛荒方行使之初銀小洋一圓值官帖兩吊二百文寖增至十餘吊數十吊今則銀大洋一圓值官帖一百八九十吊發行額約三十億至三十五億爲省唯一之基本貨幣都鄙通用信賴頗深在

金融界中具有絕大潛勢焉

銀圓　與官帖同時流行市面分爲小洋大洋兩種皆以角爲單位每十角爲一圓每小洋十二角核大洋一圓以湖北鑄二角四角爲最多吉林鑄之一角二角五角者次之今祇大洋一種通行市面小洋則絕迹矣

銅圓　係爲輔幣一種流通之初小者每枚當制錢十文大者每枚當制錢二十文今則價格靡常漸次減少僅與零吊官帖相輔而行矣

國幣　係由中國交通兩銀行發行分爲一圓五圓數種於民國元年入境兌現信用昭著迨民國五年中交兩行基金盡被政府提取洋價逐漸跌落旋即停止兌現不復流通市面矣

哈幣　民國七年東三省銀行（駐哈濱）發行哈大洋券流通境內初按銀洋使用匯兌無阻吉黑商號多用作本位有一角二角五角一圓五圓拾圓伍拾圓數種信用卓著近因停止付現滙水逐漸騰漲每圓折核銀洋七角左右市面頓起恐慌雖經當局維持仍難挽回頹勢也

吉洋　舊有小洋券與吉林造幣廠鑄造之現小洋同一價格有一角二角五角一圓拾圓伍拾圓數種

嗣因錢法毛荒逐漸低落每圓定價十吊與官帖無異矣民國七年吉林永衡官銀錢號發行吉大洋券亦曰永洋凡通省繳納賦税及機關官吏薪俸均規定以吉洋爲本位近年哈幣跌落直與之相埒矣

奉洋　奉天東三省官銀號發行小洋票每圓十角大洋票每圓十二角亦稱一二大洋民國七年流通境内與哈洋價格相埒並可作匯上海規銀自軍興以來庫儲空虚準備薄弱而發行之額數過多價格因之降落每圓僅值官帖六七吊影響金融匪淺鮮也

江帖　黑龍江廣信公司發行即江省之官帖也惟價格不及吉省官帖須按對折行使信用亦覺薄弱自近年流通入境但爲數甚寥寥耳

羌帖　係屬俄幣亦稱盧布分爲一圓三圓伍圓拾圓伍拾圓壹百圓數種採金本位自俄人建築東清鐵路即流行入境勢力雄厚信用卓著且超越我國銀洋以上商民爭相蓄儲日俄戰後信用稍减迨歐戰事起俄幣濫發準備毫無每張千圓萬圓新帖舊帖種類繁多終至拒絕行使不能兑換分文東省商民損失頗鉅今則無所取償徒受虧累而已

金票　係日本朝鮮銀行發行採金本位有一圓五圓十圓伍十圓壹百圓數種本埠設有分行與滿鐵會社相輔而行當民國五六年每圓僅値國幣五六角今則價格飛漲有時超越銀洋之上發行額達一億一千九十三萬六千五百圓本埠流行五十萬圓左右其由正金銀行發行者曰鈔票採銀本位本埠設有分行與金票同時入境價格與我國銀洋相埒中日大宗物產交易恒以鈔票爲標準焉

按橫濱正金銀行在我國發行銀券分一圓五圓拾圓百圓千圓等種創立於明治三十四年九月發行兌券於天津牛莊等處其基礎以日本舊銀幣（重量七錢一分六毛品位銀九銅一）該銀行所發紙幣可隨時兌取確實銀幣本埠流通額達百二十萬圓

長春錢幣流通統計現大洋一百二十萬圓大洋票六十餘萬圓鈔票四十五萬圓金票一百八十五萬圓奉票五十餘萬圓吉大洋三十五萬圓吉小洋二百餘萬圓永衡官帖五千五百萬吊現銀二萬五千兩

度量衡

前農工商部博考古今中外之制議定以營造尺爲度之標準漕斛爲量之標準庫平爲衡之標準於民國四年公布權度法令禁革不規律之斗秤尺辦法但各地因仍舊貫迄未推行公私交易深感困難本埠中日雜處權度尤紊整齊劃一盍早圖之

度　一里十八引一引十丈一丈十尺一尺十寸一寸十分

量　一石二斛一斛五斗一斗十升一升十合一合十勺一勺十撮

衡　一觔十六兩一兩十錢一錢十分一分十厘一厘十毫

大尺　裁量一般狹幅布如大尺布類使用之

裁尺　裁量一般廣幅布加花旗布類使用之

蘇尺

木尺　丈量木材器具家屋土地等均用之

今吉林省內各地方丈量地積以五尺木竿算量之

一弓　五平方尺

一畝　二百八十八弓

一頃　十畝

按地方舊慣以二百四十弓爲小畝一畝三百六十弓爲大畝一畝故分大小畝以別之

長春縣誌

卷四

長春縣志卷之四

政事志

職官

道 交涉員

前清光緒三十四年奏設吉林西路兵備道駐長春主理行政兼辦外交事務是年八月委陳希賢署理兵備道缺署內分設三科曰外交科曰內政科曰兵備科旋改爲外交裁判科科長由長春府知府兼充道署經費月支銀五千兩常年六萬兩遇閏照加宣統二年七月改爲西南道觀察使始加農安長嶺德惠三縣民國三年五月西南路觀察使改爲吉長道尹管轄吉林長春伊通農安德惠長嶺舒蘭樺甸磐石雙陽濛江民國十六年加入乾安共十二縣民國十八年二月一日裁撤道尹仍置交涉員節制道區各縣外交道署舊址在城裏東四道街民國十四年移駐商埠地六馬路

前清光緒三十四年裁併前交涉局民國二年改爲外交部吉林省交涉分署是年十二月裁併由觀察使兼辦嗣經改稱外交部特派長春交涉員仍由吉長道尹兼任置外交科長專理交涉事務自道

尹裁撤後長春交涉員仍舊節制道區十二縣外交事宜兼充長春市政籌備處處長開埠局督辦

縣

前清嘉慶五年吉林將軍秀林奏設長春廳置理事通判駐邑南之新立城道光五年通判常喜始移治寬城子建置衙署於西四道街光緒八年改理事通判爲撫民通判十五年撤廳置府民國二年改爲一等縣署內組織總務科長一分會計庶務統計徵收收發各股科員九抽查員三僱員十一

前清嘉慶五年議准郭爾羅斯地方新設理事通判巡檢等官歲需俸廉等銀於吉林地丁項下開支

會典事例二百二

長春府知府額俸銀一百零五兩養廉銀二千兩實領俸廉銀九百五十四兩四錢零五釐按照五成搭票五成

長春府敎授額奉銀四十五兩實領銀二十二兩五錢四分五厘現銀內減扣二成並扣平六分核算

長春府經歷額奉銀四十兩養廉銀一百二十兩實領銀八十兩零五錢二分

朱家城照磨俸銀三十一兩五錢二分養廉銀七十一兩五錢二分

長春府衙門門皂壯役馬快轎繖扇夫各役六十二名 工食銀四百五十八兩實領銀二百五十八兩五錢二分七厘遇閏不增

長春府學齋夫門子各役十名 工食銀六十兩零六錢六分七厘實領銀三十四兩二錢一分六厘遇閏不增

長春府經歷門皂壯役二十四名 工食銀一百六十五兩六錢實領銀九十三兩三錢九分八厘遇閏不增

朱家城照磨門皂各役二十二名 工食銀一百二十二兩

按以上據清會典所載養廉銀官俸役食銀皆嘉慶以前定制甄采之以備考核

吉長道職官表　西路兵備道　西南路觀察使　吉長道尹

歷任兵備道

陳希賢 字吉士光緒三十三年十月任

顏世清 字韻伯光緒三十四年正月任

李樹恩 字季康江蘇無錫人 清宣統二年八月任

歷任觀察使

孟憲彝 字秉初直隸慶雲人 清宣統三年正月任

歷任道尹

阮志植 字公槐安徽合肥人 民國三年七月任

郭宗熙 字侗伯湖南長沙人 民國三年九月任

柴維桐 民國五年七月任

陶彬 字栴仙 民國五年十月任

蔡運升 字品珊吉林雙城人 民國八年七月任

孫其昌 字鐘午奉天遼陽人 民國十一年七月任

榮厚 字淑章京兆人 民國十二年任

孫其昌 民國十五年五月復任

長春縣職官表　理事通判　撫民通判　知府　知事

歷任理事通判

六雅圖　蒙古鑲黃旗人　清嘉慶五年任

阿成　滿洲正藍旗人　嘉慶十二年任

六雅圖　嘉慶十六年復任

福納　滿洲鑲黃旗人　嘉慶二十一年任

那靈泰　滿洲正白旗人　嘉慶二十五年任

常喜　滿洲正紅旗人　道光四年任

鍾彥　光緒四年任

長青　光緒五年任

善慶　滿洲正白旗人　光緒五年任

王紹元　直隸臨榆縣人　光緒七年任

歷任撫民通判

孫堪 直隸清苑縣人丙辰進士光緒八年任

達慶 道光七年

博爾豁那靈泰 道光九年

禧淳 道光十二年

慶符 道光十七年

福恩 道光十九年

常山 滿洲鑲白旗人道光十九年

慶符 道光二十年

全福 道光二十二年

文全 道光二十三年

保康 道光二十四年

桂林 道光三十年
安榮 滿洲鑲黄旗 咸豐元年
松鶴 咸豐元年
博霖 同治四年
薩呢揚阿 同治五年
恩禧 蒙古正藍旗 同治八年
薩呢揚阿 同治九年
吳衍慶 河南光州 同治十年
長青 滿洲鑲黄旗 同治十一年
薩呢揚阿 光緒二年
長青 光緒三年
鍾彦 光緒四年

雙　全　滿洲鑲黃旗人光緒九年任

李金鏞　字秋亭江蘇吳錫人光緒九年任

毓　斌　字芝圃滿洲鑲藍旗人繙譯舉人光緒十三年任

善　慶　字餘齋光緒十三年任

歷任知府

覺羅同勳　光緒十五年任

文　韞　滿洲正黃旗人光緒十七年任

覺羅同勳　滿洲正藍旗人光緒十七年任

王鳴珂　順天寶坻縣人光緒十八年任

文　韞　光緒十八年復任

楊同桂　字伯馨順天通州人光緒二十年任

懷　輔　内務府鑲黃旗漢軍光緒二十一年八月任

鄂齡 滿洲正黃旗廕生光緒二十三年任
書瑞 滿洲正黃旗人光緒二十四年任
謝文欽 字敬之貴州懷仁人拔貢光緒二十五年任
廉慈 光緒二十六年任
王昌熾 字古愚湖北江夏人光緒二十七年任
宋春霆 安徽人光緒三十二年任
張鳳臺 河南人光緒三十三年六月任
章紹洙 光緒三十三年十月任
孟憲彝 字秉初直隸慶雲人光緒三十四年任
許元震 字東藩宣統元年七月任
何厚琦 字子章宣統二年六月任
德頤 字養源民國元年任

歷任知事

蘇鼎銘　字詠新湖南長沙人民國二年任

易　翔　字秋涵湖南攸縣人民國三年一月任

彭樹棠　字華清湖北麻城人民國三年十一月任

林世瀚　字筱汀廣東梅縣人民國九年三月任

啓　彬　字采儒京兆宛平人民國十年十一月任

趙鵬第　字孟南江蘇鎮江人民國十二年十一月任

張書翰　字筱齋吉林伊通人民國十五年十月任

馬仲援　字續波奉天人民國十八年二月任

長春府歷任教授

清嘉慶五年初設訓導因無學童缺懸及光緒十五年改升教授

王迎壽　光緒九年任訓導

趙椿齡　光緒十三年任訓導

解蔭桐　光緒十三年任訓導
李喬年　光緒十七年任教授
鮑俊卿　宣統元年任教授
長春歷任府經歷　清嘉慶六年初設巡檢兼司獄及光緒十五年改升經歷
潘玉振　嘉慶六年任巡檢
吳介喜　嘉慶十三年任巡檢
周　鎮　嘉慶二十二年任巡檢
張家婺　道光四年任巡檢
郭景義　道光十八年任巡檢
錢德堃　道光十九年任巡檢
莊以臨　光緒六年任巡檢
秦朝奉　光緒八年任巡檢

莊以臨　光緒十年復任巡檢

張紹庚　光緒十五年任經歷

王　權　光緒十八年任經歷

謝　鐕　光緒十九年任經歷

秋福豫　光緒二十七年任經歷

徐啓經　宣統元年任經歷

時玉綸　民國二年任經歷

按由道光二十年至光緒五年歷任經歷姓氏未詳卷佚失考

長春歷任照磨　初設農安城移駐㠗山屯光緒十六年移長春朱家城子宣統元年還大房身即今德惠縣

劉元凱　光緒十八年任

徐啓經　光緒二十年任

唐德保　光緒二十一年任

張　熙　光緒二十二年任

按由光緒二十二年以後歷任照磨姓氏未詳卷佚失考

公廨　官署　會所　領事館

長春於有清中葉晝圻設守生聚日繁庶政日密或綜方面或典倅丞肇始宏圖規模畯整晚近外人雜處鐵軌縱橫綰轂交通形勢嚴重迨至國體遞嬗新猷大展所有舊日官衙亦經更迭栽替舉凡公廨堂皇營建合制閈閎塏爽崇視巖瞻因之治具恢張承流敷化吏治蒸蒸觀摩有自矣

長春縣政府　長春縣政府建置於城內西四道街原爲通判舊治當前淸嘉慶五年初設治於縣南新立城道光五年移治於寬城子光緒八年改理事通判爲撫民通判十五年升爲府民國二年又一律改爲府縣改知府爲知事署曰縣公署現更改爲縣政府知事則易稱縣長矣其中雖屢經更易而衙署迄未遷動原建有大堂三楹兩廊各五楹二堂三楹內室五楹前後皆有翼室大門二門各三楹照壁南向係道光五年移治時所修者全署屋宇不甚宏敞光緒十二年重修一次民國六年復加修築繼以局面卑陋地勢窪下每值夏令霪雨輒浸入室內潮濕之氣終年蒸騰且室皆湫隘不敷辦公

人員佔用而庫房尙付闕如所有文卷票據存根等項無處儲藏如不重新修建不惟礙於辦公即於
觀瞻亦屬不雅長春又爲東北要衝毘連租界外人往來尤所時有設無壯觀衙署勢必貽其輕視故
於十五年十二月經縣知事張書翰具文呈請省署重事修建其欵擬由自治存欵生息項下動支奉
令照准更召集地方士紳詳加討論議定改建洋式瓦房四十二楹招商包辦並派有士紳王鉦農務
會長張國範財務處主任史策勳敎育局長吳長春等爲監修委員十六年十月工竣建築所費前後
共由財務處提出自治欵哈洋二萬七千三百六十九元二角竣工後曾呈請省署派員勘驗計共修
第一層臨街正房五楹中爲門洞左右爲傳達室及衛隊等佔用東西配房各五楹東爲升科稅契處
西爲收發卷檔及儲藏之所第二層正房五楹中亦留有門洞右爲選舉時辦公室左爲繕寫文件室
東西兩配房亦各五楹東爲科長科員辦公室西爲會計庶務辦公室第三層公廳正房五楹右爲會
議室左爲縣長辦公及招待室東西配房各三楹東爲會客室西爲差役宿舍第四層正房五楹作爲
縣長內宅墻外東北隅另有房七楹爲員司宿舍原議本爲四十二楹嗣以仍難敷用請准添修故超
出原議十有一楹現堂皇軒敞頓改舊觀政治修明當亦隨之煥然矣

長春縣公安局　在西四道街路北前清宣統二年城鄉分辦定名爲長春警察所繼由縣兼辦民國三年九月正式成立委員專任今則改爲長春縣公安局矣所佔房屋原係官產民國七年所長周化南任內購置前後共土平房三十一楹有井泉一當時購價僅官帖七萬吊耳

敎育局　在城後堡即今之二馬路李公祠堂舊址也清光緒二十五年九月經同善堂購置現有磚瓦正廂房十二楹土平房十八楹磚門樓二楹

財務處　在西四道街西與縣公署毘連僅一墻之隔於清宣統元年成立時修建

長春地方法院及檢察處　在西四道街東與縣署毘連原爲巡檢衙署淸光緒十五年改爲府經歷嗣後司法獨立改爲地方審判檢察兩廳所有房屋建於淸道光五年計大堂三楹東西廂房各三楹內宅三楹

吉長道尹公署　在頭道溝南沿大馬路東六馬路北局勢濶大建築甚固民國十一年吉督孫烈臣曾移行轅於此後督轅回吉道尹仍居此處現道尹裁撤已改爲交涉署及市政籌備處矣

吉長鎭守使署　在東四道街路北初爲道尹舊署民國十六年鎭守使李桂林始移居於此

長春市公安局　在馬號門外二馬路路北乃同善堂舊址原爲警察廳今改爲公安局所有房屋初爲李知府秋亭於清光緒九年購買民人殷桂林者計有正廂瓴瓦房十一楹頭二道瓴門樓各一楹土平房十六楹

稅捐徵收局　清光緒十七年設立專局以來屢有遷移今在西三道街路南

印花稅處　在西三道街路北財神廟胡同內

吉黑榷運局　在商埠興運路迤北興華街東首前清宣統三年由吉林移駐於此

開埠局　在大緯路東首路南清宣統元年成立即居此地

電燈廠　發電所在伊通河左岸辦公室在三馬路路北初爲官辦現改爲永衡官銀號辦理佔用房屋係租於民戶者

電報局　在二馬路路北永春路路西創辦年月不可考

電話局　在永長路路東原係商辦現歸官有創辦年月未詳房係租賃

無線電臺　在三馬路南樂亭屯民國十三年成立

郵政局　在大馬路路西四五馬路之間淸光緒二十八年成立即駐此地局面寬敞內部亦極完整

硝磺局　在東三馬路

市政公所　在商埠太平街現已取銷併入市政籌備處矣

蒙王徵租處　在東四道街

會所

長春總商會　在西四道街東首路南淸光緒三十三年成立初爲商務總會民國六年改爲總商會會址樓瓦房多間極爲濶大

長春縣農會　在西四道街路南縣政府前

教育會　在二馬路路北教育局後院有房五楹

長春縣教養工廠　在西門外大佛寺內民國十六年成立共有房舍五十五間

警察教養工廠　在東三馬路初爲貧民教養所後爲警廳辦理

醫學研究所　在西三道街民國四年三月成立內附有施醫處及牛痘局

長春縣立苗圃　在城西北五里杏花村舊址民國五年三月成立有正瓦房三楹西廂平房二楹

長春縣立圖書館　初附屬於教育局現已改屬市政籌備處管轄所有書籍暫庋藏教育局院內將來擬移居道勝銀行舊址

營業附加稅　在西四道街總商會內四鄉設有分卡八處

公斷處　亦在總商會院內

頭道溝商會　在頭道溝富士町三丁地內

濟良所　在西頭道街城隍廟係附於市公安第四分局內

消防隊　在西四馬路

外國領事館

俄國領事館　在商埠長通路民國九年撤領後改警察第一署

日本領事館　在商埠五馬路北代表其國外交事宜又掌理司法初審及租界地警察監督等事

按長春地當東北要衝又爲東清即中東路南滿兩路銜接之總鍵故僑民亦以俄日兩國籍者爲衆外族

僑寓幾乎莫辨主賓領事裁判亦皆互樹權勢原俄國於前清光緒二十二年中俄締約許敷設東清鐵路後即設置領事於此以展其遠東殖民政策及日俄之役日以戰勝餘威攫得俄國已築成鐵路自大連灣至長春頭道溝一段極力經營大事蕃殖日本僑民因之接踵連翩紛投坌集領權至重詎能稍忽當亦設置領事館一處近年俄以政變東鐵管理權已收歸我國且於民國九年間停止俄使待遇其領事亦同時取銷今所遺館址已僅成陳跡而已

自治　選舉　市政

長春籌辦自治開始於前清宣統元年二月至二年二月始完全成立有縣城鎮鄉之分惟縣鄉兩自治均於宣統二年籌備至三年始行成立除縣城以外共分六鎮十四鄉其組織法縣有議參兩會議事會設正副議長各一人議員四十人參事會設參事八人係由議事會議員中選舉之城自治之組織分議董兩會議事會設正副議長各一人議員二十人董事會設總董一人董事五人亦由議事會議員選舉之鎮自治與城自治同鄉自治之組織僅有議事會內設鄉董一員執行會務所有縣城鎮鄉各會之議員均由民衆按劃定區域依法票選乃眞正民意法至公也至民國三年奉政府令一律

停辦吉林省諮議局於宣統三年成立及入民國則易稱爲臨時省議會旋經正式成立其議員選舉法分初覆二選初選係先分區調查選民有合法資格分別造册呈准繼即按區設匭經選民先依法投票選出初選當選人至覆選係由初選當選人用同樣投票選舉之長春省議員之額例爲五人自第一屆至第五屆無甚變動今則訓政伊始更易舊制已於十八年奉令將議會取銷矣

民國初元國會成立叅衆兩院議員曾選舉二次當選者七人惟不久即經解散停止

附列叅衆省各議員姓名表

叅議院議員

趙學良　字伊田　舉人內閣中書

徐肇銓　字亞衡　吉林優級師範畢業

畢維垣　字輔廷　舉人內閣中書

衆議院議員

王玉琦　字慕韓貢生

董耕雲　字話年

畢維垣　見前

逯長增　字景新　吉林優級師範畢業

省議會議員

趙學良　原爲諮議局副議長

何印川　字月波　歲貢生

王玉琦　原諮議局議員

張維周　字叔屛　附生原諮議局議員

以上四員均於民國元年當選爲臨時省議員

王鳴鑾　字吉安

許鴻洞　字夢瀟　吉林法政學校畢業

林寶興　字荆山

王延世　字亨久　附生

王皞民　字祝三

以上五員均於民國二年當選爲第一屆省議員

袁致和　字育生　吉林優級師範畢業

蔡玉田　字心齋

李芳五　字見龍

溫立敬　字作新　吉林法政學校畢業

以上四員爲第二屆當選省議員

溫立敬　再當選

劉樹春　字芳圃

王峻亭　字甲臣　長春簡易師範畢業

吳長春　字少庚　附生

以上四員爲第三屆當選省議員
劉樹春　再當選
徐肇銓　曾當選爲參議院議員
劉金鏞　字鎭周
張麟閱　字敬修
王峻亭　再當選
以上五員爲第四屆當選省議員
王峻亭　再當選
吳芳春　字仙洲
韓香閣
劉長春　字至剛
王肅堂　字敬軒

以上五員爲第五屆當選省議員（民國十八年改行新制即行取銷距成立甫年餘耳）

按選舉之制今與古異漢重徵舉得士頗多唐制貢舉高麗新羅諸國咸遣子弟入學有成進士者明定甲乙制科注重帖括洎於有清仍沿明制說者謂猶有鄉舉里選之遺意然此雖稍有近似實係科舉（故另立科舉門）殊與近代之選舉迥乎不侔迨前清末葉朝廟銳行新法一變舊制乃京師設資政院省設諮議局降至縣城有議參兩會鎮鄉有議董兩會選舉之法極爲愼重更有限制至民國成立後因國體變更法制遂易舉凡有清之資政院諮議局及縣城之議參等會皆停止之緣既以民爲主體當趨重民意遂組織國會成立參衆兩院及省議會其議員皆由民衆依法以次投票選舉要皆出於眞正民意完成立法機關操有監視司法行政之權嗣以參衆兩院迭遭政變迄未延長而省議會幸未愆期尙按屆舉行直至於第五次至十八年因委員制與政體又變始奉令取銷之此爲選舉之遞嬗沿革情形庶以覘政體之變遷進化也

自治

市政

長春自設治以來人民圜集街市繁興惟安於習俗不甚講求因陋就簡各自爲政街市任其窳敗道

路隨其坎坷雖闤闠粗具而藍褸依然僻巷窄衢穢迅泥塗擧目皆是初無所謂市政也及光緒三十二年中日協約訂定經西南路道顏世清劃出城北一區闢爲商埠設有商埠局歸道署節制專司發放地基招領建築平治道塗改修馬路並建設市場廣集商販電話電燈亦均籌設較之往昔煥然一變但僅限商埠仍未全轄故於民國十六年又設立市政公所事由公辦權轄全城其所辦事務若公衆衛生救濟事務市區馬路土木建築等項積極進行逐項發展大有蒸蒸之勢不啻一日千里十八年復奉省政府令籌設市政籌備處並發有暫行組織大綱所有原設之商埠局及市政公所均歸併處內辦理但商埠區域名稱仍然存在現事權既已統一市政當益見起色歷經二十餘年之過程而文野之判竟若是之速焉

附開埠局租建章程

第一章　總則

第一條　本章程依照總章第五條之規定而設（總章程第五條規定凡關於本埠之土地租賃房屋建築另行規定）凡欲在埠內租地建築者不論中外商民均應一律遵守

第二條　本章程由本埠開埠局協同巡警所分別執行之

第三條　本埠遇有應行公用徵收時雖經租建之土地亦須照章退讓其章程另規定

第二章　租地條例

第四條　本埠界內土地永爲本埠所有不論中外商民衹准照章向本埠開埠局租用不得管業

第五條　本埠地畝分作五等暫定租價如左

（甲）特等地一畝每年收租洋三十六元

（乙）一等地一畝每年收租洋二十四元

（丙）二等地一畝每年收租洋十八元

（丁）三等地一畝每年收租洋十二元

（戊）四等地一畝每年收租洋七元二角

第六條　本埠地畝以官弓二百四十弓爲一畝計工部營造尺六千方尺

第七條　本埠地畝均經編號列等除各項公用基址外餘地皆可指租

第八條　凡欲在本埠租地者不論中外商民均須先赴開埠局具呈掛號聲明願租某號某等地幾畝先照定價繳租先按租價十成之一留洋作定局中經理員乃據所呈登入號簿並赴所指地段丈量簽界然後由局轉報西南路道尹衙門請發印契若是外國商民須兼呈由該管領事照會道尹方可給租倘係長春商埠未經設領事之國之商人或請由就近領事官照會亦可

第九條　租戶所留定洋局中經理員須給收條爲憑俟地畝租定後租戶繳納初次租價時即在租價內如數扣除並將收條繳還抵作租洋

第十條　租戶掛號後至遲二十天必須來局領契從掛號之日起倘逾限二十天不來領契非是有意悔約即屬無力承租開埠局得將所掛之號註銷將地另行招租定洋充罰並將租契送道署繳銷中外租戶一律辦理

第十一條　凡租地每一戶至少以二畝起碼至多以十畝爲限如所營事業非大地不辦者應先將情節聲明由開埠局酌核定奪

第十二條　租價係按畝按年計算凡地畝租後該租戶即應將本年應收租洋自承租之日起算至年底止作一次如數繳清嗣後每年應繳租洋均定於中歷正月內由開埠局派員向各租戶一律收清均掣給收單爲憑如有向收不付屢催不應至中曆二月底仍無力將本年租有全數繳清者開埠局得將該號租契即行註銷並得將地上產業拍賣變價抵還欠租倘洋不敷仍着落欠租之戶補足若尚有餘亦歸其領回中國商民一律照辦若係外國商民並請西南路道台照會該管領事官照前辦理如於本埠未經設有領事之國之商民則照會駐本埠最近之該國領事官

第十三條　地畝租定後由開埠局請西南路道台發給印契轉交該租戶收執如係外國商民並請道台照會該管領事官存案若本埠未經設有領事之國之商民則照前條辦理

第十四條　租戶原領道契如遇有遺失須將遺失情節到開埠局呈明並覓妥人具保一面通行章報登布告白俟三個月後別無糾葛方能請領補給

第十五條　租戶承租地畝可轉租與別人但只能全地轉租不能破碎割租

第十六條　地畝轉租時原租之戶與接租之人須同至開埠局具呈簽字繳還舊契換給新契過戶承領如原租與接租者均是外國人或有一戶是外國人仍須一併呈由該管領事官照會道台方爲合例若本埠未設領事者則照第八條辦理

第十七條　接租之戶其期滿年限須從原租之戶接算未便另日起限一律照後開第二十條辦理

第十八條　租戶如係外國人恐有回國及意外之事須將承業之人或代理之人先行報明開埠局登册並在該管領事官處存案

第十九條　租戶於承租地畝祇准轉租不准典押其地上產業雖可典押與人但須隨時呈報開埠局註册中外商民一律辦理

第二十條　租契暫定以六年爲期滿後另換新契此後或仍以六年爲滿或改定延長期限由開埠局臨時察看情形酌定

第二十一條　當期滿應換租契時開埠局先期出示通知各租戶遵辦倘有意抗延過期後即可

將該號租契註銷地面產業充公

第二十二條　當初次期滿時本埠商務如果興旺開埠局可以察看情形將地畝酌加租價

第二十三條　至第二次期滿之後所有埠內產業中國國家可請中人公平估定價值全數購回無論何國人不能抗阻如或不欲購回仍可商定續租

第三章　建築條例

第二十四條　凡中外商民在本埠建造房屋須先期將印契呈報開埠局由局派員前往勘驗如果地契相符並於路政無礙即予批准仍俟發給執照方可動工

第二十五條　凡建造房屋不論中外商民自地畝租定之日起限特等四個月一等三個月二等兩個月三等四等皆一個月必須動工倘逾此限期仍未建造及無財力之人開埠局可將其租契註銷地即歸公從前所納租價概不退還若已開工建造而特等八個月一等六個月二等四個月三等及四等各兩個月倘未完工亦得將其租契註銷若因規模宏大或有特別障礙等情准其報明由局派員查驗可酌予限期責令完工此後不得再有

逾限情事如租戶能於租地後立即興工建築完美開埠局當予以特別利益其章程另行規定

第二十六條　凡租戶在地上建築住屋及行棧店舖或樓房或平屋均可任便起造惟須先將圖樣送開埠局驗看有無違礙侵損公益及工料不堅之事倘有以上情弊局由派員指示酌改該租戶均當照辦

第二十七條　租戶建屋開工後由局派人隨時赴工場查看如向工人有所詢問必須明白回答倘有見爲不妥之處可彼此和平商改

第二十八條　租戶蓋造房屋塡築地基所需泥土必須從遠處地方購取不准在埠地內掘用

第二十九條　凡埠內建造房屋必須先築陰溝一條或數條且必須與商埠局所造之大溝相通以便宣洩汚穢積水

第三十條　所築之溝應用何法築需用何等物料凡溝身之大小寬窄與地面相距之深淺以及高低平側之勢應如何接通大溝之處均須請由開埠局派員前往察看指示該租戶照

辦

第三十一條　租戶建築房屋均須於所租地基之四周留出餘地計寬營造尺二尺作爲備衖

第三十二條　凡租戶造屋有不遵章驗契領照並不送驗圖樣輒先動工及動工有所違礙侵損不聽開埠局指示商改皆當另議罰規中外商民一律辦理但局中核以上諸端亦須隨到隨辦不得延閣俾租戶得以從速興工建造

第三十三條　火油一項在市內不得存積過量如有欲建設火油池棧者不論中外商民必須赴開埠局報明酌奪辦理倘無相宜地方可以阻其建設

第三十四條　埠內各居戶有何修造動工關繫公衆之事亦應先在開埠局請領准單

第四章　附則

第三十五條　本章程未盡事宜臨時以告示宣佈

第三十六保　本章程施行日期由西南路道稟准吉林行政公署以告示定之

按此章程曾見於商埠門內因本門關係市政不防重載

附市政公所徵收房捐及衛生費章程摘錄於下

(甲)房地捐

一 房田地基之捐率分爲有收益無收益兩種有收益者按該產能生利息(即租金)抽收百分之四分附收消防捐百分之一分無收益者按該產能生利息抽收百分之二分附收消防捐百分之五厘

一 前條所定無收益之房間以住戶用房爲限其以自有之房產而自作營業之商鋪用房仍照有收益者論凡屬有收益之房間不論當時租出與否亦一律照該捐率納捐

一 本市民有之房田地基能生利息若干有無收益先由本公所詳切調查以定捐額嗣後每屆三年重查一次但市面經濟情況如有特別變動時得臨時重查之

一 房地捐每會計年度分爲四季徵收即分七月十月一月四月四次限於每季首月末日以前由納捐人來公所繳納當季捐款不得拖欠

一 凡逾前條期限尚不繳納者得行滯納處分按其應納捐額延滯之第一個月內加徵延遲利

息百分之二十第二個月內加徵百分之四十第三個月內加徵百分之六十倘居第四個月仍不照納即由本公所管理其財產代收租金用償捐款與遲延利息及付管理用費

一 前條所定管理財產所收租金不足清償所欠捐欵等費或其納金已經滯納人收淸者得由公所酌予其他相當處分

一 各戶如有新建或折毀之房間應隨時呈報本公所以便起捐或止捐其新建房之不足一季者在該季內按月計算納捐不足一月者免除之但拆毀時已納捐款不能發還

一 納捐人遇有左列情形之一者得先期徵收之

一曾受滯納處分者　二預料有徵收困難之虞者　三受破產宣告者　四財團將解散者

一 納捐人遭遇意外災害於本公所限期以內不能完納者如經查明屬實得予酌緩限期

一 前項房捐及附收消防捐暫按應納費額八扣徵收

（乙）衛生清潔費

一本公所辦理運除厠所等項清潔事宜得向商民徵收費用

一前條清潔費於每月初按戶徵收當月應納之費除各商舖費額已由商會傳知外其住戶等費次額如左

一等月費大洋四角二等月費大洋三角三等月費大洋二角四等月費大洋一角

附市政籌備處暫行組織大綱

第一條　吉林長春濱江延吉四處依本大綱之規定各設市政籌備處

第二條　本處設處長一人由省政府委任之

第三條　本處分設三課如下

第一課掌管關於總務及財政事項

第二課掌管關於工程及商埠事項

第三課掌管關於教育企業衛生及社會事項

第四條　各課設課長一人課員若干人關於技術事項設技正一人技士一人至三人

第五條　本處因繕寫文件得酌用僱員

第六條　第四條規定各職員經處長遴委後開單呈請省政府備案

第七條　本處自成立之日起所有原設之商埠局所及市政公所即行歸併處內辦理但商埠區域名稱仍應存在

第八條　本處辦事細則應自行擬訂呈請省政府核准施行

第九條　本處俟籌備完成正式建市之日撤消之

第十條　本大綱遇有應行增損之處得由處呈請省政府提交委員會修正之

第十一條　本大綱經省政府委員會議決後施行

自治　縣政

長春縣行政機關則爲縣公署以位居新京市（原長春縣）關於縣城之市政及治安有市政局警察廳負其全責而其施政概況已如上述但長春縣行政機構之下部爲鄉鎮其組織分全縣爲十區區之下於繁盛之街地則置鎮置鎮長一人又於人煙稠蜜之村屯則置鄉設鄉長一人其後鄉之制廢惟區存

焉區置區長一人設區辦公所內設助理員僱員等以臂助之而縣方爲期區務之發展與向上則於縣署內設村政指導員以負指導監督之責至於全縣之區分鄉鎮之概要鎮長鄉長之人選數目有附表可爲稽考焉

吉林省長春縣鄉鎮編制報告表

區別	鄉鎮數目			鄉鎮長數			副鄉鎮長數			鄉鎮監察委員數			備考
	鄉數	鎮數	合計	鄉長數	鎮長數	合計	副鄉長數	副鎮長數	合計	鄉監察委員數	鎮監察委員數	合計	
第一區	九	一	一〇	九	一	一〇	一八	三	二一	二七	五	三二	
第二區	九	無	九	九		九	一八		一八	二七		二七	
第三區	一〇		一〇	一〇		一〇	二〇		二〇	三〇		三〇	
第四區	八		八	八		八	一六		一六	二四		二四	
第五區	八	一	九	八	一	九	一六	二	一八	二四	三	二七	
第六區	八		八	八		八	一六		一六	二四		二四	
第七區	七	一	八	七	一	八	一四	二	一六	二一	五	二六	

第八區	九		九	九		九	一八		一八	二七		二七
第九區	九		九	九		九	一八		一八	二七		二七
第十區	九		九	九		九	一八		一八	二七		二七

說明 關於鎮長之設置與選任由該區內以家資富有素孚衆望者由縣長委任之但以區務之多寡繁簡而酌置鎮長及副鎮長至於鄉長監查委員之選任以該鄉內之素孚衆望者由鎮長向縣長推荐委任之至亦人員之多寡乃以鄉屯之多少大小爲斷耳

各區區公所組織表 民國廿年八月

區別	區長姓名	區公所地點	區公所成立日期	組織情形	員丁人數 助理員	僱員	區丁	附設機關	備考
第一區	張守邦	西安鎮	十九年十月十五日	該所事務由二助理員分股担任第一股任文牘事項	二	二	二	無	
第二區	孫鳴鐸	和順鄉	同	第二股任其他事項	二	二	二	無	
第三區	王駿峰	萬寶鄉	同	同	二	二	二	無	
第四區	佟廣英	新民鄉	同	同	二	二	二	無	
第五區	孫海涵	合隆鄉	同	同	二	二	二	無	

第六區	楊硯田	富春鄉	十九年十月十五日	該所事務由二助理員分股担任第一股任文牘事項第二股任其他事項	二	二	二	無
第七區	郭振疆	雙城鎮	同	同	二	二	二	無
第八區	王傑三	阜崗鄉	二十年一月十五日	同	二	二	二	無
第九區	馬雲亭	雙龍鄉	同	同	二	二	二	無
第十區	劉汗川	秋實鄉	同	同	二	二	二	無

村政指導員馬金鏞

教育

科舉

前清道光六年長春府設學額三名附吉林廳考試同治七年因捐輸五次案內加廣定額三名十一年分設專學額如故廩增額各二名五年一貢（冊報）咸豐五年捐輸廣額二名同治七年捐輸自戊辰歲起廣十四次學額每次三名一次又廣學額一名（摺檔）光緒三十三年詔停科舉

貢額　拔貢生凡十二年一舉舊於吉林伯都訥長春三廳合拔一名光緒九年署將軍玉亮學政朱

以增奏請增設各額尋議准滿合號各拔一名吉林府一名長春府伯都訥廳合拔一名報冊

武學　滿合兩號每五六名取進一名同治初年西安將軍多隆阿奏加滿字號定額三名七年捐輸案內加合字號定額二名吉林長春伯都訥舊共額四名咸豐五年九年兩次捐輸加定額四名同治十三年分設專學吉林三名長春三名伯都訥二名光緒七年改撥吉林府四名長春伯都訥各二名各處報冊　同治七年五次捐輸滿合號各廣二次每次一名吉林廣額一百零四名分二十六次取進每次四名長春伯都訥各廣額二十四名每次取進一名摺檔

進士　清代

王玨欽賜進士科分未詳

貢舉一　清代

高石峰　道光二十九年恩貢

王維清　咸豐四年恩貢

李元慶　咸豐四年歲貢

別瑛　咸豐十一年辛酉科優貢
程鵬南　同治三年歲貢
趙錦堂　同治八年歲貢
高培田　光緒元年乙亥恩科副榜
馬景栻　光緒五年恩貢
夏景梅　光緒五年歲貢
王玉琦　光緒九年恩貢
張自書　光緒九年恩貢
何曉川　光緒九年歲貢
董雲青　光緒十四年歲貢
于霖中　光緒十九年恩貢
張心田　光緒十九年恩貢

魯景曾　光緒十四年戊子科欽賜舉人十六年庚寅科欽賜進士翰林院檢討

高鴻飛　光緒壬寅補行庚子辛丑併科舉人

畢維垣　光緒癸卯舉人内閣中書

趙學良　光緒癸卯舉人内閣中書

荀銘新　光緒二十一年恩貢

于觀海　光緒二十一年歲貢

徐淮珠　光緒二十六年歲貢

龍在田　光緒三十一年歲貢

吕殿鈞　光緒三十二年歲貢

何印川　歲貢

胡乃新　廪貢

劉晏海　廪貢

王治隆　優貢

林維斗　優貢

廩生

孫述唐

增生

高凌垣　于家駒

宋桂山　宋燕宣

候增生

莊維翰　姜　藻

劉紹唐

附生

趙文彬　刁　鈞

張玉田　遲熙盛
宋用賓　李宗唐
張淩洲　沙淨浦
于新民　徐次青
王寅清　于文祥
王延世　姜瑞璜
鄒向陽　劉宗唐
胡雲藻　于滙東
劉鼎新　王作孚
李价人　高晉生
崔向南　趙丙南
王延齡　唐文仲

徐東臯　于長春
程晉蕃　杜毓相
李景白　孫正心
李景陽　張學書
阮宗肇　姜芹
鄧漢章　吳榮桂
李樞宸　杜意誠
劉玉衡　朱立槐
姜雲鵬　高凌霄
沙浚泉　張維周
吳長春　邊著烜
黃文翰　朱立銘

姜　蕙　藍永昌
段向宸　鄭雨人
紀英林　石維楨
楊殿陞　薛景州
高福源　傅翰章
馬殿清　李倬田
趙學禮　赫俊卿
姜景堯　郭允成
于鍾華　林維禮
朱海瀾　梁樹榮

武科清代

王虎臣光緒八年壬午科武舉乾清門三等侍衛

王世臣武舉科分未詳

徵辟

王延世　字亨久邑附生前清宣統元年長春府舉爲孝廉方正

張維周　字叔屏邑附生前清宣統元年長春府舉爲孝廉方正歷官奉天省安圖縣知事

書院

長春養正書院清光緒九年冬署通判李金鏞在城北迤東購地捐建十年三月興工八月落成大門五楹次爲考棚一名龍門　東西號舍十八楹又次正室五楹爲講堂額曰敬業東西各六楹分主敬存誠窮理養性四齋爲生童肄業之所又次正室五楹中奉朱子栗主東居山長西爲藏書室十一年續建居仁由義循禮濬智四齋於後凡十一楹爲生童學舍定額住院肄業生員十二名童生二十三名存放本城各當鋪燒鍋城錢二萬八千緡月息一分存放四鄉各燒鍋屯錢二萬六千緡月息八釐每年共收息錢五千八百五十六緡爲書院經費自停科舉此制遂廢現撥歸省立第二中學佔作校舍矣

清光緒十四年四月二十七日長春廳通判李金鏞稟報吉林將軍暨吉林分巡道爲捐銀設立書院

以教士民大概情形由竊維教化者人材之原人才者風俗之原自來化民成俗未有不敬教勸學而遂克臻上理者也卑廳鄉屯沃衍生齒繁多咸有蓋藏仍急功利是既庶且富敎當加之敎之大端正人心厚風俗而已求人心之正風俗之厚嚴義利之辨而已職愚以爲持籌負耒而受廛者利也誦詩讀書以干祿者亦利也是邦民競戈矛而士鮮器識必闡先儒之學乃興節義之風則書院不可不設矣職未嘗學問然於朱陸兩賢高山仰止心嚮往之故於去歲到任後特措千餘金於廳城之北購民房二十數楹買經史數千卷設立書院額曰養正中奉朱陸栗主即揭喻義喻利講義於壁使士民有所觀感將來延聘名儒以主講席於制義課士之間論說兩賢宗旨俾螢案雞窗之士識鵝湖鹿洞之規庶幾人才有造士習可端士習既端民心可正職亦以餘力從事其中冀得稍以經術緣飾吏治以仰副爵憲大人率屬敎民之至意當民房購定時士民聞之同聲感頌即有增生王子春之父王國楨現居五常之善人王運通先後踵至各書捐市錢一萬緡盡心講堂精舍職又念此間並無校士文場每屆試時結蓬爲屋既患風雨相欺亦慮關防未密即令於書院之前構置號屋兼爲校士之地均於三月十三日鳩工庀材肇始營建一俟落成再行繪圖呈報至將來延師養士束脩膏伙久遠經費已將原

委榜示城鄉

勸殷富之有心世道者樂輸以助祇與仁人爲善不與吝者言施現聞廳屬各紳衿皆願出錢粟以共

成此舉一俟集事再行陳明所有卑廳現在倡建書院以敎士民緣由是否有當理合先將大概情形

奏請察核伏祈垂鑒

欽加三品銜賞戴花翎吉林分巡道加十一級紀錄十次顧爲札飭事案蒙軍憲希批該廳稟捐銀設

立書院以敎士民先陳大概情形請查核緣由蒙批據稟已悉查嚴刑重典所以濟理敎之窮不敎而

誅必致流爲殘酷今該守以學術敎士庶漸知爲政之本矣到任甫逾半年能集重貲創建書院所祀

先儒或祀五子或專祀朱子庶令下學之士求之切近而終得其旨歸陸王之學高明者自知講求斷

不宜於學之始先示岐趨若重道統自應祀聖賢而及先儒若崇經學亦應漢宋並重即有宋一代亦

不當止祀朱陸二儒所擬尙未妥協該管道學術具有淵源近於省城書院諸生學業尤爲加意啓導

仰即代定飭遵詳明備查繳等因蒙此本道查此案已據該廳稟報到道該守𠦪建書院以敎廳屬士

民求治於敎化而取於先儒用意自屬可嘉第欲爲士民嚴義利之辨使之觀感於朱陸兩賢誠恐識

見易歧學者轉滋疑惑是故早當爲之防也蓋自有宋重道尊儒而濂洛關閩諸賢相繼以起於是孔孟六經之道燦然復明於世由其道者自小學以至於大學無不秩然有條而陸子象山先生乃以其高明博洽之資倡爲良知良能之説至前明王文成沿其學而其説益盛於是或各挾一家互相攻訐而朱陸異同之辨竟成聚訟夫以象山之孝友化民陽明之立身事君考其生平所學固亦可質諸聖賢而無愧矣然而從其學者標新領異遂不能如周程張朱之篤實則知學問之道毫釐千里有不可不謹之於始者伏查各省書院有專治經訓者則奉漢儒栗主有專講性理者則奉宋儒栗主亦有爲名賢大儒生長游處之鄉因而祀之書院者各隨所宜以資景仰今長春書院額曰養正誠如憲諭斷不宜於講學之始先示歧趨況該廳原稟定以制義課士則四子書註必以朱子爲集大成自當專祀朱子俾學者專聞行之由切問近思而馴致於廣大高明之域庶足見我國家聖主賢臣昌明正學培植人材之至意至該守擬揭陸子喻義喻利講義於壁使世民有所觀感之處斷章取義自不相妨亦足爲世人鶩名干祿之戒應即准如所請辦理除詳明外合亟札飭該廳即便遵照辦理仍飭略具規模即妥擬章程詳請核定勿違特札清光緒十年八月二十三日長春廳通判李金鏞稟爲書院落成

並擬出示勸捐由竊卑廳前因創立書院當將大略情形禀明在案兹當書院工程均已告竣計前講堂五間後正屋五間東西住屋十八間東西號舍十八間大門五間共五十一間另於二門內仿試院式起龍門一座氣象規模尚覺宏敞周圍砌有甎牆亦極堅固共用去中錢二萬四千吊有奇已捐者如王國楨一萬吊邵奎四千吊張玉林兩千吊趙成祥五百五十吊其餘百數十吊之零戶尚有數人至前報王運通之萬吊均係房基地畝作抵欲將房基地畝變價亦係緩不濟急除此外所捐一萬七千餘吊而山長每年束脩士子每月膏火暨養濟院牛痘局一切經久之費需款甚鉅必須早爲設法或再捐數萬吊發商生息取子金以支各用方可垂久遠而示定章況事屬地方中事款籌地方中款核之人情尚無不宜即揆之物理亦無不順也日前仍有紳士數十人具禀以地每晌百文助捐爲請當經批駁愚見與其按地派捐不若出示勸捐各隨所便庶無怨言故職現擬將各情榜示城諭以有同善之心無强人之意俾好施者踴躍輸將素吝者互相勸勉一俟集有成數當另造具四柱清册並將書院繪圖呈報以便併懇爵憲大人立案所有書院落成並擬出示勸捐之處是否可行伏乞批示飭遵實爲德便

欽加三品銜賞戴花翎吉林分巡道加十一級紀錄十次顧爲札飭事光緒十年九月初五日蒙軍憲
希批該廳禀報書院落成並擬出示勸捐請查核示遵緣由批據禀已悉該廳爲捐建書院頗費苦心
現雖工竣需款尚多自應預籌經久之費所擬出示勸捐事屬可行仰吉林道轉飭遵照並令邀集地
方公正紳士善爲勸導勿得强人所難更不准假手胥吏致滋擾累將來規模具定即妥擬章程繪圖
造册詳請立案以垂久遠繳等因蒙此查此件已據該廳分禀到道正在批示間兹蒙前因合亟札飭
札到該廳遵照辦理勿違特札

吉林將軍希元奏言竊據吉林分巡道顧肇熙禀據紳士于岱霖等呈稱自省城崇文書院建立以來
經費無出未能開課經故紳衣雲捐毛荒一段錫恩捐毛荒一段錫恩之子晉昌承父遺志復捐毛荒
一段均在府屬境内陸續升科共計官租地一百八十九晌該處山深土冷招墾維艱一年所入僅敷
官租而書院仍毫無沾溉又據于岱霖等呈稱前將文昌閣奎星樓等工餘款並借欵呈領新設五常
縣屬毛荒一百五十方籌捐開墾爲吉林伯都訥長春三屬書院義學學田繼因招墾維艱諸費日積
借款本利無著大租且將久懸於同治七年經前將軍富明阿奏經户部議准按年照熟升科行令遵

照在案當衆捐工餘款京錢一千八百千照數截留荒地一段其餘原領荒價變價歸借又經候選知縣于若霖承叔父于凌雲遺志捐貲三千四百千截留荒地一段陸續升科共計官租地二百五十三晌三畝一分每晌佃租一石五斗僅敷完納正供無以津貼書院紳等歷世經營積數十年之久費數萬千之多轉恐積累日深書院永無沾惠之望可否仰求奏懇准將此項地畝一律免其租賦爲各書院公產再此項地畝在五常界内距伯都訥較近距吉長二屬甚遠原係三屬公款籌辦擬由伯都訥紳戶將現費招懇等錢一萬千有奇作爲一萬千捐籌其三分之二歸吉長兩屬各得一分另行設法生息接濟各書院經費其地則全數永歸伯都訥書院義學公產紳等籍貫分隸三屬屢經會商意見相同呈由該道稟請衆奪飾檢舊案所屬相符伏念吉疆地處極邊春遲秋早耕穫之利本微加河渠不通轉運匪易穀價因之甚賤凡自業耕鑿者謀飽極易輸課甚難而任佃之家田產雖多實穫彌寡旗民俊秀子弟頗知茹苦讀書困於身家亦每舍本而逐末揆之闔境大抵如斯該紳等所稱捐置書院田產只敷納課絕少餘貲累世經營沾惠無望確皆實在情形在國家租賦所關原不容輕議蠲豁在聖朝作育人材之意似當邀逾格栽培矧蠲豁於民者無多而推廣於文化者甚大臣權其輕重不

敢壅於上聞合亟仰懇天恩飭下部議准將吉林所屬租額地一百八十九晌作爲吉林崇文書院膏火地畝五常廳屬租額地二百五十三晌三畝一分作爲伯都訥種榆書院及義學膏火地畝永遠豁其租額庶令多士學業有資並請將伯都訥紳戶捐還吉林長春兩屬原捐之資仍歸兩屬書院另謀生息作爲永遠經費各情准其立案俾我朝根本之區武備精而文教並盛士風振而民俗益馴出自

聖主鴻慈除俟奉准部覆再行飭覈租額地冊逐款開除造報戶部　摺檔

長春府義學在同善堂內因經費不敷暫歸書院兼辦　吉林通志四十九

學校

前清光緒三十四年設長春勸學所爲管理城鄉教育之機關置正副所長各一宣統元年所長改爲總董民國二年總董改爲勸學員長民國四年仍改稱總董民國五年總董改爲勸學所長民國十三年改爲教育局置局長一縣視學二事務員三僱員四城區學務委員一鄉區學務委員五年來銳意整頓孟晉迨群文化日躋庠序林立前途發展方未艾也

民國八年六月劃分長春全城爲五學區創辦經理城區義務教育之機關名爲長春城區義務教育

事務所置義務學董一員學務委員一員事務員一員僱員四員年支經費吉大洋三萬三千元由教育廳撥發

長春縣教育經費支配概數十五年度

教育局經費八千七百五十六元

董事會旅費二百一十六圓

教育委員經費三千四百五十六圓

留學費一千六百六十三元

講演所經費三千零四十元

城區小學校經費一萬一千四百二十四元

城區女子小學校附女子職業班經費九千六百四十元

各鄉區小學校經費四萬五千四百二十元

私立小學校補助費六百元

平民教育費二百八十八元
學校開辦費三百元
預備費五百元
臨時費二百元
建築費一千四百五十元
總計全年度教育經費十萬零零零三元
長春縣教育費收入項目概況十五年度
晌捐五萬五千八百六十五元
營業捐八千五百五十元
糧捐八千七百七十五元
學費三千七百五十二元
學田租六千四百七十二元

學款生息四百二十五元

總計全年度教育費收入八萬三千八百三十九元

長春縣學校概況表

年度	校數 高級	校數 初級	班數 高級	班數 初級	職教員數 男	職教員數 女	學生人數 高級	學生人數 初級	畢業生比較 高級	畢業生比較 初級	歷年經費數之比較
民國八	四	三八	八	五五	六九	八	一四五	二三一七	四〇	三九	一八、五九四
九	四	七六	八	一〇三	一一三	六	二五七	二三五〇	二四	六四	八〇、一四一吊
十	四	八六	一〇	一〇五	一二五	七	三五六	四〇九一	七七	一四七	四六、六九七
十一	七	九五	一三	一一八	一三六	一〇	四二五	四三八六	一二〇	一七七	五六、〇七七
十二	七	八三	一四	一二〇	一四六	一四	四六七	三九八六	一四四	一二七	五九、九二一
十三	七	八五	一四	一二〇	一三九	一〇	五二四	三六八九	一三四	一九七	八五、五〇三
十四	七	八三	一五	一一七	一二八	一一	四四三	三二四二	一五九	二三二	八四、五〇三
十五	七	八五	一七	一二一	一四二	一一	五二一	三九四六		三〇	一〇〇、〇〇三

按民國八年以前檔案散佚無從稽考暫付缺如

省立第二師範學校　民國四年七月吉長道尹郭宗熙氏委敎育科賃就永衡官銀錢分號營業房宇一所改葺校舍委派校長所需經費由吉長道屬十一縣攤解轉發故定名爲吉長道立師範學校迨九年七月奉令改歸省辦易名吉林省立第二師範學校現有學生一百五十餘名校址西三道街雙橋外

省立第二中學校　前清光緒三十二年奉旨變法就養正書院舊址今馬號門外二馬路創設長春府中學堂迨民國二年改稱縣立中學校四年吉長道尹郭宗熙氏由道屬十一縣攤籌經費改爲吉長道立中學校九年八月奉令改歸省辦易名吉林省立第二中學校

商埠小學校　長春開埠局爲推廣城埠敎育起見於民國四年二月撥欵創辦商埠小學校十三年改辦初中十六年恢復小學校制現有學生二百八十餘人校址商埠地六馬路中國花園北

王氏私立自强學校　本邑富商王荆山氏於民國四年八月捐貲創設中學校兩班學生一百二十人小學校九班學生四百四十八年來締造經營聲譽隆起中外人士咸贊許焉校址馬號門外

萃文女學校　長春中華基督教會於前清宣統元年正月間創辦初級小學五年畢業自民國添設高小班畢業學年改定四二制現有高小兩班初小四班學生一百二十餘人校址西五馬路

清眞小學校　本城回民於前清宣統三年三月創辦清眞小學校由牛馬捐項下提撥常年經費二千二百餘元現有高級一班初級一班學生一百零六人校址西三道街西成館胡同

長春縣城區義務教育學校表

學區	校別	設立年月	現在班數	學生總數	歷年畢業人數
城區第一學區	第一小學校	民國八年六月	四	一百五十二人	八年男三十二人女
	第二小學校	民國八年六月	四	二百十七人	
	第三小學校	民國八年六月	二	八十九人	九年男八十二人女七人
	第四小學校	民國十一年三月	二	九十人	
城區第二學區	第一小學校	民國八年六月	四	二百零七人	十年男十九人女七人
	第二小學校	民國八年六月	二	九十三人	

	第三小學校	民國八年六月	五	二百四十人	
城區第三學區	第一小學校	民國八年六月	二	八十八人	十一年男八十九人女十六人
	第二小學校	民國八年六月	二	九十人	
	第三小學校	民國八年六月	二	九十五人	十二年一百六十人女八人
	第四小學校	民國八年六月	二	六十一人	
城區第四學區	第二小學校	民國八年六月	二	七十五人	十三年男二百七十三人女四十一人
	第三小學校	民國八年六月	二	八十九人	十四年男二百五十四人女二十七人
	第四小學校	民國八年六月	五	二百十三人	
城區第五學區	第二小學校	民國八年六月	二	八十七人	十五年男二百十二人女二十七人
	第三小學校	民國八年六月	二	七十四人	
	第四小學校	民國八年六月	二	六十四人	十六年男一百零二人女十七八
	第五小學校	民國八年六月	二	七十五人	

第七小學校	民國八年六月	二	六十一人

總計城區義務小學十九校五十班學生二千一百六十一人

長春縣城鄉區小學校概況表

區別 校別	設立年月	地址	校舍 公產間數	校舍 租用間數	職教員數	學生數 高級	學生數 初級	全年經費
城區第一小學校	宣統元年三月	西雙橋子外	七二		一八	三〇三	一五〇	二、五三二、〇
城區第二小學校	民國十七年三月	東二道街			九	一三一	一二〇	
女子小學校	宣統元年二月	馬號門外	四二	一五	一三	一〇七	二一六	九、五三二、〇
鄉一區								
第一小學校	宣統元年三月	卡倫		二一	七	二五	一五五	二、九一六、〇
第二小學校	民國二年三月	賈家屯	九		二		六八	六二四、〇
第三小學校	民國八年十一月	龍家堡		五	一		三七	三九六、〇
第四小學校	光緒三十四年二月	三合屯		八	二		六一	六六四、〇

第五小學校	光緒三十四年三月	小城子		五	一		三一	三九六、八
第六小學校	光緒三十四年二月	猍猓溝		五	一		二九	三九六、〇
第七小學校	民國九年三月	陸家子		五	一		二七	三九六、〇
第八小學校	民國九年三月	逯家窩堡		三	一		三四	三七六、八
第九小學校	民國九年三月	小稗子溝		五	一		三二	三九六、〇
第十小學校	民國九年八月	拱家灣子		五	一		三〇	三九六、〇
第十一小學校	民國九年八月	二道河子		五	一		三〇	三九六、〇
第十二小學校	民國九年八月	赫家窩堡		五	一		二五	三九六、〇
第十三小學校	民國十年三月	孫家染房		七	一		三四	四一五、二
第十五小學校	民國九年三月	于家油房		五	一		三五	三九六、〇
第十六小學校	民國十年三月	八里舖		四	一		二八	三九六、〇
第十七小學校	民國九年三月	蘇家窩堡		七	一		三一	四一五、八

第十八小學校	民國十一年三月	葦子溝		五	一		三一	三九六、〇
鄉二區								
第一小學校	民國元年三月	萬寶山		七	二		六三	六五五、二
第二小學校	民國元年三月	朱家城子	一四		五	二〇	九四	一九五六〇
第三小學校	光緒三十四年二月	哈拉哈		七	一		三四	四一五、二
第四小學校	光緒三十四年二月	三家子		五	一		三七	三九六、〇
第五小學校	民國五年三月	葦子溝		五	一		一七	三九六、〇
第六小學校	民國九年八月	葛家粉房		一三	二		五四	七一二、八
第七小學校	民國九年三月	太平溝		七	一		五四	四一五、二
第八小學校	民國九年八月	宮家店		七	二		九六	六五五、二
第九小學校	民國九年八月	前葦塘溝		九	一		二八	四三四、四
第十小學校	民國九年八月	刁家油房		一〇	二		六一	六八四、〇

第十一小學校	民國十年三月	榆樹排子		五	一		二四	三九六、〇
第十二小學校	民國十年三月	岫岩溝		五	一		二八	三九六、〇
第十三小學校	民國十年三月	五家子		六	一		二〇	四〇五、六
第十四小學校	民國十年三月	三道溝		三	一		三〇	三七八、八
第十五小學校	民國十年八月	天吉街	六		一		六四	三八四、〇
第十六小學校	民國十三年三月	興隆堡		五	一		二八	三九六、〇
第十七小學校	民國十三年三月	米沙子站		六	一		三一	四〇五、六
第十八小學校	民國十四年三月	小雙廟		五	一		三〇	三九六、〇
第十九小學校	民國十五年三月	干溝子		五	一		四〇	三九六、〇
鄉三區								
第一小學校	民國八年六月	小合隆	一四		四	二	九二	一五七二、〇
第二小學校	光緒三十四年二月	萬家橋		二	二		四二	六九三、六

第三小學校	民國三年三月	趙家粉房		五	一		二七	三九六、〇
第四小學校	民國七年三月	西四間房		五	一		三四	三九六、〇
第五小學校	民國八年八月	榆樹林		五	一		三三	三九六、〇
第六小學校	民國八年八月	興隆堡		五	一		三七	三九六、〇
第七小學校	民國九年三月	燒鍋店	七		二		七六	六二四、〇
第八小學校	民國九年三月	小城子	六		一		四〇	三八四、〇
第九小學校	民國九年三月	唐家營子	五		一		三二	三九六、〇
第十小學校	民國九年八月	楊家窩堡		五	一		二〇	三九六、〇
第十一小學校	民國九年八月	叢家良子		五	一		二三	三九六、〇
第十二小學校	民國九年八月	小八家		五	一		二五	三九六、〇
第十三小學校	民國九年八月	韋家窩堡		五	一		二六	三九六、〇
第十四小學校	民國十年三月	李家舖		六	一		三二	四〇五、六

第十五小學校	民國十年三月	劉家帽舖		五	一		三一	三九六、〇
第十六小學校	民國十年三月	崗子劉		五	一		三二	三九六、〇
第十七小學校	民國十年八月	朝陽堡		五	一		二八	三九六、〇
第十八小學校	民國十一年三月	山東窩堡		八	一		三二	四二四、八
第十九小學校	民國十二年三月	小八家		七	一		三三	四一五、二
第二十小學校	民國十二年三月	于家店		六	一		五一	四〇五、六
第二十一小學校	民國十五年二月	王家屯		五	一		三八	三九六、〇
鄉四區								
第一小學校	宣統元年二月	王家雜貨舖		九	二		七一	六七四、四
第二小學校	民國六年三月	弓棚子		一三	二		八三	七一二、八
第三小學校	民國十二年三月	小雙城堡	一六		四	一三	九二	一六〇八、〇
第四小學校	宣統元年二月	黑崗		九	一		四六	四三四、四

第五小學校	民國九年八月	二道崗子		五	一		四二	三九六、〇
第六小學校	民國十年三月	祝家窩堡		五	一		三〇	三九六、〇
第七小學校	民國十年三月	龍王廟子	一二		二		五四	六二四、〇
第八小學校	民國十二年三月	朱家爐		六	一		四七	四〇五、六
第九小學校	民國十年三月	五家大屯		一〇	二		六九	六八四、〇
第十小學校	民國十年三月	順山堡		五	一		三九	三九六、〇
第十一小學校	民國十年八月	偏臉城		五	一		三三	三九六、〇
第十二小學校	民國十一年八月	二青山		七	一		三七	四一五、二
第十三小學校	民國十一年八月	姚家窩堡		七	一		三〇	四一五、二
第十四小學校	民國十七年三月	馬家窩堡		五	一		四五	三九六、〇
鄉五區								
第一小學校	宣統元年二月	雙龍台		三	一		三〇	三七六、八

第二小學校	光緒三十二年二月	新立屯		一〇	二		五三	六八四、〇
第三小學校	宣統元年二月	五大戶		八	一		五八	四二四、八
第四小學校	光緒三十四年二月	桑家窩堡		一五	四	三八	八三	一、六八〇、〇
第五小學校	宣統三年二月	靠山屯		三	一		三〇	三七六、八
第六小學校	民國元年三月	長春堡	五		二		七五	六二四、〇
第七小學校	民國八年八月	拉拉屯		九	二		六三	六七四、四
第八小學校	民國八年八月	雙榆樹		七	一		二一	四一五、二
第九小學校	民國八年三月	三間房		七	一		二七	四一五、五
第十小學校	民國九年三月	小隋家窩堡		一〇	二		六六	六八四、〇
第十一小學校	民國九年三月	刁家山		三	一		三三	三七六、八
第十二小學校	民國九年八月	萬源號		三	一		二七	三七六、八
第十三小學校	民國九年八月	楊家屯		四	一		四七	三八六、四

第十四小學校	民國十一年三月	伊通河窩堡		五	一		二七	三九六、〇
第十五小學校	民國十年三月	康家屯		三	一		二六	六七六、八
第十六小學校	民國十一年八月	大三家子		一〇	二		五三	六八四、〇
第十七小學校	民國十三年二月	劉家屯		三	一		三〇	三七六、八
總計八七			三〇三	五〇三	一四五	五二一	三九二九	六七、二六一、六

附屬地學校

長春公學堂　民國元年十一月一日創立附屬地之中國兒童多往就學校內組織初等科四學年高等預科一學年高等科三學年職教員日人十一華人五現有學生四百一十五常年經費日金約二萬元校址所在地室町二丁目

長春第一小學校　前清宣統二年五月七日創立學級十七普通教室十七特別教室三職教員十

九名現有男生四百四十八女生三百八十九常年經費預算日金約五萬一千餘元臨時費日金一千七百餘元校址所在地室町一丁目

長春第二小學校　民國十四年十一月創立職教員十名現有男生百六十五女生百五十七校址所在地蓬萊町

長春商業學校　民國九年三月創立迨十一年七月指定常盤町三丁目二番地建築九月落成十四年增修宿舍中日子弟多往求學畢業限期規定五年教授英俄華蒙四種語科職教員二十七名現有學生三百六十七人常年經費概算日金五萬一千元

長春實業補習學校　民國元年四月一日創立附設滿鐵事務所三層樓上職教員十七名分學科學年二制學科制教授日語漢文算術簿記珠算英語華語俄語等科六個月卒業學年制教授商業科二年卒業現有學生二百七十八名常年經費預算日金約一萬七千圓

長春高等女學校　民國十一年四月創立十四年校舍建築完成職教員十六名內部設施均極美善修業期五年現學生二百九十一人校址所在地西二條通

長春家政女學校　民國二年六月創立附於尋常小學校内初名實科女學校十一年四月改稱家政女學校職教員四名學生二十人常年經費預算日金約二千圓

長春普通學校　民國十一年九月創立專爲教授居留長春韓僑子弟而設每年受有滿鐵之補助金職教員五名學生百六十二人

長春幼稚園　民國元年四月十九日創立附於滿鐵俱樂部紀念館内外有分園職教員五名現有男生九十四人女生八十六常年經費日金約八千圓

長春圖書舘　民國元年十一月創立初名圖書閲覽場購備書籍多種公開借閲五年改爲長春簡易圖書館十一年取消簡易字樣稱長春圖書館嗣因規模狹隘不敷應用乃於十四年在中央通建築宏濶館舍現購藏各種書籍六千九百四十四册讀者會員七百六十八名常年閲書人達一萬一千餘名

政事志

司法　法廳　監獄

長春地方法院成立於前清光緒三十四年初稱地方審判廳至民國十八年一月始經改組易稱爲法院廳長爲院長其內部組織分民庭刑庭民事執行處及民事記錄科刑事記錄科執行記錄科文牘科會計科庶務科統計科並不動產登記處管卷處收發處發售印紙處繕狀處收狀處問事處等部分專理民刑案件而裁判之當未改組時地方審判及初級審判之區別若民刑事經初級審判終了爲第一審其第二審即歸地方審判裁判之若經地方審判第一審者其第二審則歸吉林高等審判裁判之近雖改組其程序尙無變更除審理民刑案件外並辦理民事執行不動產登記及一切司法行政事宜其經費全年收入四萬零八百九十三元六角支出每年約五萬餘元訟費全年收入約有一萬八千元之譜辦事人員院長以下民刑庭各設庭長一員並有推事及書記官長書記官若干員分司民刑案件及掌管各處事項復有錄事及吏長承發吏多名至所轄縣分除長春係本院駐在地外則有伊通農安扶餘榆樹長嶺德惠等縣此乃長春地方法院之內部組織及沿革大概情形也

附民事訴訟審判各費表

民事訴訟審判費用係由當事人繳納因財產而起訴者依訴訟之標的金額或價額按照左列各

項等差徵收之

一　十元未滿納三角

一　十元以上二十五元未滿六角

一　二十五元以上五十元未滿納一元五角

一　五十元以上七十五元未滿納二元二角

一　七十五元以上百元未滿納三元

一　百元以上二百元未滿納六元

一　二百元以上三百元未滿納八元

一　三百元以上四百元未滿納十元

一　四百元以上五百元未滿納十二元

一　五百元以上六百元未滿納十四元

一　六百元以上七百元未滿納十六元

一　七百元以上八百元未滿納十八元
一　八百元以上九百元未滿納二十元
一　九百元以上千元未滿納二十二元
一　千元以上二千元未滿納二十五元
一　二千元以上四千元未滿納三十二元
一　四千元以上六千元未滿納四十二元
一　六千元以上八千元未滿納五十五元
一　八千元以上萬元以下納七十元
一逾一萬元者每千元加收三元不滿千元者亦按千元計算
以上所繳訟費按數加徵二成計算其上訴費仍按二成遞加由四成至六成
其他聲請費納六角
抗告或再抗告納一元二角

聲明回復原狀納一元二角

聲請假扣押及假處分納一元二角

又民事執行依執行物之拍賣金額按照左列等差徵收執行費用

一　二十五元未滿納三角六分

一　二十五元以上五十元未滿納六角

一　五十以上百元未滿納一元二角

一　百元以上二百五十元未滿納二元一角六分

一　二百五十元以上五百元未滿納三元

一　五百元以上千元以下納四元二角

一　逾千元者加收一元八角不滿千元者亦按千元計算

凡執行物不經拍賣者依其金額或價額收執行費用十分之五

發售司法印紙處派有專人辦理民事當事人於繳納訟費時購貼之

繕狀處其抄錄費分代撰代抄代撰每百字大洋一角代抄則每百字僅大洋五分耳

附設之登記處派有專員主理其事不動産登記以土地及建築物爲限保存人民權利應登記事項如左

一 所有權二地上權三永佃權四地役權五典權六抵押權七質權八租借權登記費

聲請不動産權利設定保存移轉之登記依左列規定繳納登記費

一 因贈與或其他無償名義取得所有權者不動産價值千分之三十但公共事業因捐助行爲取得千分之十

二 因時效取得所有權者不動産價值千分之二十

三 因承繼取得所有權者不動産價值千分之六非親生子孫繼承者千分之十五

四 因前三款以外原因取得所有權者不動産價值千分之五

五 爲共有物之分割者不動産價值千分之三

六 取得地上權永佃權典權質權者該權利價值千分之五

七　取得抵押權者該權利價值千分之五

八　取得地役權租借權者該權利價值千分之一

附歷任廳長任職年月表

茹臨元　宣統元年任推事長

蘇鼎銘　宣統二年八月任職在職十個月

何慶雲　宣統三年五月任職在職六個月

黃守愚　民國元年任職在職一年又十個月

祖福廣　在職十一個月

許育理　在職五年三個月

富春田　民國九年任職在職九個月

張永德　民國十年任職在職一年

張錫齡　民國十一年任職在職一年

魯同恩　民國十二年任職十八年一月改組法院仍繼任院長

長春地方檢察處與地方法院同時成立亦於民國十八年一月改組時易廳爲處內有偵查庭司理刑事案件與地方法院爲同級機關凡關於刑事案件由首席檢察處長或檢察官偵查完備後即移送管轄法院聲請預審處內職員自首席檢察長以下有檢察主任及書記官長書記官收發員等若干員並有檢驗員及錄事司法警夫役等多名分掌應任職務又附設有看守所凡刑事犯其未決者均拘禁於此以待偵查委有看守所官一員所丁長及所丁多名全年經費爲吉大洋三萬一千四百四十元此爲地方檢察處之沿革大較也

附錄偵查預審限期表

一　偵查期限十五日

二　預審期限二十日

三　公判期限二十五日其依覆判章程裁判者亦同

四　檢察官擬具意見書之期限於摺告上告者十日惟遇命盜等重案得展長二十日

附歷任檢察廳長任職年月表

馮誠求　宣統元年二月

孔慶鄂　宣統二年正月

丁之秉　民國元年二月

陳學劍　民國二年四月

郭秀如　民國九年九月

王銘鼎　民國十年二月

蕭露華　民國十年九月

徐良儒　民國十一年到任十八年改組仍繼任爲處長

監獄

長春監獄原隸屬於縣民國六年始改爲吉林第二監獄署專羈禁已決囚犯內部組織分三科兩所設典獄長一人科長三人候補看守長四人主任看守及看守若干人以事之繁簡爲增減第一科辦

文牘事項第二科辦戒護第三科辦作業教務所設所長一人兼辦教誨師及教師事務每日分班教誨感化醫務所設所長一人兼辦醫士事務藥劑士一人監内現收有犯人五百三十一名口已決者三百九十五名口未決者一百三十六名口全年經費爲三萬二千圓所備囚糧以人數增減關係殊難斷定但全年可約需九百石左右監内並附有陸軍監獄凡軍事各犯已未決者均送監羈禁已決者即在監執行未決者暫在監寄押若司法方面未決者則在檢察廳之看守所暫押俟判決始送監執行監中設有習藝所如織工紙工土木工等各工作所製出之品尚甚精美成績頗著其尤爲注意者則在感化因各犯作姦犯科身陷囹圄乃其自貽伊戚本無所尤怨且刻木之迹久熄在法又不能不加以拘禁以示其罪所應得藉此以折伏其氣勢實非桁楊桎梏之不仁也雖然愚氓無知身被刑法亦極可憫故於管束作業以外而教誨師每日分班講演在執法者實欲化其兇頑之性開彼自新之機出獄後皆化成良民不致再蹈覆轍現雖未達草長囹圄其簡刑郵囚重視人道已超邁往昔多多矣

警察　長春之有警察在前淸光緒三十二年初名巡警局委任局長專辦警政三十四年城鄉歸併改稱巡警總局易局長爲總辦宣統二年城鄉又行分辦將總辦復改爲局長民國二年又易稱警務長三年十一月改組警察廳專負城埠責任劃分城區商埠地爲五區任有廳長一員督轄一切若外鄉警政則另由縣警察所擔負之界限淸楚各有專責毫無淆混之處廳內組職分四科一總務二行政三司法四衛生各設科長一員科員共十二員分辦各科事務更有督察長一員督察員五員技正技士各一員書記長一員外有濟良所長一員女管理員一員屠獸場員一員檢驗員二員獸醫一員其外分設五區署任署長署員各一員所屬巡官及警士則視所在地点事務之繁簡爲差若第一署有巡官六員僱員一名警士一百名第二署巡官二員僱員一名警士四十八名第三署巡官三員僱員一名警士七十八名第四署巡官三員僱員一名警士六十五名第五署巡官四員僱員一名警士五十三名復有保安警察隊長一員警士四十名馬巡隊長一員警士四十名衛生隊長一員警士六名消防隊正副隊長各一員警士二十名偵緝隊長一員探士六名保安第一隊正副隊長各一員第二

隊正副隊長各一員此爲警察廳全部組織之大較也民國十八年改體更新奉令改警察廳爲公安

局廳長爲局長其名雖異而局部内容尚無甚變動也

警察五署駐在地點表

第一署　駐商埠地長通路俄領事館舊址

第二署　駐城壕外街路北

第三署　駐西四道街第二監獄前

第四署　駐西頭道街城隍廟内

第五署　駐雙橋西街東首路南現遷移南北大街南首

歷任警察廳長姓名及任期表

姜崑尚　字伯和民國三年十一月到任

田慶瀾　字伯海民國五年三月到任

李春膏　字雨田民國七年十二月到任

沈崇祺　字芝軒民國八年六月到任

何果忠　字止敬民國八年十月到任

李　毅　字怡忱民國九年十月到任

張貴良　字舜卿民國十二年三月到任

修長餘　字雲汀民國十四年九月到任

長春縣警察所於前清宣統二年城鄉分辦時即行成立所長一職初由縣知事兼領委有警佐一員幇助辦理至民國六年始將警佐改委所長以專責成其內部組織分四股曰總務曰司法曰行政曰衛生各設股員一員復有稽查長一員稽查二員收發會計各一員僱員四名隊長一員警士二十名馬巡隊長一員馬巡隊三十名外屬劃分五區每區分所長一員有派出所三處十八年奉令改爲長春縣公安局將全縣重劃成十區分所長改爲公安分局長每分局有分所二處駐在地點及組織爲之一變焉兹將警察舊有區及新劃區分列於下以覘興替而識沿革

警察舊有區及派出所地點表

第一區　駐卡倫有新立城飲馬河稗子溝三派出所

第二區　駐萬寶山有天吉街二十里堡葦塘溝三派出所

第三區　駐小合隆有華家橋萬家橋東四間房三派出所

第四區　駐雙小城堡有韓家橋弓棚子楊家店三派出所

第五區　駐雙龍台有五大戶十里堡長春堡三派出所

公安分局新劃區及分所地點表

第一區　公安分局駐東卡倫一分所駐飲馬河二分所駐鷄鳴山

第二區　公安分局駐稗子溝一分所駐南新立城二分所駐王家皮舖

第三區　公安分局駐萬寶山一分所駐天吉街二分所駐朱家城子

第四區　公安分局駐葦塘溝一分所駐二十里堡二分所住潘家嶺

第五區　公安分局駐小合隆一分所駐化石橋二分所駐石場

第六區　公安分局駐東四間房一分所駐萬家橋二分所駐廣寧窩堡

第七區　公安分局駐小雙城堡一分所駐弓棚子二分所駐五家大屯
第八區　公安分局駐三道崗一分所駐韓家橋二分所駐老山頭
第九區　公安分局駐雙龍台一分所駐五大戶
第十區　公安分局駐長春堡一分所駐黃瓜溝二分所駐大屯

歷任所長姓名表

周化南
徐蘅蓉
閾震球
冷化南
關榮森
王宜民
魏熙屏

祁沛霖

李桂芝

魯　綺

保衛團　創辦於民國三年初以地面不靖恐警察兼顧難周故省中有保衛團總管理處之設並令各縣遵照辦理編制團隊專事邏緝盜賊以安閭閻法至善也其組織按照警察五區各設正團總一員由區官（即分所長）兼充並設副團總一員統歸縣所長兼轄五年將區官所兼之正團總裁撤改委副團總以專責成九年復將團總改爲正隊長縣內添設總隊長一員辦理全縣保衛事宜統轄馬步各隊內部組織有教練兼調查員一員文牘兼庶務一員僱員三名所屬馬步隊各五隊每隊有隊長一員分駐各地其每隊隊兵數目無甚相差茲將各地駐在地點詳列於下

保衛隊馬步隊駐在地點表

第一隊　馬隊駐一區興隆嶺步隊駐拉拉屯

第二隊　馬隊駐二區朱家城子步隊駐鮑家溝

第三隊　馬隊駐三區老成窩堡步隊駐小合隆

第四隊　馬隊駐四區雙城堡步隊駐小雙城堡

第五隊　馬隊駐五區燒鍋店步隊駐靠山屯

歷任總隊長姓名表

關榮森

魏熙屏

張蔭池

唐玉衡

按表列各隊駐在地點仍係就民國十七年之調查載入近來已將馬隊裁撤僅餘步隊其分駐處所不無更動焉

政事志

軍政　駐軍

長春初無軍隊僅距縣六十里之東卡倫傳爲滿清時駐紮防守之所故名之曰卡倫焉（卡倫滿語爲駐紮軍隊之處）今該地已久爲鄉鎮商民每集會於此欲考查昔年之遺蹟實難蒐求矣據吉林通志載長春府於光緒十六年就地籌設練勇緝盜未經奏請作正開銷設練總一員練勇五十名由知府統轄（見卷五十）繼又於四鄉每甲設練長一員練勇三四十名不等至二十四年四鄉復籌辦團防每甲委社總一員統帶鄉勇每甲鄉勇四十名或二三十名城內更籌辦商團設管帶一員分五哨設哨官哨長各一員以商號執事人充之此雖非正式軍隊而名目粗具亦軍隊之濫觴也嗣後有長勝營係由團練改組設管帶一員亦分五哨各設哨官哨長一員每哨有兵五十名又於二十七年成立長安營乃係招撫大股馬匪所編制設管帶一員分前後左右中等哨每哨有哨官哨長各一員哨兵額五十名斯時營制稍備迥異昔時之商團及團練矣然亦可覘當時之草莽潛滋椎埋日衆當事者舍剿就撫冀化貪玩爲良善其用心之周密不無見地也及日俄之役長春適當兩國相爭之焦點地方騷然人民震恐因之萑苻滿目風鶴驚心當此之時居民皆不遑寧處幸於三十四年有北洋陸軍第三鎮由關內開拔到長駐防以資鎮攝建鎮署於邑之南嶺統制時爲曹錕其所屬各部有協統有標統有營官（即管帶）有

連有排純爲新軍編制氣象森然紀律嚴肅洵不愧爲北洋勁旅也（時吳佩孚亦在此鎮充任營官）自該鎮駐防此地後人民賴以安謐後於某年始他調去長泊入民國軍事日增改編新軍盡革舊制駐防於此者雖屢有更替要皆指派勁旅藉資坐鎮長春原爲東北三省之中樞又多外僑雜處加意周防不能不爾也民國二年時又設吉長鎮守使於此立公署於城內專轄吉長道區所屬之一切軍事內部組織有參謀長一員少校上尉參謀各一員中校副官長一員少校上尉副官各一員軍需官軍法官書記官各一員至今猶仍舊制尚未變更鎮守使復兼任第八旅旅長一職旅部即附設於鎮守使署所部各軍分別駐紮於轄境以內此長春歷來軍事之大較也

歷任鎮守使姓名及任期表

裴其勳	民國二年一月到任
闞朝璽	民國八年十月到任
耿玉田	民國十年三月到任
誠明	民國十年七月到任

陳玉崑　民國十五年三月到任

丁　超　民國十八年到任

李桂林　民國十九年到任

憲兵爲風紀軍隊亦即軍中之警察其職務爲糾察兵士之軌外行動並負有指導之責凡有駐防軍隊之地多半派有分駐所長春憲兵分駐所在商埠東三馬路路北爲東北憲兵第　中隊第　支隊也

吉林陸軍醫院原在東三馬路近經建築新院於西四馬路之西與開埠局相向規模宏敞頗壯觀瞻凡軍士兵役之有疾病者均可入院療治成績頗著

吉林陸軍被服廠在商埠中國花園東專縫製全省陸軍服裝若鞋襪軍帽及附屬各軍用品等項凡各軍請領俱按季發給廠內工徒强半長春一般貧戶子弟居多

稽查處係由吉長鎮守使署及在長駐防各軍團聯合組織而成處長一職爲吉林邊防副司令所委任專稽查軍人之不法及偵緝奸宄彈壓各娛樂場所保安地面每出巡則執有大令並分持刀杖氣

勢嚴肅足懾奸人之膽現駐於東三馬路平康里內

東北陸軍礮兵第十團團部駐南嶺

東北陸軍步兵第五十團駐南嶺

陸軍第八旅所屬第七十八團及第一營部駐東六馬路

機關鎗連駐城內大街殖邊銀行舊址

按民國十一年秋吉督孫烈臣以便於軍事之行動曾移督署於此就吉長道尹公署爲行轅隨帶有衛隊一團分駐城內十三年春始復遷回省垣舊署因有關於軍事特坿志之以存掌故

交通

鐵路

吉長路　日俄戰終吉省官商鑒於環境壓迫鐵路關係重要始於清光緒三十一年發起自行築路之議經吉林將軍達貴奏准敷設先由度支部籌撥庫帑八十萬兩又由吉林銀圓廠墊撥九十九萬九千餘兩命道員宋春鰲總辦興工適値日俄搆兵築路計畫因之中輟迨至光緒三十三年淸日締結

鐵路協約日側要求本路需要之建築費半數須稱貸於日政府惟敷設權由清政府主之清光緒三十四年清日復訂鐵路協約之續約日側要求照約須由南滿鐵路公司息借日金二百五十萬圓並聘用日人爲技師長遂於宣統元年賡續興築至民國元年十月全路工竣通車民國六年十月中日改訂吉長鐵路借款合同十條吉長路資金全額統由南滿鐵道株式會社借貸日金六百五十萬元除照舊約已付過二百五十萬元須續付四百萬元年利五厘償還期限三十年派日人三名充工務運輸會計之主任就中以一人爲南滿代表政府置局長以監督業務在借款期内委託代表爲指揮總理俟清償後交還警察司法行政課税權屬中國此其協定大較也本路綫西起長春頭道溝東迄吉林江岸長一百二十七公里七分延亘本縣境内者有車站六曰頭道溝曰長春站曰興隆山曰卡倫曰龍家堡曰飲馬河距頭道溝四十公里一其屬於吉林縣境者凡九站焉據最近營業概况統計每年乘客六七十萬人貨物七八十萬噸收入額國幣二百五六十萬元民國十六年復與吉敦鐵路接軌輸出激增業務方興未艾也

中東路　俄自大彼得帝以侵畧政策倡始以還深苦閉鎖於黑海以北之地不獲展布囊括歐亞之雄

圖自清咸豐十年攫我烏蘇里江以東領土乃創建西伯利亞鐵路以期伸足於太平洋岸迨光緒二十二年中俄密約成遂乘機取得東省鐵路敷設權協訂鐵路合同十二款建築經理之權委諸道勝銀行另設一東省鐵路公司以爲專轄之機關光緒二十四年俄人强佔旅大是年六月二十四日續定鐵路合同七款其路綫北接哈埠南抵旅大是爲支綫當時統名曰東清鐵路於光緒二十九年六月全路通車從開車日起三十六年後准我給價收回至日俄戰後割讓長春以南路綫於日本長春以北仍屬於俄西歷一千九百十七年値俄革命內亂由西伯利亞蔓延而東吾國政府派吉林省長爲東路督辦招集華警保護路界之安全同美英日法等國共管之一千九百二十四年中俄協定管理中東鐵路條款認定該路純係商業性質設理事會爲議决機關派華理事長爲督辦派俄副理事長爲會辦用符兩國公同經營之原則藉挽東隅之失俾收桑榆之效往軫宜戒思之痛心凡國人猛著祖鞭勿在故步自封太阿倒持也本路南走之綫自哈爾濱至陶賴昭渡松花江以抵長春長四百三十八里東走之綫自黑龍江省之對青山東渡松花江至哈爾濱遂東走橫斷老嶺山脈以過牡丹江更東經完達山脈入綏芬河流域自東寗縣北之古洛德科站出國境以東抵海參崴合吉黑兩省

計之長兩千八百十六里其延亘長邑境內者置站五曰二道溝曰寬城子曰一間堡曰米沙子曰哈拉哈長約一百三十里

南滿路　自日俄戰後俄國將長春旅順間之南滿鐵路讓渡日本定爲半官半民日組織南滿鐵路公司遂以湧現時明治三十九年六月也資本初定爲二億圓非中日兩國政府及中日人民不得入股日政府以俄國讓渡之鐵道炭礦及附屬財產作爲一億圓其餘一億圓由中國政府及中日人民集股此最初之規定也惟現在該公司內因中國資金缺乏並未加入股本以至竟成日側獨營者迨民國四年鐵路條約另行更訂關於南滿鐵路佔用期限展至九十九年並爲發展事業起見於民國九年擴充資本爲四億四千萬圓資本雄厚規模愈宏遂成東洋第一大會社矣本路路軌北端自長春起點南走二站經公主嶺四平街開原鐵嶺抵奉天更南走遼陽海城蓋平逾普蘭店而入日本租界地抵於大連灣計長一千四百零四里延亘縣境內者置站三曰長春驛曰孟家屯曰大屯長約四十餘里

郵電

郵局　設在商埠地四馬路北五馬路南前清光緒二十八年立局內組織保險儲金匯票包裹售票掛號快信七處並設第一分局於頭道溝第二分局於城裡三道街第三分局於二道溝通計常年郵件發往各埠者約三百二十餘萬件投遞本埠者約六萬餘件

按日本前在城埠設置郵便取報所多處自華府會議撤消客郵後已移回頭道溝鐵路用地內

電報局　設在商埠地二馬路北永長路西創始何年無從查考前清光緒二十六年收歸官辦現隸奉吉黑電政監督處置局長一員領班副領班各一名電生二十餘人司事七八人報費以商電爲鉅宗官電次之常年收入約兩萬圓

按報局內附設日本電信取扱所一處雖經撤消郵權但以郵電類殊仍然存在

電話局　設在商埠地永長路賃居民房初係吉林商人徐文林創辦經始何年無從查考民國九年五月始收爲官辦歸交通部管轄現隸奉吉黑電政監督處置局長工程司暨總務工務會計材料話務各課並話生工匠數十人電話租費規定三里內牆機五元桌機六元每增三里加收一元長途電話附設局內通話時間以三分鐘爲一次話費規定以里程遠近爲標準通話地點吉林伊通下九台陶

賴昭雙陽農安長嶺伏龍泉雙城哈爾濱榆樹郭爾羅斯旗五常磐石德惠等處通計常年市內長途

兩項收入約十萬圓之譜

無綫電台　在商埠地東三馬路南樂亭屯民國十三年創設隸屬東北無綫電監督處置台長主任稽

查各一報務員八司機二

四鄉長途電話　專爲清除匪患便利通信而設民國十三年六月一日籌辦興修至十四年一月一日

竣工共需官帖五百八十八萬九千四百一十吊附設縣警察所內置主任一事務員一司機生三技

師一工匠二每月經費五百一十五元

四鄉轉機六處　新立城　東卡倫　萬寶山　小合隆　小雙城堡　雙龍台

四鄉分機二十處　興隆嶺　拉拉屯　飲馬河　天吉　葦塘溝　二十里堡　朱家城子　潘家嶺

鮑家溝　韓家橋　化家橋　老成窩堡　第四馬隊（即雙城堡街路北）弓棚子　老山頭　五大戶

燒鍋店　長春堡　葦山屯　黄瓜溝

城內分機十三處　縣政府　監督公館　保衛總隊　總隊長公館　縣警察所　警察所長公館

警察廳　教育局　教育事務所　財務處　農務會　稅捐局　軍草處

卡倫轉機四處　興隆嶺　拉拉屯　飲馬河　天吉

萬寶山轉機五處　葦塘溝　二十里堡　朱家城子　潘家嶺　鮑家溝

小合隆轉機三處　韓家橋　化家橋　老成窩堡

雙城堡轉機三處　第四馬隊　弓棚子　老山頭

雙龍台轉機二處　五大戶　燒鍋店

新立城轉機一處　長春堡　葦山屯　黃瓜溝係由電話處直接轉綫

隣縣通話四處　新立城與雙陽伊通磐石接綫朱家城子與德惠接綫二十里堡與農安接綫老山頭與懷德接綫

道路

城內道路　南北大街及東西三四道街均已修築平坦惟因道隘車多易致毁損若南關與二道街以及各巷每值霖潦泥深沒脛跋履尤感困難

商埠道路　大馬路及經一路最爲坦平兩側灰築便路亦屬堅緻若東西各馬路以及永長永春通長等路均以石塊填築

頭道溝道路　鐵路用地街衢整潔道路砥平寬至十五六丈上層鋪刷栢油地下疏濬暗溝雨無積潦往來稱便惟東五條通迤東多係華商粮棧而道路失修不可同日語矣

城南道路　出大南門或永安門由農神廟抵南嶺經易家嶺刁家船口渡伊通河經三家子吳家店十里堡八里堡西五里橋袁家窩堡新立城曹家口入伊通縣界沿路地勢低窪近年由飭警修治一時稱便嗣經大車通行日趨毁壞矣又出大南門越南嶺渡伊通河過小河沿子東南行入雙陽縣界正南行經蘇家窩堡鍾家窯後高家窩堡前高家窩堡東五里橋子何家屯新立城沿路尤屬低凹小河沿子迤北路爪而窪春夏泥淖甚深車行輒陷人以醬瓿目之言其入不能出也蘇家窩堡五里橋子一帶春秋則交通梗塞修治尤不可緩又出永安門南行經南大營西行抵貛子嶺楊家屯雙德店朝陽溝亮冰塔長春堡平坦易行又出大南門走南大橋于家油房經貓子洞潘家染坊即赴雙陽大道亦屬窪下急待修治也

城東道路　出大東門越東大橋由吉長車站東行經八里堡稗子溝三道林子入雙陽縣界曩爲赴省大道勢最窪下又出大東門越東大橋經五里堡八里堡十里堡趙家店安龍泉二十里堡胡家店蔣家窪子興隆山李家店齊家窩堡河西堡東卡倫一帶道路近年由縣飭警修治尙稱坦平又出大東門越東大橋東北行經王家皮舖常家店二十里堡太平山興隆泉太平溝寡婦店米沙子江東店烏海三家子店鄭家屯朱家城子沿路常家店一帶地勢窪下春夏泥濘難行

城北道路　由孟家橋出頭道溝越二道溝經水泉炮手窩堡小城子謝家店呂家店天金窪燒鍋嶺庫爾金堆軏轆草溝新開河雙榆樹老成窩堡趙家店兩儀門係往農安大道又出孟家橋越二道溝經宋家窪子班家營子東四間房賁家窪子大營子邵家店叢家梁子酒局子孫家園子合隆鎭近年由縣飭警修治道路尙稱平坦但車馬踐踏難持久也又出孟家橋經三道溝吳家店小城子寸金堡石廟子兩半屯楊樹林黃家窩堡腰窩堡王家屯萬寶山唐鳳溝范家屯善人屯毛家溝永德號靠山屯三寶屯義合屯潘家屯包家溝惟寸金堡等處窪下餘尙平坦

城西道路　出大西門經閻家館八里堡十里堡二十里堡二十五里堡靠山屯白龍駒係往奉天懷德

縣大道又出西北門經大房身范家屯朱家窩堡計家粉房三傑窩堡黄家馬架萬家橋過新開河抵燒鍋店滿家店楊家店二青山小雙城堡春夏泥濘難行由萬家橋西北行經黑岡翁克店木岡黄家窩堡條子河房身溝山灣係往伏龍泉大道又出西北門由范家店經翟家窩堡大小西河堡抵雙龍台一帶道路近警區修治較前平坦又出永安門西行經朱家大屯福安屯袁家窩堡分水嶺二道岡子大三家屯蘑菇屯拉拉屯三家子宋家大院陸家屯沿路尚屬平坦

津梁

伊通河渡口　曹家口在鄉一區治南五十里渡當長伊兩縣往來孔道有橋無船

龍王廟渡口　在鄉一區治南四十五里新立城西二里許民戶備船管渡

袁家窩堡渡口　在龍王廟渡口北三里許有橋無船

蓮花泡渡口　在鄉一區治南三十五里橋船均未設備水淺褰裳可涉

紅咀子船口　在鄉一區治南二十五里兩岸舊有船房前清光緒年間有王鴻恩者施船濟渡嗣由范鴻文接辦善舉不索渡貲惟船房因匪拆毁矣

刁家船口　在鄉一區治南十二里有板橋通行現爲蕭姓民渡

南嶺渡口　在城南南嶺下里許水淺則涉車馬無阻

小城子渡口　在鄉三區治北二十里水淺易涉

燒鍋嶺渡口　在鄉三區治北五十里水淺易涉

庫爾金堆渡口　在鄉三區治北六十里

張順渡口　在鄉三區治北七十里

馬家渡口　在鄉三區治北八十里

三家橋子渡口　在鄉二區治東北一百七十里

南大橋　在大南門外伊通河上長二十一丈寬一丈五尺

東大橋　在大東門外伊通河上長二十一丈寬一丈五尺

永安門南橋　在永安門南西河溝上長四丈五尺寬一丈五尺

永安門西橋　在永安門西西河溝上長三丈寬一丈五尺

朱家大屯西橋　在朱家大屯街西首南溝上長四丈五尺寬一丈五尺

朱家大屯南橋　在朱家大屯街南溝上長四丈五尺寬一丈五尺

太平橋　在頭道溝街西首西河溝左側城壕溝上長二丈寬一丈五尺

西雙橋　在三道街雙門左側長各四丈五尺寬一丈五尺

黄瓜溝橋　在大佛寺東北隅黄瓜溝上長二丈寬一丈五尺

乾佑門橋　在小北門外半里許流水溝上長三丈寬一丈五尺

平康里橋　在平康里東首城壕溝上長二丈寬一丈五尺

小東門橋　在小東門北半里許城壕溝上長二丈寬一丈五尺

按以上諸橋均由商會建築歷年修補需款浩繁除朱家大屯南橋係前清光緒八年建築外餘不可考自民國十六年起均歸市政公所接管矣

頭道溝附屬地諸橋

興運橋　在興運路北首長二丈寬一丈五尺係榷運局建築

塩倉南橋　在興運橋東半里許長二丈寬一丈五尺係榷運局建築

日本橋　在大馬路北首日人建築工程浩大民國六年動工七年落成

東五條通橋　在永長路北首日人建築係石橋民國十一年竣工

東三條通橋　在日領事舘北日人建築係石橋

東二條通橋　在二條通南部日人建築係板橋

八島通橋　在公園東門南側日人建築係板橋

公園内石橋　橋有四均在游船泡上係日人建築一在泡下游曰潭月橋其三均在泡上游中間民國十七年春建築

公園板橋　橋有四均係日人修築一在誠忠碑南原下一在水源井東一在水泉井西一在游泳泡上

游溝首

霧開河流諸橋

王家河沿橋　在鄉一區六家子屯縣東三十五里爲村民張姓建

卡倫南大橋　在鄉一區卡倫街南縣六十里

卡倫東大橋　在卡倫街東

賈家屯橋　在鄉一區治東七十里賈家屯

五家子橋　在鄉二區治東八十里五家子屯

高家屯橋　在鄉二區治東北九十里高家屯

張家燒鍋橋　在鄉二區治東北百一十里張家燒鍋屯

冰泉眼橋　在鄉二區治東北百二十里冰泉眼屯

二十家子橋　在鄉二區治東百三十里二十家子屯

新開河流諸橋

龍宫橋　在鄉五區治西五十里

賈家橋　在鄉五區治西五十里

張大毛橋　在鄉三區治西北五十里

薛家橋　在鄉三區治西北五十里

萬家橋　在鄉三區治西北五十里

葦家窩堡橋　在鄉三區治西北六十里

韓家大橋　在鄉四區治西北八十里

五大區河溝諸橋

邢家橋　在鄉一區治南十二里小河沿子上

逯家窩堡橋　在鄉一區治南二十五里逯家窩堡溝上

高家窩堡橋　在鄉一區治南三十里高家窩堡溝上

東五里橋　在鄉一區治南三十五里五里橋子河上

西五里橋　在鄉一區治南三十五里五里橋子河上

三家子橋　在鄉一區治東北三十五里乾霧海上

四家子橋　在鄉一區治東北六十五里乾霧海上

大泉眼橋　在鄉一區治東北五十五里大泉眼溝上

二道河子橋　在鄉一區治東北七十五里二道河子上

白廟子橋　在鄉一區治東北八十里二道河子上

前狹猔溝橋　在鄉一區治東北九十五里狹猔溝上

後狹猔溝橋　在鄉一區治東北九十五里狹猔溝上

大尹家窩堡橋　在鄉一區治東北百零五里二道河子上

吳家油房橋　在鄉一區治東北百一十里二道河子上

尹家窩堡橋　在鄉二區治東北七十里乾霧海上

山咀橋　在鄉二區治東北八十里乾霧海上

朱家城子南橋　在鄉二區治東北百一十里朱家城子街南乾霧海上

朱家城子東橋　在鄉二區治東北百一十里朱家城子街東乾霧海上

二道溝橋　在鄉二區治東北百二十里二道溝上

刁家油房橋　在鄉一區治東北百二十里二道溝上
炮手營子橋　在鄉二區治東北百三十里二道溝上
冷家瓦房橋　在鄉二區治東北百四十里富餘河上
四道溝橋　在鄉二區治東北百四十里四道溝上
金富屯橋　在鄉二區治東北百四十五里富餘河上
佟太溝橋　在鄉二區治東北百五十里二道溝上
杜家屯橋　在鄉二區治東北百五十里富餘河上
前房身橋　在鄉二區治東北百五十里四道溝上
大王家屯橋　在鄉二區治東北百五十五里富餘河上
孟廣田屯橋　在鄉二區治東北百六十里富餘河上
曾家粉房橋　在鄉二區治東北百六十里二道溝上
小王家屯橋　在鄉二區治東北百六十五里富餘河上

三道溝橋　在鄉二區治東北百七十里三道溝上

孫家窪子橋　在鄉二區治東北百八十里三道溝上

孟家橋　在鄉三區治北四里頭道溝上

月芽泡橋　在鄉三區治北四十八里月芽泡屯溝上

靰鞡草溝橋　在鄉三區治北六十里靰鞡草溝上

二青山橋　在鄉四區治西北百二十里大溝上

于廣和橋　在鄉四區治西北百二十五里于廣和屯溝上

扒子舖橋　在鄉四區治西北百六十里扒子舖屯大溝上

後營屯橋　在鄉四區治西百六十里後營屯大溝上

賈家窪子橋　在鄉五區治西南二十里朝陽溝上

大三家子橋　在鄉五區治西二十里朝陽溝上

朱家屯橋　在鄉五區治西二十五里朝陽溝上

曲家溝橋　在鄉五區治西南三十里朝陽溝上

鼻山屯橋　在鄉五區治西四十里朝陽溝上

曹珠店橋　在鄉五區治西四十五里朝陽溝上

謹按古者徒杠輿梁成有定期民免病涉所以便行旅也長邑卑濕之地河流縱橫津梁尙矣附郭各橋歷由商會建修規模粗具至若鄉區渡口板木支撐一經氾濫盡付洪波屢建屢毀勞費不貲求一堅固橋梁渺不可得匪僅弱點誠遺憾也

輓輸

長邑綰轂交通軫輻鈎結商賈懋遷百貨雲集除鐵路外關於農雙磐嶺諸縣陸地轉運以及城埠商民乘傳挽載在在須需車輛以資利便若汽車馬車人力車脚車大車等往來如織絡繹不絕是生產之激增與消費之需求誠有日進千里之勢試一統計最近警廳收捐車輛之數目亦可窺其一班矣

汽車　現計二十四輛爲輿埠行管駛每屆冬令攬載旅客往來農安雙陽磐石長嶺諸縣

馬車　現計八百三十七輛專供埠內乘客坐用

人力車　一名東洋車因其來自東洋也現計六百三十五輛勞動貧民藉以謀生專供埠內乘客坐用

脚車　現計一千零二十一輛分埠內外兩種埠內爲一馬至兩馬小敞車專運埠內貨物埠外多係轎車亦曰行車四時攬載客貨往來雙農伊樺磐嶺六縣間

大車　鄉民每於冬令農隙之際以大車運載粮貨往復雙農磐樺嶺諸縣間多至千餘輛少則數百輛

荒政

倉厫

長春府於光緒十六年城鄉紳民捐積穀八千七百七十石借地存儲未建倉厫亦未奏明吉林通志卷三十九此項積谷於宣統三年因東鄉水灾悉數賑放迨民國三年縣知事易翔勸辦積穀每甲推舉士紳充任倉董管理積穀事宜

民國三年十月十六日長春縣知事易翔爲詳請事竊維成周之制都縣各有委積以備凶荒隋唐仿之以爲社倉行之歷代凶年飢歲民多利賴故民爲邦本食爲民天若不預籌救濟之策則民食缺乏釀患無窮是積穀者司牧所有事也吉省各屬向雖募有積穀而保存不善多歸烏有究其原因厥有

二焉一曰變價查積穀爲救荒而設顧名思義本儲糧爲是除換陳易新或需出糶外積穀應爲非賣品而吉林各屬積穀向多變價生息無論騰挪虧欠之弊莫可究詰即提款發放當十室九空之時作持錢易粟之舉富室則居奇鄰封則遏糶畫餅既難充飢煮銅豈能作食是雖有積穀而民未沾其益者如故一曰分存查收貯積穀應置公倉就地遴委倉董以司收放歲終飭其將收放之數造冊呈核庶免別滋弊竇吉省各屬積穀多任當地富戶分領存儲然貧富靡定往往數年之內有前後景況差別者故一遇凶歲或青黃不接之時欲令分存各戶將積穀貸放而已貧不能給一家衰落萬戶呼飢是雖有積穀而民未沾其益仍如故基此二因故一言舉辦積穀民間多視爲詬病縣屬爲三國鐵軌交通之區每年輸出米糧爲數不貲兼此苦潦荒象最易發現知事前到各區點驗預警察看鄉間情形尚屬豐稔詢之農民亦稱今歲收穫之豐爲近十年所未有然豐歉無定若不思患預防一遇年荒誠恐轉徙流離救濟無術知事爲有備無患起見擬辦積穀以爲救荒之資特就地方財務處附設籌辦積穀公所遴委紳董總理其事另就各區所遴委紳董分任籌辦事宜業經參酌地方情形擬具辦理積穀細則召集城鄉紳董責以勸募均允擔任查縣屬共有熟地二十五萬餘晌每晌擬收積穀二

升附收建倉費一升商家資本以三千吊折算熟地一晌所收積穀及建倉費與實有晌地者同額除商家資本須待調查折算外合計按晌收穀縣屬可收積穀五千餘石刻擬劃分兩期蒇事陰歷九月内爲修建倉厫期間陰歷十月一日至十一月末日爲收集積穀期間但建修倉厫需費在即若俟建倉費收集然後舉辦已屬緩不濟急知事前在九區點驗預警業將該區倉厫委託當地紳董承修並囑其暫行墊付建修費用一俟建倉費用收集如數抵償均經允諾此外各區知事擬於日内委派紳董勸募仿此辦理惟各區面積遼濶建倉地點應按各分所擇適中之處如距離不遠亦可合兩分所併建一倉以便收放至關於籌辦積穀所需升斗收據簿册及籌辦積穀各紳董應需川資伙食等費一經開辦即須開支查蘇前任移交有積穀變價發商生息五千餘吊知事擬提此款撙節支給該兩項之用一俟積穀辦竣造册呈請核銷旋於是年十一月奉吉林巡按使批准照辦

長春縣辦理積穀詳細條規　民國四年十二月

第一章　總綱

第一條　本縣遵飭籌辦積穀原爲救荒而設所積之穀應按晌抽之

第二條　每晌收穀二升五合以二升存倉以五合變價建倉所有盈餘發商生息爲經管倉務人等夫馬辛資如有不敷由存倉正穀發放利息項下提用

第三條　籌辦積穀縣於署附設董理一處酌派總董一員各區分設區董一員外設管倉倉董若干員以倉厫之多寡定之

第四條　前項總董暨區董倉董人等應由地方選舉殷實公正紳民稟請由縣監督委任

第五條　全縣劃分爲六區以本城爲中區此外仍照警察區域分配中區應建倉厫二處外區照全縣二十六甲暫行分建二十六倉以期農民便於輸送如嗣後穀多倉少時仍須按年酌量添設

第六條　前項建倉經費應由所收五合積價項下提撥惟未經收有成數其建修倉厫等費先由各總董區董倉董等設法籌墊一俟該項各款收齊照數抵還俾免延誤

第七條　此項積穀以全縣人口四十三萬零七百八十六人計之統應籌足三個月計口授食之用約共須籌募十二萬九千一百零六石五斗六升四合二勺按長屬地畝共二十六萬

二千二百晌計算每年可收穀七千餘石約須十八年方能募足

第八條　前項分收年限如遇年旱偏災不得按年收足時得由縣知事酌擬延長期間詳請道署核定辦理

第二章　募集

第九條　凡管有地畝招佃承租者應納積穀東佃各分擔半數但須由地東全數繳納如地東住在他縣應由佃戶將積穀全數繳納其佃種公田學田各戶仍由該地戶等認出一半以昭公允

第十條　凡典當地畝應由承典當人擔任照繳如有轉租情事仍照前條辦理

第十一條　募集期限每年由陽歷十一月一日起截至十二月底止分按全縣各區民戶照章一體催繳掃數存倉逾期不繳者由各該區董倉董等稟請縣知事飭令加倍補納

第十二條　徵收此項積穀應由縣署製定收穀三聯印票發交經手倉董掣用以一聯轉發出穀民戶以一聯存各區董處繳查一聯稟送縣署備案以昭核實

第十三條　各區倉董按年將應收積穀收齊存倉後應須出具切結并開列民戶花名清單送縣

備查

第十四條　凡各區警察及地方保衛團員均有隨時協助勸募之責以期迅速

第十五條　存倉積穀如有損失消耗各情應須責成各區經手倉董擔負完全責任俾免虧耗

第十六條　存倉積穀每年遇青黃不接時期得由各區經管倉董貸放民戶借食秋後還倉其借

穀民戶務須取具切實妥保以防虧折

第十七條　借穀利息每年加收利穀一升全縣一律以歸劃一

第十八條　出放積穀倉董凡遇放穀收穀時期務須造具花名清册及放收積穀本利實數表報

由縣知事備查

第十九條　如遇豐收年景此項積穀無人借食應由各該區經管倉董僱用夫役隨時風晒以免

霉爛

第二十條　凡有荒歉之年應以存倉積穀稟由縣知事詳請散賑惟已經散放之數并須由往後

各年分期填還以符原額但僅動穀利不動穀本者不在此限

第二十一條　每年經手倉董應需夫馬各費均須查照原定預算照支不得浮濫俾示限制惟開支後仍須造具决算報縣以便稽考

第二十二條　本條規如有未盡事宜隨時詳請改訂

第二十三條　本條規以詳准之日施行

民國十一年十一月二十二日長春縣知事啓彬爲呈請事竊查積穀要政關係救荒本耕一餘三之功爲備賑備糶之用法良意美成效昭然職縣創辦以來雖間因年歲荒歉不克照章徵齊而詳考數年所積僅有彭前知事樹棠任內積存千有餘石並有存放劉文海等戶二百餘石查無着落以云備荒實屬莫濟萬一知事接任之時即擬賡續舉辦以裕公倉詗因存戶所欠既應查追現有積穀尤須清理惟自民國五年舉辦至今倉厫未建經理復不得人不惟已積者存放無法日事消耗未積者數年未辦均欠在民一旦追溯陳欠悉令繳齊誠恐現在民力實有未逮抑更有進者辦理積穀勢必設倉建築之數爲數甚鉅經理之人亦不爲少加以收貸之繁雜霉爛之損耗既糜錢款復費人力結果

所存不過十之六七實利未見先有損失而監察之繁難猶其餘事是以歷任視爲畏途人民恒多瞻顧致使要政遲滯成效未聞竊以爲如在偏僻之縣不便運輸民食所關無論上項如何困難均無可避之道職縣情形畧異輪軌交通設遇歉年不難購粮運入似無須拘守成規必儲倉穀上年十年十月林前知事世瀚曾擬徵錢代穀辦法未蒙核准良以徵錢存放商戸一遇荒歉催收不及誠有緩不濟急之虞惟查改徵之錢可無庸必圖重利但求存放之妥實以及提取之便利或息放於殷實舖商或逕存於國家銀行期無妨短利取其輕遇有歉年隨時可以提用既能免手續之煩亦無慮緩急不濟知事迭與地方各界反復推求僉以此項辦法簡而易行如獲轉請准改即照林前知事原擬每晌應徵穀二升五合折收吉大洋一角五分以全縣二十六萬晌計之年可徵吉大洋三萬餘元以之補荒實可爲一大補助理合備文呈請鑒察核轉令遵旋於十一年十二月奉吉林省長令准照辦

長春縣積穀存款生息簡章十六年十二月修正十七年一月奉吉林省長令准照辦

第一條　財務處儲存之積穀款項提出十分之六發永衡官銀號或殷實銀行生息

第二條　發放利息時由縣派財務處主任會同農務會長及地方機關首領與各銀號接洽會銜

呈由縣署核准再行存放惟取最輕利率以月利一分以上爲限

第三條　財務處每月徵收之積穀款項按季陸續存放每次存放數目及存款銀行並須造册呈由縣署轉報省署備案

第四條　財務處每月徵收之積穀款項按月十五號以前核入上月收入總數若干報縣以便考核

第五條　未經放出之積穀款項仍送存永衡官銀號不得擅自挪動

第六條　存放生息以一年爲期屆期即本利歸清如果續放或另放仍照第二條之規定辦理

第七條　存款生息之銀行號應由財務處先期報縣核准後方許存放以昭慎重

第八條　存放手續由財務處負責辦理

第九條　本簡章有未盡事宜得隨時呈請修改之

第十條　本簡章自呈准之日施行

救卹　善舉　施濟

博施濟衆堯舜猶病已飢已溺禹稷同憂在古之聖賢莫不存心仁愛視民如傷故文王發政施仁亦必先於孤獨鰥寡也哀彼流離疾廢之民與我撫卹矜憐之念實緣惻隱之心人具同情胞與爲懷痌瘝在抱雖一夫之不獲若負疚於厥躬是以救菑卹難乃仁政之首端施惠濟窮爲社會之要務長春自設治以來生聚日繁而對於救卹一事在關心民瘼之當局及一般慈善家莫不倡言利導極力籌畫茲將所辦各事業分別詳列如左

同善堂　在縣城馬號門外即今二馬路路北市公安局地址初建有房屋三十二楹爲前清光緒十一年署長春通判李金鏞集款剏設專辦理養老引痘掩埋事宜所籌底款約市錢二萬吊存於商家取息充費並附有義地在北門外地藏王寺旁計地南寬七十五弓北寬五十七弓東長二百七十九弓六尺西長二百八十七弓（見養正書院徵信錄）以爲掩骼旅瘞之用再該堂地基原於光緒九年冬購自民戶殷桂林本擬建爲養正書院繼經於堂之東偏另覓地址遂改斯堂堂中所辦事項當事者盡心籌畫辦理極爲完善成績甚佳後竟停辦善政中輟良可惜也嗣曾辦自治會於堂內現已改駐長春市公安局

規模已大變矣

施醫處　原附設於同善堂內嗣以該堂停辦因之連帶取銷民國四年三月醫學研究所成立乃復附設於該所內處中組織聘有醫生二人其薪水亦由所內經費支出每日施方施診不取分文至九年因經費不足始行停辦一般無貲診治之貧民頗爲失望具有博愛心者當再謀有以復之可也

牛痘局　初附於同善堂內因該堂停辦局亦隨之取消繼於民國四年因醫學研究所成立又附設於所內局中派有牛痘員一人專任春秋兩季施種牛痘事務每年引種牛痘之人數約有兩千餘名成績殊有可觀輕費一項原亦由該所支給嗣於十六年力加整頓更請准於自治款下年撥吉錢五萬吊作爲局內常年經費關於引種牛痘之葯品痘漿及施行引種手續等費均係施捨不向種戶收索誠慈善事之最者也

教養工廠　民國十六年二月建築在西門外大佛寺院內共有房五十五間其內部組織可分三部一孤兒二養濟三嗎啡游民孤兒部內設有初級小學以教之嗎啡游民部又分六科一編製科二織布科三鞋科四縫紉科五石印科六糊火柴盒科現廠中收有孤兒五十三人嗎啡游民一百七十二人

殘老四十九人全年經費由自治款中月撥哈洋四百元孤兒經費由慈善會底欵生息項下撥給年約三千元養濟費實報實銷由財務處支取年約四千八百餘元廠務辦理甚善頗著成績實一般流離無告之貧民救生寶筏也

濟良所　在城內西頭道街城隍廟院內係附設於警察第四署其宗旨以維持風化注重人道專收容無宗親可依之婦女及妓女等誠火坑中之青蓮也所內設有所長一員女管理員一員隸屬警察廳內其經費亦由警廳籌給所中歷年收有妓女多名並以養以敎使其獲有自立之能力俾出所後得能達經濟獨立之地步不再受若何之壓迫再致流離當事者用心之良善周密可謂至矣凡妓女在所經過規定之相當期限後准其自由擇配所有手續必須經雙方認可再具有妥實之證明始許領之出所至在所之收容費及敎養費等項俟其出所時按照等級之差而繳納之此爲濟良所之大概情形也

警察敎養工廠　在商埠東三馬路民國五年成立因本埠貧民猬集蓬頭赤足沿門乞討厥狀可憐一至冬令迫於凍餒而轉於溝壑者不知凡幾哀鴻待哺涸鮒求蘇慈善家罔不惻然故地方士紳共謀

有以救濟之乃設所收容是爲貧民教養所旋歸於警察廳辦理繼經警察廳長修雲艇力加改革務臻完全復改爲教養工廠設有經理及辦事員醫官各一員工頭一名外有巡長警士數名廠內組織極爲完善貧民飲食衣履及衛生頗甚注意有疾病者施以診治醫葯一般貧民脫離苦惱之境而入於安全之鄉凡出廠者莫不化爲良善改過自新能謀經濟發展而得生活自存矣廠中現有貧民三十餘名每日工作如糊火柴盒等項所得工資亦皆分發各貧民作購備食物之用當事者宅心慈善於此可見矣

私立學校　長春經私人獨出捐款剏設之學校有數處一爲閔氏學塾塾址在縣城馬號門內乃閔某捐欵設立民國二年開辦六年停止一爲祁氏小學校校址在商埠東六馬路係臨榆人祁憲亭出資所辦民國四年成立十年始停辦一爲馬氏竟成小學校在魁星街爲邑人馬金堂捐資設立民國六年開辦十五年停辦以上各校雖辦理未久半途停止而一般青年學子受惠亦良多矣現尚有繼續進行未輟者一爲清眞小學校成立於清宣統三年初係縣立入民國後經回教徒以罐牛捐等欵作爲校中基金校址在西域胡同一爲益華小學校在縣城東四道街爲天主教堂募集捐欵所辦設立

於民國元年一交粹文女學校在商埠西五馬路爲耶蘇教堂募欵所辦一爲自强學校乃邑中鉅商王琳王鈺弟兄獨捐私欵所辦者校址在自强街民國四年成立王氏因鑒於各私立學校之不持久於八年更設一自强工廠以鞏固學校基金故該校蒸蒸日進有加靡已所有班數由小學三班遞增至七班更添甲商一班及初中三班至招收高中近正在計畫中學生初由五十餘人增至二百六十餘人現實有五百九十餘人校欵年費由一千八百餘元至五千五百餘元現已增加至三萬七千餘元於此亦可見該校規模之大進步之速矣熱心教育嘉惠寒畯實爲長春慈善家之特著者也謹按自强學校已見教育學校類中於因其係出於捐款故再特列於此

世界紅卍字會爲慈善家所組之救濟機關我國各省幾無不設立緣以近年國內刀兵水旱菑祲洊臻人民之顛沛流離舉目皆是故一般慈善家本胞與之懷痌瘝之念遂起而組織斯會專募集捐欵籌辦賑糧等項救濟被難菑黎俾其不致凍餒仁人用心可謂至矣長春地當衝要爲內地難民來東北者所必經之路徧地哀鴻嗷嗷可憫爰亦組一分會於城內西三道街其發起人及經辦諸人亦莫不殫竭精力悉心籌畫務使彼流離無告之難民不爲溝中之瘠會中更附設婦孺救濟會施診所及

施粥廠其錢欵與糧米皆由慈善家所捐助每日會前鳩形菜色群集於門義粟仁漿所活者殊衆云

長春道院爲邑中一般講理論道之人等所組設與同紅萬字會同居一院其迹惟有似乎迷信言論亦稍嫌恠誕然其存心慈善亦有足多者若輸欵捐資捨衣服以救孤寒施粥米而濟飢餒並施濟棺木俾死者免骨暴沙礫附設小學授兒童以相當教育其哀死邺生婆心甚切誠不可掩也

直東會舘在商埠東三馬路爲直隸山東兩省人旅長者所組織初成立時孟秉初曾任爲會長由各會員籌捐錢欵購置義地五畝凡同鄉客死者施以棺木瘞之義地內倘回籍難措資斧者亦必量力周助之並居間介紹代爲謀生或染疾病無力醫葯更施給藥餌哀死慰生用意甚善其專厚視於同鄉雖嫌範圍稍狹而由此以推亦仁政之端也此外尚有三江會舘即江西江蘇浙江等三省其事務組織亦如之

長春縣敎養工廠於收容無業游民外更附有施粥廠每際冬月即行開辦專供給一般飢民之領食其欵由各慈善官紳捐助

長春縣誌

卷五

長春縣志卷之五

人文志

民族

史稱箕子受封朝鮮逾今遼河迤東地方此爲漢族東漸之始燕將秦開擊却東胡闢地千里秦代因之以置遼東郡蓋漢人足跡遠至遼東在今三千年前而北部民族以肅愼爲最古夫餘次之肅愼之遺族蕃衍勢力最强一變而爲挹婁再變而爲勿吉三變而爲靺鞨四變而爲女眞由斯而建王國則稱渤海由是而建帝國則稱金稱淸始則據有一隅繼則撫有區夏蓬勃其勢不可侮也夫餘族實爲古之貉種（一作貊）又謂與濊貉同爲一族亦即高句麗百濟二國所自出也夫餘立國殆始於周末漢初其國都約在今吉林省農安縣附近其廣袤皆不逾千里北起嫩江入松花江處南抵開原北境東界松花江西至熱河邊境今哲里木盟十旗地約佔其半惟傳世之君都無可考舉凡肅愼扶餘烏桓鮮卑契丹諸族吾國古籍概名東胡近世論人種學者則稱之通古斯族（通古亦東胡之轉音）蒙古一族本爲別支其血統言語地理三者與東胡一族有息息相關之處近自日韓合併後朝鮮人入我國籍者日多

今吾東三省治漢滿蒙族及歸化韓僑爲一爐泯其此疆彼界之嫌而構成東北獨立之民族於以勵自治禦外侮發憤圖强庶有豸乎長邑於前清順治年間漸有直魯流民移居斯土至柳條邊以東以北則漢人不得越雷池一步迨嘉慶五年設長春廳於郭爾羅斯前旗墾民四集成邑成都百年以來生齒蕃息豐衍富庶遂冠列城今述其民族移住開發之故備考覽焉

漢族　當明清過渡之際八旗子弟多從龍入關滿洲故地反行空虛清既宰制中夏不務移民實邊囿於保存根據地之謬見勵行封鎖主義弗許漢人侵入居住惟對於謫流滿洲罪人屆期不歸者由政府給與田地降爲軍丁驛夫者實繁有徒繼而燕魯窮氓聞風踵至斬荊披棘從事耕耘逐漸逾遼河以東寄居吉林西南各地今之長春伊通農安迨乾嘉之交移民已達六千戶租借蒙旗土地不下三十六萬五千畝清政府見勢難阻遏許爲土著編入戶口嘉慶五年設長春廳於郭爾羅斯前旗以治理之然對於後之遷徙者仍行嚴禁如故也嗣以洪楊之亂中土騷然清政府東顧不遑禁制稍懈而東北部之物産富饒風傳遐邇當時燕晉魯豫之人絡繹東遷侵入以前封鎖地帶實爲漢人移住漸盛時期光緒四年吉林將軍銘安建整頓滿洲之策一增設行政區域二軍政操於滿人漢人立於民政管轄

之下三提倡保甲團練防止盜匪四獎勵士子曉諭良民教育子弟五稽查漢人佔有土地徵收賦稅振理財源六官有土地給與民間無論漢人滿人均得沐其恩典七取消禁止漢人婦女踰越長城之法律八淘汰昏庸官吏清政府悉依之由是商安於市農忭於野地利盡闢日臻繁榮實爲滿洲殖民史上開一新紀元也長邑住民大部爲漢族來自燕魯晉豫諸省業農者十之五業商者十之三餘則各業皆有之久則殊方同化儼成土著自茲以往莫能溯其源流矣

蒙古族　蒙古一族舊唐書室韋傳稱室韋部落至衆有蒙瓦室韋者北倚望建河（即黑龍江）蒙瓦一作蒙兀後作蒙古然蒙古人又常自稱爲韃靼韃靼與室韋之來源頗有異同魏書論室韋云室韋蓋韃靼之類在南者爲契丹在北者爲室韋其語與奚契丹同新唐書則謂屬於肅愼族即屬於北戎族而爲通古斯族一種又考元秘史所述蒙古之起源頗與北史所紀突厥起源相似而韃靼之部族初起於陰山更與突厥相近其後北徙始與室韋接近因是斷定蒙古人爲突厥與北戎混合種（近人謂蒙古世系十傳至蒙兒只吉歹蔑兒于其妻曰忙豁勒眞阿忙豁勒即蒙古之異譯因蒙古之名起於女系）其來源實與通古斯族不同因突厥人入居於室韋又與室韋之女子結婚而蕃衍其子孫於是始有蒙古室韋之名此蒙古一族所由來也蒙古族起於室建河俱輪泊（今呼倫池）

斡難河（今鄂嫩河）與今黑龍江省西北部接近至成吉思汗出而蒙古始大其後嗣入據中國雖不及百年而在内外蒙古之命運則甚長蓋與明清二代相終始今内蒙哲里木盟十旗已劃入東三省範圍而此非元代之子孫即蒙古之遺胄利害關係亦至密切也長邑爲郭爾羅斯前旗故地向隸内蒙古王公管轄自有清中葉漢人襁負墾田者日多久則成邑成都蒙民之智力不敵轉避而他徙由是漢戶日增蒙民減少始有借地設治之議遂隸於吉省疆索其居留蒙人習與漢化多伍齊民無復椎結好武之風矣

滿族　滿洲一族清代有新陳之分滿洲人謂陳爲佛新爲伊徹開國時編入旗者爲佛滿洲此爲純粹之女眞族其品最貴伊徹滿洲有庫雅喇錫伯等族之分不盡爲女眞族以其入旗晚故稱伊徹滿洲以别之清通志氏族畧所載滿洲旗内有蒙古姓氏博爾濟吉特等二百三十餘姓又有高麗金韓李朴等四十三姓又漢軍張李高雷等一百六十餘姓（此謂之陳漢軍）亦入滿洲旗此皆屬於新滿洲者故一聞滿洲之名即稱爲女眞遺裔此實大誤（清臣之有功者許入滿洲謂之抬旗）今玉改步移無殊漢族所謂從龍子弟濡染華風將有數典忘祖之懼視彼蒙古族保守故俗始終弗渝者似又瞠乎其後矣他如吉林東北部之費

雅喀人赫哲人鄂倫春人猶爲靺鞨女眞之别種與滿洲族頗有淵源多散處中俄交界從事漁獵不解治生故步自封天演淘汰雖爲亞細亞洲最古之民族然其部落式微不能抵抗自然終不免澌滅之一日爾長邑滿人寥寥碩果僅存謹述其源流備考索焉

外僑　自日韓合後朝鮮人多有棄其故土多入我國籍者向中國人租地耕墾以營生計於是吉省東南部與朝鮮接壤之處水田汪洋稻苗穲稏韓僑開始之功不可泯矣惟其入籍之初我國官吏應令剪髮易服俾趨同化不得猶守故習自爲風氣但未措注及此遂貽後患雖經入籍歸化猶挾勢以自重近且蔓延腹地聚衆滋事牽動外交亦一隅之隱憂也再自俄國革命以來舊黨人窮無所歸亦有請求入籍者殆將融化黄白二種之域爲世界大同之先聲矣關於韓俄兩族僑長人數詳於本編戶口門内故不復贅述焉

禮俗

長春民性敦厖風俗樸茂士崇實學人文蔚起鼎革以來庠序林立絃誦弗輟近習禮讓雅尙詩書雖鄒鄹之士曷以加焉然閭里農氓體健氣盛疏爽豁達或偏於戇直獷野殆遼金之遺俗乎居民多自

燕魯晉豫移殖而來，披荆斬棘，蒙犯霜露，漸墾荒壤，變爲沃田。蓋自清初以迄光宣之間，幾無日不生存於襤褸篳路之中，亦唯顛沛流離之士，斯有慷慨好義之風。甚願保此醇俗，努力建設，則政教昌明可逆覩也。惟夾荒一帶，闢地較晚，民風强悍，好勇鬭狠，筑聲慘烈，劍氣悲鳴，睚眦之讐必報，然能輕財重然諾，濟人之急，古所謂燕趙多悲歌之士，此其流亞歟。若待數十年後，原野大啟，闤闠殷富，教育陶冶，不變時雍，其温良儉讓之風，必可觀焉。

婚

本邑衣冠文物得風氣之先，婚禮多沿古制。大抵男女初議婚，由媒妁執兩姓庚帖互易之，各延星士推占命造，即儀禮問名之義，俗曰合婚。迨雙方首肯，男姓乃備布帛簪珥納之女家，即納彩也。婚前具豬酒服飾之屬，書男女年庚及婚期於龍鳳柬（即婚書權輿），復納之女家，即納徵兼請期也，俗謂之過禮，亦謂之通信。及婚期親迎日，新郎盛服御輿，導燭馬管樂赴女家，既而女家姆媵相送至婿家。新婦入門降輿，止於庭，交拜神案前（酉陽雜俎北方婚禮夫婦拜於青廬，即此也），謂之拜天地。婿前導，婦抱寶瓶後隨，置馬鞍於門限上，令新夫婦跨過，取平安之意（袁氏世範上族當婚之夕，以兩椅相背置一馬鞍，令婿坐其上，飲以三爵，女家三請而後下，謂之上高座，此其遺意乎）。入室，婿揭蓋頭置懷內上床繞行一匝婦向吉方謂之坐帳妝畢行合巹禮日中婦家戚黨咸至享以盛饌謂之館飯有館甥遺意翌晨見翁姑謁祖禰即廟見遺意復以次拜宗族戚鄰謂之分大小踰七日婦寧母家婿隨往宴饗如儀越日同回期月後婦再歸謂之住對月乃金俗之遺也㳫來歐風東漸衣冠之士歆慕殊俗謂之文明結婚損益繁縟尙無乖於古也婚嫁及時從俗勿瀆明倫敦本意在玆乎

喪

喪禮隆簡亦沿古制初終小殮於床爲飯一盂即儀禮之設敦也由陰陽家擇殮期及殃煞避忌謂之殃榜三日具棺大斂於堂闔族成服以喪聞日晡喪家具冥楮芻靈鼓樂延僧道祈懺以青紗轎舁靈位詣附近祠廟親賓咸集各以紙箔俑具爲賻謂之送行亦云接三閱六日爲匝七設樂建醮延賓致奠及夕祭於烟突下取來復之義自是居七皆如之七七而止啓殯期定通訃遠近並撰行述凡親賓致送輓章祭幛者皆張之喪幕用誌光寵喪家延尊宿碩望禮祭題主發引日移柩於轝銘旌或丹旐前導繼以明器輓幛喪主執幡行轝前女輿從於後親賓暨有服者皆步從即執紼之義也迨至墓田開兆臨穴哭盡哀乃窆或以佳城未卜及先塋遠在異地者則浮厝於寺觀內所以防盜發免暴露亦

仁人孝子不得已之用心也旣禫服闋歲時拜掃如儀節終返始之禮備矣

歲事

舊歷正月元日人家陳几於庭名曰天地桌列香燭供品至上元後始撤四民輟業賀歲初六日商戶開市十三日張設龍燈龍船扮演秧歌十五日煮食湯圓俗曰元宵十七日殘燈一名落風燈二十日農戶米肆各在囷廩中焚香致祭謂之塡倉二月初二日中和節俗曰龍抬頭日以驚蟄率在此節前後故也是日多食豬頭啖春餅三月初三日舊俗是日瞽者醵飲於三皇廟二十八日爲天齊廟會

四月十八日碧霞元君廟會 山東考古錄碧霞元君封號雖自宋時而泰山女說西晉前已有之張華博物志太公望爲灌壇令暮年風不鳴條文王夢見一婦人當道而哭問其故曰我東海泰山女嫁爲西海婦明日吾歸灌壇令當吾道令有德吾不敢以暴風過也明日文王召太公婦已而果有驟風疾雨去者泰山女蓋卽傳於此事 二十八日藥王廟會 按列仙傳韋善俊唐武后朝京兆人長齋奉道法常攜黑犬名烏龍世俗謂爲藥王

五月初五日端陽節人家簷端懸插蒲艾食角黍和飲雄黃酒小兒佩五色絲謂之辟兵以祓除災癘十三日爲雨節俗傳關帝昔於此日單刀往東吳赴會故有磨刀備馬等說又諺云大旱不過五月十三歷驗不爽

六月初六日祭蟲王立靑苗會有六月六看穀秀之諺

七月初七日爲乞巧節 荆楚歲時記七夕婦人結綵縷穿七孔鍼陳瓜菓於庭中以乞巧有蟢子網於瓜上則以爲得 十五日中元節世俗延僧侶結盂蘭法

會放河燈誦經施食

八月十五日中秋節民國以是日爲秋節世俗人家中庭陳瓜菓餅餌拜月食月餅

九月初九日重陽節日月皆值陽數因以爲節名（風土記以重陽相會登山飲菊花酒謂之登高會又云茱萸會）

十月初一日俗稱是日曰鬼節祭先塋焚楮帛謂之送寒衣

十二月初八日爲臘日食臘八粥（天中記宋時東京十二月初八日都城諸大寺送七寶五味粥謂之臘八粥昉此）二十三日陳芻粟麥飴祭送竈神（古五祀之一夏所祭也）三十日除夕祀神祭祖爆竹之聲不絕內外燃燈朋友交賀謂之辭歲人家有未墓祭者是夜在巷口焚化冥資曰燒包袱嗣則闔族拜賀各分歲錢團聚飲食達旦不寐謂之守歲

風俗

邑民祀典多從舊俗祀祖禰率於寢室之北設神龕或木主每逢朔望子孫拈香跪拜如儀歲除設酒醴庶羞以明禋祀過上元節後始撤享焉遇清明節及七月望日十月朔日均祭先塋亦慎終追遠之意也

邑人崇信神教報賽祈福關帝廟碧霞元君廟（俗曰娘娘）香火尤盛他若蟲王龍王馬王各祠不勝枚舉蓋

鬼神之觀念既深迷信之拔除匪易知神權之難以猝破也復有巫覡輩緣鬼神以求食婦孺惑之尤甚疾病惟事祈禳奉爲神明至死弗悟誠愚不可療矣按王符潛夫論甚言巫祝祈禱之糜費無益宋均則師西門豹禁河伯娶婦之故智殺巫以禁九江公嫗奉神之俗第五倫則按論依託鬼神恐怖愚民者以禁會稽之淫祀議論之正立禁之嚴皆有心世道者然迷信既深有朝禁而夕弛此息而彼興者毋亦民智未開之故歟

上元夜好事者輒扮秧歌秧歌者以童子扮三四婦女又三四人扮參軍各持尺許兩圓木戛擊相對舞而扮一持傘賣膏葯者前導旁以鑼鼓和之舞畢乃歌歌畢更舞達旦乃已柳邊紀略

扒犁土人曰法喇以木爲之犂如駕車而無輪轅長而輀行雪運木者也駕一牛柳邊紀略今鄉農冬季進城尚有用牛馬扒犁載糧行氷雪中者因道塗坦滑便於運轉故也

生子三日浴兒親友餽以鷄子麪食曰送粥米今俗曰下奶主人作湯餅款之曰食喜麪彌月親友各携金錢繡績兒飾相賀曰滿月主人仍備酒饌酬之百日作蒸食謂可生發周晬列筆墨玩具於前令兒隨意檢取以觀志向俗謂抓周晬

人文志

祀典　附學宮

古者有功於民則祀旣以示尊崇更可資模楷故當君天下之時歷代莫不注重祀典所以昭誠敬申景仰也孔子生於東魯時値衰周以天縱之資集羣聖之大道全德備生民未有爲當時學者之宗垂後世立國之法祭祀之典歷久未替茲將歷代追封立廟及祀典各項摭拾舊籍詳爲考列焉

周魯哀公十六年夏四月己丑孔子卒公誄之曰旻天不弔不憖遺一老俾屏余一人以在位煢煢余在疚嗚呼哀哉尼父無自律（見左傳） 漢封孔子九代孫騰爲奉祠君又武帝元朔二年拜孔臧爲太常恩賜如三公禮（見闕里治）

按終漢之世代有封謚後漢光和元年曾置鴻都門學畫孔子及七十二弟子像（見後漢書蔡邕傳下）

宋孝武帝孝建元年詔開建廟制同諸侯之禮厚給祭秩（見宋書本紀六）

齊武帝永明三年詔定設軒縣之樂六佾之舞牲牢器用悉依上公（見南齊書禮志）

梁武帝天監四年六月初立孔子廟（見資治通鑑一百四十六）

北魏太和十三年始立孔子廟堂於京師十六年改謚宣尼曰文聖尼父告謚孔廟（見魏書本紀）

按孔子廟於太和以前未嘗出於闕里立廟於京師自太和始也

後齊制新立學必釋奠禮先聖先師每歲春秋二仲常行其禮每月旦祭酒領博士以下人等拜孔揖顔見隋書禮儀志九

隋制國子寺每歲以四仲月上丁釋奠於先聖先師年別一行鄉飲酒禮同上　唐太宗貞觀四年詔州縣學皆作孔子廟見新唐書禮樂志十五

按唐貞觀二年詔從房玄齡等議升孔子爲先聖以顔回配見文獻通考又二十一年詔以左邱明等二十二人因代用其書埀於周冑並命享宣尼廟堂見舊唐書本紀三禮儀志二十四

春秋二仲行釋奠之禮初以儒官自爲祭主許敬宗等奏曰凡在小神猶皆遣使行禮釋奠旣準中祀據理必須稟命今請國學釋奠令國子祭酒爲初獻祝辭稱皇帝敬遣仍令司業爲亞獻國子博士爲終獻其州學刺史爲初獻上佐爲亞獻博士爲終獻縣學令爲初獻丞爲亞獻博士旣無品秩請主簿及尉通爲終獻若有闕並以次差攝準祭社同給明衣修附禮令以爲永則舊唐書禮儀志二十四

顯慶三年詔先聖廟用宣和之舞文獻通考四十三

乾封元年追贈孔子爲太師同上

開元十一年春秋二時釋奠諸州依舊用牲牢其屬縣用酒脯而已又十九年天下州縣等停牲牢惟用酒脯永爲常式（舊唐書禮儀志二十四）二十七年詔二京之祭牲太牢樂宮懸舞六佾矣州縣之牲以少牢而無樂又二十八年詔春秋二仲上丁以三公攝事若會大祀則用仲丁州縣之祭上丁（新唐書禮樂志十五）

宋初增修先聖及亞聖十哲塑像七十二賢及先儒二十一人皆畫像於東西廊之版壁太祖親撰先聖及亞聖贊從祀賢哲先儒並命當時文臣爲之贊其春秋二丁及仲冬上丁貢舉人謁先聖先師命官行釋奠之禮皆如舊典（文獻通考）

太祖建隆三年詔廟門準令立戟十六枝（同上）

淳化四年從監庫使臣請宣聖廟六衙朔望焚香（闕里志）

祥符二年詔文宣王廟木圭易以玉賜桓圭一加冕九旒服九章從上公之制（玉海）又春秋釋奠用中禮（闕里文獻考）又四年詔州城置孔子廟（宋史本紀八）五年改謚元聖文宣王爲至聖文宣王（同上以國諱故）

至和二年封孔子後爲衍聖公（文獻通考四十四）

崇寧三年詔文宣王殿以大成爲名（宋史禮志八）

大觀四年詔先聖廟用戟二十四文宣王執鎭圭並如王者之制文獻通考四十四

政和三年詔頒辟雍大成殿名於諸路州學宋史禮志八

建炎十年復釋奠文宣王爲大祀其禮九社稷州縣爲中祀用王普請也玉海

遼太祖神册三年詔建孔子廟遼史本紀一

金熙宗天會十五年立孔子廟於上京續文獻通考四十八

皇統元年上親祭孔子廟北面再拜金史本紀四

大定十四年參酌唐開元禮定擬釋奠儀數樂用登歌金史禮志是年加宣聖像十二旒十二章春明夢餘錄二十一

明昌二年詔諸郡邑文宣王廟隳廢者復之金史本紀九孔子廟門置下馬碑闕里志

泰和四年詔刺史州郡無宣聖廟學者並增修之金史本紀十二

元太宗五年敕修孔子廟八年復修孔子廟元史本紀二

太宗三十一年成宗即位詔中外崇奉孔子又詔曲阜林廟上都大都諸路府州縣邑廟學書院贍學土地及貢士莊以供春秋二丁朔望祭祀修完廟宇自是天下郡邑廟學無不完葺釋奠悉如舊儀續文

獻通考四十八　成宗大德十一年武宗即位加封至聖文宣王爲大成至聖文宣王春秋二丁釋奠用太牢 元史本紀二十二　按闕復之加封孔子制即此時作

至順元年加封孔子父齊國公叔梁紇爲啓聖王母魯國夫人顔氏爲啓聖王夫人 元史本紀三十四　又三年封孔子妻鄆國夫人亓官氏爲大成至聖文宣王夫人 元史本紀三十六

明太祖洪武三年詔革諸神封號惟孔子封爵如舊 明史禮志四　釋奠孔子初用大成舊樂六年始命詹同樂韶鳳等更製樂章 明史樂志一　七年仲春上丁日食改用仲丁 明會典九十一　十五年詔天下通祀孔子並頒釋奠儀注凡府州縣學籩豆以八器物牲牢皆殺於國學其祭以正官行之 明史禮志四　又是年詔孔子以下去朔像易木主 闕里志　十七年敕每月朔望祭酒以下行釋菜禮郡縣長吏以下詣學行香 明史禮志四　二十六年頒大成樂於天下 同上

永樂八年正文廟聖賢繪塑衣冠令合古制 明會典九十一

宣德三年以縣訓導李譯言命禮部考正從祀先賢名位頒示天下 明史禮志四　成化十二年從祭酒周洪謨言增樂舞爲八佾籩豆各十二 同上　又十六年命所在過孔門者皆下馬 闕里文獻考

宏治九年增樂舞爲七十二人如天子之制明史禮志四

嘉靖九年太學張璁言請於大成殿後別立室祀孔子父叔梁紇而以顏路曾皙孔鯉配之帝以爲然

又言孔子宜稱先聖先師不稱王祀宇宜稱廟不稱殿祀宜用木主其塑像宜毁籩豆用十樂用六佾

配位公侯伯之號宜削止稱先賢先儒帝命禮部會翰林諸臣議於是議定孔子神位題至聖先師孔

子去其王號及大成文宣之稱改大成殿爲先師廟大成門爲廟門其四配稱復聖顏子宗聖曾子述

聖子思子亞聖孟子十哲以下凡及門弟子皆稱先賢某子左邱明以下皆稱先儒某子不復稱公侯

伯並製木爲神主擬大小尺寸著爲定式其塑像即合屏撤春秋祭祀遵國初舊制十籩十豆天下各

學八籩八豆樂舞止六佾凡學別立一祠祀孔子父叔梁紇題啓聖公孔子神位以顏無繇曾點孔鯉

孟孫氏配俱稱先賢某氏帝從所議明史禮志二

清崇德元年遣官祭孔子廟

順治元年定每歲春秋仲月上丁日直省府州縣各行釋奠於先師之禮以地方正印官主祭陳設禮

儀均與國子監丁祭同會典事例三百五十五二年諭禮部孔廟謚號加稱大成至聖文宣先師孔子十三年頒釋

奠樂章六奏用平字舞用六佾三獻均進文法之舞十四年詔從給事中張文光言去大成文宣四字改主爲至聖先師孔子

康熙二十四年頒御書額於太學及天下文廟二十五年議准直省武官協領副將以上遇文廟祭祀並令陪祭行禮（會典事例） 二十八年頒御書贊於天下學並製贊序五十年題准本朝樂章皆用平字因州縣未曾頒發仍襲前明錯用和字着直省各巡撫通行府州縣儒學皆改和字爲平字以歸畫一（同上）

雍正元年追封孔子先世五代爲王並改啓聖祠爲崇聖祠二年頒生民未有額於太學闕里天下文廟是年又議准大成殿四配十二哲每位一案兩廡二位共一案崇聖祠四配異案兩廡二位共案其兩廡內有單位者仍獨設一案（會典事例） 三年命州縣丁祭用太牢又奏准將文廟祭器樂器式樣刊刻頒行直隸各省畫一製造（同上） 五年諭以八月二十七日爲聖誕之期內外文武各官及軍民人等致齋一日不理刑名禁止屠宰永著爲令又制定省會之區凡遇丁祭督撫學政皆親詣行禮毋得苟簡從事又十一年諭文廟春秋祭儀宜備物盡誠以申敬禮若有除荒減費之州縣即於存公銀內撥補以足原額務令粢盛豐潔以展肅將祀禋之誠十二年議准直省文廟祭器樂器有未全備者該地方官

詳明督撫照額設原數備齊如有損壞亦即詳明修補府州縣官並教官離任時俱各查明交代如有損壞遺失之處責令賠修見學政全書

乾隆元年議准凡文廟祭器樂器有未製備者均動項成造仍於完竣時報部覈銷學政全書　三年頒御書與天地參額於太學闕里及天下文廟又頒御製聯齊家治國平天下信斯言也布在方策率性修道致中和得其門者譬之宮墻六年命定祭先師廟樂律八年欽定聖廟樂章頒發曲阜及天下學令樂舞生肄習虔肅將事同上　九年議准直省文武大員及各屬正印官於朔望文廟行香禮畢之後應親詣崇聖祠行禮或有事不能親詣即委令教官敬謹行禮同上　十六年議准直省文廟春秋丁祭准設禮生四名皆以生員充設同上　十八年命廷臣考據史傳於先賢先儒之中復按年序次考定允行又諭各省府州縣孔子廟每歲以春秋仲月上丁日釋奠省城以巡撫爲正獻有總督省分總督正獻兩序以布政使按察使及道員兩廡以知府同知爲分獻崇聖祠以學正爲正獻府州縣無道員分駐者知府知州知縣正獻兩序以佐貳及所屬兩廡以廩生分獻崇聖祠教諭正獻兩序訓導分獻兩廡廩生分獻會典事例

嘉慶元年御書聖集大成額於太學闕里及天下文廟
道光元年御書聖協時中額於太學闕里及天下文廟
同治元年御書聖神天縱額於太學闕里及天下文廟二年諭禮部將祀典次序繪圖頒發各直省督
撫學政轉飭府廳州縣等官遵照辦理經禮部議遵乾隆十八年之例按年序次繪圖頒發並聲明從
祀定例以示限制
光緒初年亦有御書匾額至季年並將祀孔典禮升爲大祀
宣統元年亦曾頒書匾額於天下祀典仍舊直至遜國未嘗易焉
按有清祀孔典禮載於文廟祀典考及會事典例甚爲詳備兹難贅列
清既遜位民國肇興体制雖更而祀孔典禮未廢民國三年二月大總統令據政治會議呈祀孔典禮
一案業經開會議决僉以爲崇祀孔子乃因襲歷代之舊典以夏時春秋兩丁爲祀孔之日仍從大祀
其禮節服制祭品當與祭天一律京師文廟應由大總統主祭各地方文廟應由該長官主祭如有不
得已之事故得於臨時遣員恭代其他開學首日孔子生日仍聽各從習慣自由致祭不必特爲規定

是年八月經政事堂禮制館館長徐世昌擬訂祀孔典禮一卷附有說明書酌古準今率循舊典新儀式煥極爲詳明呈奉批准通令遵照在案十八年南京國民政府以訓政伊始新制方興曾有將孔子祀典廢止之說然迄未見諸明令故至今仍循例致祭未有或替惟丁祭之禮取銷專祭誕日其祭期改用陽歷爲之稍異耳

按祀孔典禮所載大總統祀孔子儀及各地方行政長官祀孔子儀道尹縣知事祀孔子儀雖各有增加改竄要其大致與遜清尙無稍差異惟去釋奠之稱而改爲祀因與祭天相同故也並易稱文廟爲孔子廟而大成殿未加更易猶稱舊名現已統稱孔子廟去大成殿號改題避諱各木主去專制之積習至儀文器數之增損無論京內外均定一律並採用明洪武之四拜禮拜於殿門之外樂章則暫仍清舊制但去平字而以和爲名用六奏以示不與祀天之九奏同也

附本邑祀孔典禮秩序表

（典儀）執事者各執其事司樂者鼓初嚴執事官就位鼓再嚴燃燭焚香鼓三嚴主祭官陪祭官及獻官亦各就位（贊引）詣拜位前正立

（典儀）迎神司樂者作樂樂奏昭和之章樂止主祭官陪祭官行跪拜禮（對引）叩首再叩首三叩首

四叩首平身

（典儀）請獻官行初獻禮（贊引）詣帛爵位前正立司帛者進帛（對引）獻帛（贊引）司爵者進爵（

對引）獻爵

（典儀）請獻官讀祝（贊引）詣讀祝位前正立司祝者進祝（對引）跪祝版署名授祝版（贊引）司

祝者讀祝復位正立

（典儀）獻官陪祭官行跪拜禮（對引）叩首再叩首三叩首四叩首平身

（典儀）司樂者作樂樂奏雍和之章樂止（引獻官）引獻官行亞獻禮（贊引）詣帛爵案前正立司

爵者進爵（對引）獻爵（贊引）司帛者進帛（對引）獻帛（贊引）復位正立

（典儀）献官陪祭官行跪拜禮（對引）叩首再叩首三叩首四叩首平身

（典儀）司樂者作樂樂奏熙和之章樂止引獻官行終獻禮（贊引）詣帛爵案前正立司爵者進爵

（對引）獻爵（贊引）司帛者進帛（對引）獻帛（贊引）復位正立

（典儀）主祭官陪祭官行跪拜禮（對引）叩首再叩首三叩首四叩首平身

（典儀）司樂者作樂樂奏淵和之章樂止引主祭官受福胙（贊引）詣福胙位前正立司福胙者進

福胙（對引）受福胙（贊引）司福酒者進福酒（對引）受福酒（贊引）復位正立

（典儀）主祭官行跪拜禮（對引）叩首再叩首三叩首四叩首平身

（典儀）撤饌司樂者作樂樂奏昌和之章樂止送神司樂者作樂樂奏德和之章樂止主祭官陪祭

官行跪拜禮（對引）叩首再叩首三叩首四叩首平身

（典儀）主祭官西向立司祝者捧祝司帛者捧帛由中道送入燎所舉燎望燎復位禮全退（按崇

聖祠禮同）

祀孔典禮執事人名單

大成殿主祭官縣長

陪祭官吉長鎮守使

與祭官軍政警學紳商各機關人員

大成殿分獻官以審檢二廳長及稅捐局長等分任

東西廡分獻官以省立第二師及第二中兩校校長分任

崇聖殿主祭官教育局長

分獻官以各校校長及教育會長分任

糾儀官教育局長

典儀官

大成殿贊對引

東西廡分贊

司樂以城區第一校

司祝

司帛

大成殿司爵

焚香

司福

燃燭

四配　司帛　燃燭
　　　司爵　焚香

東西廡　司帛
　　　　燃燭

按單中所列各執事人均於祭期前先行指派屆期齊集文廟着大禮服行跪拜禮無大禮服者可

着常禮服

祀祭名宦鄉賢禮考會典事例載清順治初年定直省府州縣建名宦鄉賢二祠於學宮內每歲春秋

釋奠先師同日以少牢祀名宦鄉賢以地方官主祭行禮終清之世沿行未替及入民國業已廢止矣

按名宦祠長春縣城祇有李太守金鏞一處係邑人感戴太守德政呈請建立今已改駐長春縣教

育局祀禮久闕惟賸空祠矣其事蹟具詳於名宦門中

祀關岳典禮民國始行前此僅人民於各該地廟或祠中焚香拜禱賽會酬神惟其跡頗近於迷信幾

與其他淫祠相等然習俗已久當時亦即任之未嘗加禁或指正也民國肇造崇敬先賢模範軍人倡導右武故明令列於祀典亦春秋二祭其祭亦以各地方軍事長官主祭其所屬各級軍官及其他各界人員爲陪祭所有祀儀與祀孔廟無甚差異惟長春祭祀關岳時僅就舊有關廟中添置一岳忠武王木主更於東西列置張飛等二十四人配享之木主迄未建有合祀專祠也

附配享諸名將木主次序表

（東列）　張飛　王濬　韓擒虎　李靖　蘇定芳　郭子儀　曹彬　韓世忠　旭列兀　徐達　馮勝　戚繼光

（西列）　趙雲　謝玄　賀若弼　尉遲敬德　李光弼　王彥章　狄青　劉琦　郭侃　常遇春　藍玉　周遇吉

按長春軍事機關有吉長鎮守使駐節於此故歷年主祭由鎮守使任之民國十一年吉林督軍孫烈臣遷移行轅來長曾一度主祭旋督轅遷回復仍由鎮守使主祭矣

學宮

長春府學在城東二道街路北同治十一年紳士朱琛等捐建大成殿三楹東西廡各三楹泮池櫺星門齋舍照墻如制餘未具（吉林通志卷四十六）光緒某年知府楊同桂曾修理之民國十三年長春縣知事趙鵬第以文廟年久圮毁又重修之其初建議者爲孫其昌督修者爲榮厚乃前後兩道尹也

人文志

人物　名宦

李金鏞字秋亭江蘇無錫縣人清光緒九年任長春通判下車伊始即問民間疾苦除暴安良長於折獄夙昔積案多所平反每赴鄉勘驗輕騎簡從所有陋規悉爲革除性坦易不事威儀凡巡行所及必召居民與言孝弟力田等事曲中民意絮絮溫語殆如家人父子於勸農之餘更注意興學觀風課士優予獎拔故士爭奮勵風氣一變復刱建養正書院召集士紳勸募捐款自出俸銀千兩以爲士民倡書院落成後延聘名宿主講並購書籍約數千卷啓廸後學振揚士氣又建同善堂及牛痘局養濟所諸善政功德被民頌聲載道一時人皆稱爲李青天云後擢道員開黑龍江漠河金鑛興利實邊政績大著旋以疾卒當經北洋大臣李鴻章具奏詔贈內閣學士蔭一子知縣並許於原籍設立專祠其生平事蹟宣付國史館立傳長春士紳因思念德政亦禀請建立祠堂以伸感戴之意焉

楊同桂字伯馨直隸通州人家世冑禀庭訓於清同治時隨侍其先君宦遊東省贊襄政治多所擘畫後投鎮從戎歷膺卓薦光緒十六年投効吉林經保奏錄用曾充糧餉志書各局之差二十年奉委來長署理府事蒞郡伊始即爲民興利除弊奬善懲惡聽訟如神奸猾歛迹稅無苛徵銀定平價辦團防

練商男整治溝渠修製旗械保民防盜殫竭心力時值軍興之際凡兵車過境守候川資皆捐廉賠補絲毫無累於民彼欲從中魚肉者無所用其伎倆潔己奉公吏治大肅更崇儒重道禮士興學捐廉俸修理文廟又貼補書院膏火每試卷必親閱恐有遺珠於是仁風廣被士民愛戴二十一年府中商民會立有德政碑俾垂久遠以示不忘

王昌熾字古愚湖北江夏人於清光緒二十七年奉檄蒞郡時值國家多事拳亂甫平而俄之鐵騎橫行蹂我土地長春爲東北要衝首當其擾故滿目瘡痍民生凋敝下車伊始覩狀憫然乃召集父老詢問疾苦折強鄰於樽俎懲劇盜以安民商事公斷弊端盡革凡百設施漸臻上理商民於驚痛之餘至是莫不歡呼鼓舞恨公之來暮也更整頓書院嚴定課程鼓改文風振作士氣復移建魁星樓以開啓文運購杏花村建課農山莊以教民知稼穡之爲先與民更始政化日隆商會曾建立德政碑以頌揚仁風其遺愛在民至今猶稱道弗置云

孟憲彝字秉初直隸慶雲人清光緒三十四年到郡政必躬親案無留牘微服周訪洞察民情奸頑爲

之殮迹閭閻賴以久安後官至吉林巡按使吏工書法片羽吉光人爭寶之

張書翰字筱齋吉林伊通人也於民國十五年十月來宰斯邑下車伊始即撫恤民瘼整飭吏治篆宰三年循良卓著而於公廨之改建尤煞費匠心緣本縣公廨初建置於城內西四道街通判之舊所計大堂三楹兩廊各五楹二堂三楹內室五楹前後皆有翼室大門二門各三楹惟以地勢窪下屋宇不甚宏敞每值夏令霪雨則浸入室內而潮濕之氣經年蒸騰文卷票據間有腐蝕者若不重事改築不惟有碍辦公抑於觀瞻亦屬不雅民國十五年十二月經張公具情呈請省署重事建修其款由自治存款生息項下動支奉令照准迺改建洋式瓦房四十二楹費款計哈洋二萬七千三百六十九元二角竣工之後以員司宿值無處又於後進請准添修十一楹並於客廳外懸匾額一方額曰「菜根堂」金州名士李西東園所書丹也今則遺澤輝煌高懸門額而賓客往來員司過值其下者莫不低首徘徊欣羡贊嘆不置云

人物　氏族

長春縣鄉六區劉家帽舖馬氏

馬氏肇於姬水自軒轅黃帝爲始傳經二帝三王至周時分茅胙土始錫姓氏當日計三支長趙次秦季封爲馬服君者即馬氏始祖後人即以爲氏焉在陝西扶風郡馬氏自得姓之後宗族益繁有遷於別省者一支赴山西太原祁縣魯村居焉至漢渤興有名援者爲伏波將軍累世公侯歷代簪纓迨漢季融設絳帳授生徒弟子千餘人而鄭盧獨得其一貫之道垂訓後人以耕讀忠孝爲本人稱道學先生嗣有名遠者善繪山水人物花鳥宋光宗授待詔爲畫院獨步自馬服君以至於遠凡二十七世迨至遠至中和五十六世均失諱不可考及明永樂年間遷民於山東有在青萊間落戶者長支優思故土奔至南直省不幸起紅頭蒼蠅專饒西行者咬傷潰爛難療以致後未得意因此此支失所次支祖名驌字驄卿一字宛斯順治時進士精通古史世有馬三代之目家居奉天上陽門外打磨廠本支先人名中和居三支自和至仁育六世育又一傳至倫倫三世至尚志迄清聖祖康熙年間祖樂山移居奉廣寧連新屯界嘉慶二年長春出荒經其祖名廣居者復遷長春北三道溝水泉又五年移六間馬架光緒三十年有鍈與銘鏻鉉等兄弟析居始移居劉家帽鋪

坿自尚字後各代名諱

尙希樂廣雲金書吉世長百隆喜春景學文永興恆

統系表　遠代不得其詳自樂山代始

樂山生五子廣倉廣耀廣居廣喜廣修廣倉生子二雲衢雲谡廣居生子四雲從雲徽雲徵雲衡廣耀

無出廣喜生子一雲步廣修生子四雲峯雲露雲山雲岫

按雲徽雲徵雲步三人雖未仕皆名登天闕徵曾請明封貤父母

勅命父母爲登仕郞孺人

封贈勅命一代一軸

坿聖旨

奉天承運皇帝制曰設官分職昭器使之無遺錫類施仁喜蒙恩於伊始爾馬廣居迺捐職未入流馬

雲徵之父秉心醇樸飭行端方教誨懷式穀之勤政事本貽謀之善茲以覃恩貤封爾爲登仕佐郞錫

之勅命於戲一命得以逮親遂膺曠典庶政期於稱職篤迓休光

制曰　登皇路以馳驅忠原本孝入庭闈而侍奉嚴必兼慈馬雲徵之母性本和柔飭衿鞶於閫內教惟

勤愼紆章服於庭前茲以覃恩貤封爾爲九品孺人於戲所親邀優渥之恩勉圖懋績有子克靖共之誼宜播芳徽

同治十三年吉月吉日吉時

雲徽子四鍈鏻銘鉉雲從子一錦雲徵子二鐸鎮雲衢子一才雲衡子一鈞雲步子二鏹銓雲僎雲峯雲山雲岫均乏嗣雲露子二鎸鋼

鍈字警凡歷充清長春廳府衙門幕賓及刑部主事各差子五書琴書典書洛書香書緯銘字西園子二書訓書紳鏻無子以鍈之三子書洛承祧鉉字貫士子二書棠書田錦子二書圖書簡鎮子五書文書潤書榮書舉書雲鈞子三書齡書春書五鏹子四書堯書禮書孔書六銓子一書百才鎸今尙無子鋼子一書雲

書緯民國元年十月團長誠委充第一營軍需長二年五月陸軍總長靳委爲三等軍需正十年三月充長春第三學區十五校校長十九年三月長春縣長馬委充第六區地方自治助理員

人物　鄉賢

高培田字蘊圃清光緒乙亥科副榜例授州判因母老不仕建築養正書院竭力襄助迨書院落成經李太守金鏞委爲書院總董

王振鷺字序堂績學未第遂棄而就幕爲人性慷慨喜排難解紛獎勵節義縣中剏修文廟與有力焉

紀維綱字高陞性樂善好施予每遇窮苦親鄰不待乞求輒竭力周濟之李太守金鏞建設同善堂委爲該堂經理以善人而辦善事無不謂李公知人善任也

別焕字焕亭辛酉科優貢所爲文章有名大家風曾肄業奉天書院才名噪一時長邑剏修文廟籌款募捐不遺餘力匡勷之功當推第一其子家瑞家桂皆廩貢生是亦能善繼述者也

程鵬南字海門性謹愼存心忠厚頗有長者風曾著有韵語一編行於世胡雲藻字鳳樓附生性慷慨尙義節設塾里中時宋小濂及門受業貧不能具脩脯憐其才竟弗索且盡其所學以教之後宋登顯仕任封疆餽報豐厚每過長必躬親趨謁執弟子禮甚恭始終若一人兩重之

朱琛字斗南性慷慨有智謀清同治四年馬賊犯城人心惶恐琛挺身出建計禦賊率衆趨東門登陴以守卒以調度有方城賴以保嗣以守城功叙獎五品銜布政司理問

高鴻飛字子贍爲清光緒庚子辛丑併科舉人曾署理熱河建平縣知縣甚著政聲

人物　孝子

常鳳官長春府懷惠鄉人母王氏年二十二而父德歿無子以鳳官嗣鳳官有至性事母孝妻于亦以孝聞緣母嬰痼疾纏延牀第者二十餘年鳳官昕夕侍側飲食必親値出耕妻于則紡於姑旁以防轉側疾劇每涕淚霑衣有瘳則欣然色喜歷二十餘年如一日時人多謂所自出者亦未必若是況嗣子乎非生有至性烏能如是也（曾載於吉林通志一百十四卷）

何給字世贍性至孝嗣父疾遺溺必躬爲檢點防護備至歷久無倦容充廩保時値發生劉鴻恩辱擊士子之案竟由吉而奉而京師久纏未結世贍以廩故牽作證人劉鴻恩遣人致意並厚賂以金拒弗受卒證明此案而劉鴻恩始判定似此不惟以孝稱其宅心正直更可風矣

王延世字享久附生夙以孝稱人無間言其處世藹然可親未嘗有疾言遽色清宣統元年孟秉初太守涖郡時聞延世孝行舉爲孝廉方正

人物　烈女

袁氏邑之懷惠鄉人歸王淸山淸山病將殁有從兄淸海來視私語之曰弟婦苦亦至矣僅一女且貧將何以守弟如不諱當令母女得善所無多要索也袁微聞痛澈於心欲哭又恐傷病者乃强隱忍以致昏仆於地及甦乃嗷然曰我不能以身與人易錢也旋淸山殁葬訖袁早夜取舊衣爲女改製十數事適淸海偕戚屬至有所議議就將語之而袁已自縊於別舍矣

孫烈女亦懷惠鄉人幼字李殿龍殿龍殁請奔喪母不許女遂不食越三日母慰之曰我老矣兒死我何生女乃强起踰年竟別爲議婚女知不可止乃語鄰女曰我所以忍死者冀終母天年今若此不復能待矣乃沐浴理妝飲藥而死李氏請於孫家迎女櫬與殿龍合葬焉

張氏懷惠鄉人歸李彥亮年二十七値彥亮病篤垂殁時謂之曰吾雖有兄與弟至事病母則在若矣張泣許焉蓋母病臥床第間已十餘年矣飲食一切雖有娣姒終未若張之侍奉適意體貼稱懷彥亮殁後張悲慟澈心骨然酸淚偷咽未嘗顯於形聲夫之兄若弟皆嗜博負無以償張則斥已之奩具並謂之曰請以此償所負後請勿在博可乎彼兄弟亦深自慚悔乃亟謀治生以圖振奮家遂小康門以內雍雍如也

劉氏亦懷惠鄉人與張氏同里歸王瑞琳瑞琳病歿劉年僅二十有一鄰婦每以無出勸劉改醮劉曰雖無子女尚有翁姑在倘他適翁姑將何所恃耶因鄙之曰爾固有夫者夫亡勸使改醮爾夫不爾懼乎由是人無敢再有喋喋者族人韙其言嘉其志乃嗣以子焉

徐氏亦居懷惠鄉歸生員郭其昶生一女而其昶病歿時年二十有二舅姑知其性烈謂之曰兒不難一死其奈吾二人年皆衰老復有呱呱者在抱何倘殉爾夫則老與幼將同歸於盡矣徐於是忍其悲哀遵舅姑命奉事堂上備至後舅姑相繼謝世乃罄其所有以營葬事及女年長里有以從俗贅婿作嗣爲言徐不可曰宗祧豈可亂耶卒以其昶從子霖爲嗣鄉鄰莫不稱爲女宗或徐節婦云

張氏沐德鄉人適夫王振翰振翰病篤執其手謂之曰以爾年之少又無所庇吾死目不瞑矣張泣對曰此無慮脫不幸當與偕乃探枕畔所藏毒藥以示之及振翰瞑即服以殉可謂烈矣清光緒十三年旌表如例

李氏女幼字恒裕鄉王連源未及婚而連源歿女聞仰藥死或以爲恩未接情未孚徒徇名義無乃太過是不然女以爲名義既在奚論恩之接情之孚即應爲之守顧繼此之凄凉歲月又莫若一死之爲

了當也亦可知矣

霍氏女居邑之大家溝幼所許字者歿會有飲於女家者道其情並甚惋惜適爲女聞遽入室久未出父母疑而就視已自縊死矣惟所許字者爲誰氏子已不可考不能附霍女以並傳也

梁氏名坡縣屬西北鄉人幼字同里王氏子王甚貧致愆婚期而梁以豔著近村有孫某者富而不仁稔女美乃以金啗女父母謀取爲妾父母殊瞶瞶竟許之行有日矣梁悉所謀知無可挽因跡婿之所在告之故遂與之偕遁冀可避免詎孫竟訟於廳經廳判決復歸孫某及歸孫之夕遂自縊死噫烈矣若梁氏者因被迫而歸幼字之婿不得謂之私奔婿與已聘之妻走避强梁亦不得謂爲拐逃至孫某恃財肆暴强謀娶已聘之女爲妾其罪已無可逭正有司所亟當治之以法者不知判而歸孫於律奚據誰歟判此何若是之昏昏耶 以上均見吉林通志

張氏爲張廷林之女幼許於恒裕鄉十甲宋秉卿未及婚而秉卿病歿張聞之終日泣飲食不入口必欲奔喪父母知女意堅決不可挽乃告其翁姑迎之往弔當時即易髫爲髻遂留而不返從此奉事尊章志勵冰雪歷三十年之久鄉中士紳爲之請旌表焉

田高氏爲邑人高文學之女年十九歸田廣泰爲婦性謹淑嫺家訓奉事舅姑主持中饋更躬耕田畝
無違夫子里鄰罔不稱其賢詎嫁甫六載而廣泰以疾歿遺一孤方四歲時家運維艱而堂上雙親懷
中幼子雖有叔氏奈年尚穉凡一切家計氏實操之迨歿時年已七十有二矣苦心孤詣歷數十年如
一日邑紳何給王振鷺等爲之請旌邀准建坊並入祀節婦祠以彰其節孝云
聶叢氏邑人聶榮之妻叢鳳舞之女也幽嫺習禮婉通經于歸時年十有七躬操井臼親挽鹿車生
有三子而榮以瘵卒氏竟絕粒欲以身殉繼念親老子幼意良不忍遂益加辛勤事老撫幼竭盡心力
嗣雙親歿葬祭皆盡禮諸子亦敎誨成名年五十遘痰疾卒經邑紳合請當事者疏上於朝准入祀節
婦祠以著其節孝焉
鄭王氏鄭友輔之妻于歸時年十七係出名門頗嫺內則事翁姑盡孝相夫子無違人多賢之越七年
生有二子長四歲次僅及週友輔時年二十三竟以疾歿氏遽失所天痛不欲生顧念上有雙親下有
二子又不可以身殉乃節勵冰霜心矢鐵石捐釵細操井臼奉親必先意承志敎子則晝荻丸熊及翁
姑歿時葬祭盡禮不第以節著而孝亦可稱矣邑紳王佐臣張自書等聯名呈請旌表如例

袁趙氏邑人趙全璧之女長適袁錦爲婦生而明慧識大體不幸錦以疾卒遺有子女各一氏哀慟欲絕繼以仰事俛畜均繫一身遂茹苦含辛事親教子身心交瘁形影紛勞卒教子得有成立大振家聲邑廩生别榮桂胡雲藻等爲之請旌焉

王陳氏邑人王仲妻也仲歿守節矢志無他具冰雪心有柏舟操經太守李金鏞稟請旌表如例

劉氏沐德鄉八甲馬景孔之妻士人劉福興之女也夫歿守節五十三年

邊陳氏爲邊慶雲之妻夫亡立志守節三十九年

姜杜氏沐德鄉八甲杜永清之女適夫姜際秀際秀歿氏守節五十五年

劉李氏撫安鄉三甲劉天恩之妻夫歿守節二十四年

茹殷氏茹秀之妻秀卒後殷爲守節三十六年

楊魯氏楊鳳崗之妻鳳崗歿氏矢不再嫁勵志守節歷四十年

入祠節孝婦表

朱厲氏　　于周氏　　馬黄氏　　孫姜氏

滕賈氏	劉張氏	盧姜氏	張劉氏
樊倪氏	紀李氏	王李氏	丁李氏
吳王氏	王姜氏	鄭王氏	王鄒氏
王李氏	李徐氏	張胡氏	王李氏
何馬氏	袁趙氏	劉李氏	張鄒氏
王陳氏	杜紀氏	田何氏	董黃氏
田高氏	蔡谷氏	蘇胡氏	聶叢氏
鄒張氏	王張氏	曲張氏	梁劉氏
李孫氏	叢王氏	王孫氏	蔣毛氏
鄒趙氏	張姚氏	于商氏	王高氏

按表列各節婦其有事狀可考者業經敍載於前餘者僅書姓氏因其里第門閥守節年月及經過情形均無可考祇得從略然松筠勵節冰雪爲心闡發幽光又不能以其畧而忽之也

藝文 文詩

養正書院記

書院非古也古者自王國至州遂鄉黨無不學之地自天子至於庶人無不學之人逮嬴秦滅學更漢唐之盛郡縣多廟而不學宋慶歷間始詔諸州立學而其所以爲敎又非古法於是一二有志之士往往於先儒過化之地名賢經行之所聚徒講學奮然求道於千載之下宋元以來眞儒輩出此書院之所由尙也國朝稽古右文通都大邑各建書院長春地屬郭爾羅斯自嘉慶設治以來生齒日繁而學者苦無師承癸未冬金鏞來權斯邑深嘅書院缺如無以培植人材乃與廳之紳士議創設之遂倡捐廉俸千金購地城北剋日鳩工廳之好義者咸樂輸將以成此舉於是會講有堂燕居有室講習有舍儲經史爲觀摩之地給膏火爲講習之資既成招諸生讀書其中因告之曰書院之以養正名何爲乎易曰蒙以養正聖功也以諸生向學之殷幾於有成命名之義得勿疑其卑視乎慨自科舉之學與性命之學分於是士爭習夫佔畢帖括之學以奔走於功名得失之途而於聖賢之學忽焉不講校之獵而去其派流之導而忘其源欲眞才之出其可得耶是邦僻居邊塞士安樸陋竊喜其習染未深正得

以實學倡導爲是邦開風氣之先諸生其有意乎上而孔孟下而程朱其理平庸其道淺近不必煩爲之辭也以所課之藝返諸躬即是眞學以所講之學發爲文即是至文今書院之立也按月課以帖括之文即當世所尚科舉之學也諸生其返諸躬乎而又仿諸儒聚徒講學之例以求性命之歸諸生其推究聖賢立言之意以發爲文乎講求乎誠正修齊之道操習乎記誦辭章之術迨至下學漸臻上達是養正之意即作聖之功也不然宋元諸儒崇事書院以求不失古先王立學之遺者不且事義相背名實不符歟諸生勉旃蓋今日體會無差即他時推行盡善將見文學儒林名臣循吏諸生必有各居一席者命名之義引端焉耳卑視云乎哉若夫親執鞶鼓勞瘁不辭則別君鎮卿張君獻廷實始終之至庀工月日縻銀若干勒之碑陰茲不贅

光緒十一年三月　　錫山李金鏞謹譔

移建魁星樓記

壬寅秋將移建魁星樓於城之東南隅適有客詰曰博博大地兢進文明睎此時艱方創學堂建藏書樓之不暇顧惓惓於魁星何居乃答云余未嘗學問不識時務然見地球各國禮基督者峻其堂奉清

眞者隆厥寺且倡忠義者樹幟勵節烈者建坊有開必有先斯風從響應譬如入市不瞻標識則倀倀何之夫魁爲天府之文明茲之建樓所以爲文明之標識也憶余投筆從戎縱橫數萬里人文淵藪與蠻獷村墟所閱不知凡幾距境數百武遙望其氣勢磅礴鬱壑腴秀者則知爲文教之鄉也其樹童澤涸脈絡淆雜者爲野蠻無疑然後文運之振以興學爲權輿而氣脈之維持亦與有力焉辛丑冬余承乏長春見其闤闠塡溢人煙輻輳富且庶矣第考仕籍登金馬步玉堂者蓋寥寥然及接見士人亦不乏彬雅溫秀可敬可愛之材因憶胡文忠公官鄂時以提倡文教爲首務我楚人文彬蔚卽基礎於是爰師此意整頓書院嚴定課程以興實學聘耆儒之有行者朝夕宣講聖諭廣訓以牖民智且治渠道植樹木蒔花草以達生氣無非爲振興士習鼓吹文明然猶慮地運之未靈也舊有魁星樓麗於武廟中位置既覺非宜觀瞻亦形不肅況城之東南隅位居巽地不有巍峨層閣缺陷滋虞今移建斯樓若天命地運人事有莫之爲而爲者其殆爲文明之起點也歟客謝而退於是集重紳議移建詢謀僉同諏吉卜築鳩工庀材閱數月而工竣斯時也膏雨時澍薰風徐來清溪環流萬山遙映左有嵯峨之回寺右有崔巍之武廟三峰鼎峙秀氣可挹所願郡屬人士鑒觀有赫觸目警心務發奮以自強勿拘迂

之是涸處則究心遠大樹邦國之先聲出則克建勳名爲中華而壯氣上以副國家作育人才之意下無負此日倡興文教之思是則余之所厚望也樓成爰泚筆而爲之記

知長春府事王昌熾自記

杏花村記

盛衰者時也興廢者數也而所以致此盛衰興廢者則視乎其人長春府城西有杏花村焉爲灌園劉殿臣舊業其地平岡環繞中有碧水一泓栽植紅藕花入夏妍於岡上雜蒔榆柳櫻桃之屬惟杏最多故村以是得名光緒庚子拳匪擾邊釁開俄人率其甲兵踞我郡治村距城近不免爲戎馬所蹂躪榆柳櫻杏半斧作薪水泉涸竭蓮藕枯敗劉殿臣一窶人耳不圖作修復計遂使勝境將成穢墟楚北王古愚太守來蒞是邦顧而惜之捐俸購焉尋其泉源谷爲開濬徧覓菱藕移植其中而若榆柳若櫻杏栽者培之缺者補之復規度地勢構茅舍三楹顏曰課農山莊每當夏秋佳日公餘之暇集其賓僚藉游宴以省耕歛兼令劉殿臣司培溉掃除之役俾已興者不致復廢於是都人咸嘖嘖相告曰太守之爲此與蘇子瞻喜雨歐陽永叔之醉翁媲美千古矣嗚呼此猶以淺見測太守也太守初抵郡强俄逼

處劇賊內訌太守因時制宜從容布置賊有奪民一錢者戮以徇俄有佔民寸土者爭必力集父老詢疾苦凡可以保我黎庶者無不爲所當爲經營載餘郡以大治其杏花村之修建猶緒餘耳以覘喜雨醉翁實有過之無不及蓋觀夫課農二字太守固欲擴充其量仿行屯田以實邊而弭患焉異日政成報最洊膺大任凡所設施必能轉衰爲盛百廢俱興有足以實吾言而副吾望者豈僅長春一府杏花一村可盡太守之經綸覘太守之抱負哉爰泚筆而爲之記

光緒二十九年歲次癸卯夏五月中浣淅江秋元朗定之撰

長春重修文廟記

鍾廣生　慭盦

聖人之道蟠天而際地故百世宗仰而報饗特隆上自京國旁及郡邑海隅徼塞四方萬里之外莫不崇飾壇墠置官立學揭揭業業協於大同唐宋以來著爲典常未有與易長春文廟舊在城東南隅清同治癸酉有薄侯者來官斯邑始建置之距今五十有二年矣風雨所摧剝寒暑所盪摩棟之曲者日以撓堂之欹者日以圮循是不復其何以展敬事襄盛儀斯誠有土者之所羞也共和十三載建歲甲子吉長道尹榮公典領方牧右文師古既綏既寧念泮水之湮蕪憫斯文之將墜慨焉興作克廸前光

乃以命知縣事趙侯而詔之曰嗚呼天將喪乱於有邦不務修文德以作新民惟是力爭日尋干戈競相雄長釁序絃歌之聲闃焉無聞蓋上失其道而民之無教也久矣余忝竊高位而俗陋民頑廟祀之儀不修心滋戚焉願更新之以肅羣志而弼治化其可哉趙侯應曰諾當是時庫無羡儲民鮮蓋藏賴侯之力拮据經始凡算緡三萬八千取諸縣自治費者若干其捐廉募者若干孟夏四月廟工始作迄仲秋八月而新基慶成是月也上丁釋奠堂廡煥然考鐘伐鼓庭燎有輝駿奔在位執事孔虔也於是紹明禋於既往昭宏範於來茲以屬廣生礱石鑱詞欲有所述嗟夫方今中原蜩螗四方多金革之事文治之衰不絕如縷餼羊猶存可謂難能況夫雍容一堂振廢墜而復興之其於扶翊風教昌明聖學顧不重且鉅乎哉是可記也已榮公名厚滿洲鑲藍旗人趙侯名鵬第江蘇丹徒人甲子十月錢塘鍾廣生記固始許成琮書金州李西刻石并篆額

中華民國十三年十月穀日

長春懷古

楊同桂　伯馨

李唐渤海昔紛龐千里隄封說大邦地勢南連元菟郡風聲北抵黑龍江貢鷹使者來何數搏虎男兒

事少雙自破扶仙輝汗弱可憐諲諜已先降
州近長春地勢非火遼捺鉢想餘威黃龍據塞方稱險賴馬臨江已破圍嗣有留哥思繼續臣如公鼎
播遺徽而今欲問行宮勝禾黍離離映夕輝

長春懷古　宋玉奎　惺吾

一線鴻溝萬馬營金遼人代幾紛更殘碑猶有黃龍字古道遙通鐵鳳城碧眼賈胡爭互市南冠傖楚
尙稱兵秋風多少歸來想儘在鱸魚蓴菜羹

長春

劃斷鴻溝萬里橋南胡北越息喧囂一從絕漠通天塹迭見飛輪走晝軺宛馬城中方互市淸人河上
自逍遙淒淒重過長春路秋滿中原恨不消（南越北胡勢等參商以有中原爲之限也胡越喧爭則中原盡矣）

棄尸　有序　失名

星期日造四道街第一初等小學校返自小西北門時天雨初晴道路泥濘偏坡有小徑方欲上升
忽十數人舁露尸六七具由徑下過急掩鼻趨徑下泥濘中避之目不忍視及舁尸者去稍遠始歸

原路回視舁者過橋而西棄尸溝中感而有作

今朝胡不幸路遇數舁尸乍見不忍睨急趨道下避向前步有時始敢一回視遥遥往西行緩緩過橋去棄擲溝壑中不爲虆梩蔽任彼風雨侵飽共野犬食嗟爾何處人是誰致爾死豈無父與母抛却妻與子白骨乱蓬蒿家中不曾識無故生我國不能謀自立死爲途上莩此亦何足惜奈何使我逢致吾心戚戚

李公祠楹聯

王昌熾　古愚

凡事之開必有先公昔曾紹斯符召父且兼稱杜母

極盛以後難爲繼我今忝權此篆蕭規未免愧曹隨

同

沙浄浦
何曉川

當年几席親承講學公餘善化如逢三日雨

此際馨香共祝感懷沒世遺風猶薄萬里春

同

邊著煊

蒞治儼慈君合萬家而曲盡勤劬俎豆馨香應信我公無愧色
敎民先愛士開大廈以廣延寒畯謳歌絃誦更能何日不思恩

同　竇際榮

公去其神乎行覘萬井人煙恍若開婦孺口樂稱生佛
我來孔後矣今坐一山講席猶可見絃歌事賴有慈君

同　成勳

中外播賢聲環顧邊陲政績允推魁傑
巍峩瞻廟貌惓懷時局保障猶藉英靈

同　紀維綱　張鳳田

溯我公布澤無窮樂利莫忘萬戶於今懷舊德
愧吾輩酬恩已晚高深難答四民惟有祝新詞

同　峻昌

道德五千言經傳世系私淑有心予未得爲徒也

功勛兩三省澤被生靈公忠在撫民到於今稱之

同　　綽哈布

治行徧雞塞碑留德政頌起循良溯往時捍雄鄰擒渠殲而衛民修圜法振文風而變俗經猷宏遠允

推蓋世勛名過春城瞻拜崇祠看赤桷丹楹偕金石旂常昭萬古

聲望振龍江婦孺謳歌羌戎賓服憶當年涉沙漠闢窮荒以興利足食兵務生聚以實邊艱苦備嘗總

盡瘁臣心瞻撫遺像追懷老成想忠魂浩氣與日星河嶽炳千秋

同　　林松齡

裁丁理契惠我無彊迄今飲水思源春禴秋嘗藉報德

開鑛實邊交鄰有道至今承流仰化青天白日懷先型

同　　李希蓮

教養僅三年學校興田野闢此老餘恩當留想像

蠻蒙數百里食舊德服先疇斯民致享聊報功勛

同　　史菑　仙舫

隄賑䘏而民甦荒鑛開而邊實鞏龍與基礎懾虎視威棱信義著朝野中西華夏有達人固不讓美宦

歐臣風騫萬古

以先勞爲敎養以廉敏鑄精神遺愛洽棠封新猷輝柳塞感頌徧士農工賈長春贍廟貌洵足與吳江

漢水鼎峙千秋

同

盧堂懸鏡洞澈民情薦丹荔黃柑父老從頭思惠政

先我着鞭經營邊要過白山黑水生平低首拜公祠

節孝祠楹聯

仁政以窮民居先願兩廡孤孀盡效夫巴婦懷淸共姜矢志

潔操爲聖世所重看千秋特祀同竊得守臣致祭宗伯題名

長春縣誌

卷六

長春縣志卷之六

公家藏書目

長春圖書館係由捐募而成原屬教育局兼筦繼改歸市政籌備處館址在舊道勝銀行院內規模尙稱潤大藏書亦甚多約分經史子集等各若干種皆由北平等處購來版間有珍貴典雅者並委有專人經理文萃攸關自當重視也茲將該館藏書目錄照鈔於下

經部

皇淸經解　六十函
續經解　三十二函
通志堂經解　四百八十本
經籍纂詁　六函
御纂七經　一百四十二本
音學五書　二函

周禮正義　二函
說文釋例　二函
說文句讀　二函
經義考　八函
小學考　十二本二板
正續通鑑五種　共二十三函
五朝紀事本末　十二函
二十二史劄記　二函
十七史商榷　二函
先正事畧　二函
方輿紀要　一百零六本
天下郡國利病

水道提綱　一函
四庫全書總目　十四函
書目答問　一函
語石　一函
李氏五種　十二本一板
歷代輿地圖　四函
通鑑輯覽　八函
史通通釋　一函
史通削繁　一函
史記精華錄　一函
畫史彙傳　四函
大清一統圖　八本

金石萃編　四函
鈔錄　一函
三史語解　一函
歷代帝王年表　四本一板
光緒東華錄　六十四本一箱
日本國志　一函
吾學錄初編　一函
漢學師承記　一函
佩文齋書畫譜　八函
國朝畫徵錄　一函
國朝詩人徵略　一函
歷代史表　一函

古泉從話　一本

皇朝藩部要畧　一函

吉黑外紀　一函

蒙古游牧記　一板

蒙古鑑　一本

東三省政畧　一箱代圖

金石叢書　四函

金石大字典　四函

子部

百子全書　十函

廿二子　八函

莊子集釋　一函

莊子集解　一函
荀子集解　一函
老子覈故　二本
東塾讀書記　一函
困學紀聞　一函
大學衍義　一板
大學衍義補　四函
日知錄集釋　二函
容齋五筆　二函
淵鑑類函　一箱
佩文韻府　一箱
駢字類編　一箱

少室山房筆叢　二函
子史精華　四函
安吳四種　二函
無邪堂問答　一函
書林清話　一函
嘯亭雜錄　一函
閱微草五種　一函
廣事類賦　一函
北堂書鈔
初學記
太平御覽　十二函
數理精蘊　六函

協記辨方　二函

醫宗金鑑　六函

景岳全書　四函

黄氏八種　二函

溫病條辨　一函

陳修園二十三種　四函

東醫寶鑑　五函

沈氏遵生　二函

一切經音義　一函

弘明集　一函

廣藝舟雙揖　一本

韓非子　一函

集部

全上古今三代文　十夾板

漢魏三名家集　十二函

全唐詩　四板

宋詩紀事　四函

胡文忠公集　二函

明詩紀事　四函

元詩紀事　一板

施德蘇詩　二函

二程全書　二函

制義從話　一函

章氏遺書　四函

章氏叢書　三函
王文成全書　二函
弘正四傑集　二函
壯悔堂集　一函
惜抱軒全集　二函
石笥山房集　一函
王船山全集　十函
東壁遺全　二函
江都汪氏叢書　一函
古今詩選　一夾板
八代詩選　一函
駢體文抄　一函

吴梅村詩集　二函
樊山全集　四函
杜詩詳註　二函
東雅堂韓文　二函
五百家韓文　二函
八旂文經　二函

雜部

如不足齋叢書　三十函
粤雅堂叢書　三十函
士禮居叢書　四函
顔李叢書　四函
玉函山房叢書　六夾板

抱經堂叢書　十函
平津館叢書　六函
春在堂叢書　六夾板
昭代叢書　二十函
皮氏八種　二函
小方壺齋叢鈔　一箱
段氏説文　二夾板
康熙字典　六函
音韵闡微　一函
盛京通志　二函
越漫堂日記　八函
杜詩鏡銓　二函

正續古文辭類纂　四函
歷代沿革表　二十四本
三蘇全集　八函
宋詩鈔　六函
漢書補註　四函
于中丞集　二函
廣板十三經注疏
曾文正公全集　十六函

私家藏書目

長春私家藏書惟有董氏（名耕雲，字話年）稽古山房及遂息園兩家所庋之書籍約分經史子集等多類板皆典雅珍貴董氏曾自編目錄更有弁言似此坐擁書城牙籤滿架不惟私有者足以自豪亦長春文粹之所在也玆將其目錄照抄如下

稽古山房藏書目錄

經部

阮校十三經注疏　二十四函

相臺岳氏藏五經　六函

錢儀吉輯經苑　六函

清纂七經傳説　二十四函

殿板周易折中　一函

殿板孝經衍義　四函

左傳集解　二函

左傳句解　一函

爾雅　一函

論語集解　一函

學海堂正續經解　八十函

古經解彙函　小學彙函　八函

經源

經義考　四函

鄂刻經典釋文　二函

抱經堂本經典釋文　二函

漢學師承記　一函

說文訓詁

經韵樓刻段氏說文　四函

段說文　二函

朱說文　一函

胡說文　一函

祁說文　一函
苗說文　一函
說文義證　四函
說文釋例　二函
說文句讀　二函
馮刻說文　一函
說文斠詮　一函
說文校錄　一函
說文校錄　一函
說文均譜解字均合函
說文通訓　四函
說文審音　引經考合函

古籀疏證　一函
說文新附考　一函
說文發疑　一函
說文外編　二本
說文分韻　一函
說文辨字　一函
說文逸字　一函
字林考逸　一函
說文分韻易知　一函
班馬字類　一函
一切經音義　唐釋元應一函
說文辨字正俗　一函

鄭汪汗箋　一函

說文引經考　二本

殿板康熙字典　六函

殿板康熙字典　四函

聲韵

澤厚堂玉篇　一函

廣韵新編　唐韵書一函

姚刻集韵類篇　宋韵書四函

五音集韵　金韵書二函

韵會舉要　元韵書一函

洪武正韵　明韵書一函

正韵彙編　一函

音韻闡微　清韻書一函
古韻發明　一函
古今韻畧　一函
韻辨附文　一函
韻府萃編　一函
六書系韻　四函
四音釋義　一函
經韻集字　一函
四聲篇　一函
古韻類表　一函
佩文詩韻　一函
韻岐　一函

等韻外篇　一函

晉學五書　二函

古今韻考　一函

韻鏡　一函

六書　**篆隸**　**楷法**　**鐘鼎**　**金石**

六書正譌　一函

六書通　一函

六書原徵　一函

篆文第一種　二函

續復古編　一函

篆文四書五經　一函

隸釋隸續　一函

漢隸分韵　一函
隸辨　二函
隸法彙纂　一函
隸篇　一函
藝文通覽　八函
楷法溯源　一函
楷體蒙求　一函
墨池編　一函
集古錄　一函
吉金錄　一函
古刻叢鈔　一函
鴈足鐙　一函

金石契　一函

金石摘　一函

薛鐘鼎　一函

商周彝器銘　一函

史部　清同治八年孟秋嶺南葄古堂陳氏仿殿刻廿四史全部裝訂八十函

史記　一至三函　一百三十卷

前漢書　四至七函　一百卷

後漢書　八至十函　一百二十卷

三國志　十一至十二函　六十五卷

晋書　十二至十四函　一百三十卷

齊書　十七函　五十九卷

梁書　十八函　五十九卷

陳書　十九函　三十六卷
魏書　二十至二十二函　一百十四卷
北齊書　二十三函　五十卷
北周書　二十四函　五十卷
隋書　二十五至二十六函　八十五卷
南史　二十七至二十八函　八十卷
宋書　十五至十六函　一百卷
北史　二十九至三十一函　一百卷
舊唐書　三十二至三十七函　二百卷
新唐書　三十八至四十三函　二百二十五卷
舊五代史　四十四至四十五函　一百五十卷
新五代史　四十六函　七十六卷

宋史　四十七至六十函　四百九十六卷
遼史　六十一至六十二函　一百五十卷
金史　六十三至六十五函　一百三十卷
元史　六十六至七十二函　二百一十卷
明史　七十三至八十函　三百三十卷
鄂仿胡刻資治通鑑　正續　二十函
綱鑑史約　四函
同文影殿袖珍本史略　一篋四函
馬氏繹史　六函
鮑刻國語國策　一函
史通通釋　一函
三板聖武記　一函

乾隆府廳州縣志　二函

子集部

浙刻廿二子　八函

鉛印廿八子　六函

閔刻呂覽　一函

春秋繁露　一函

淮南鴻烈解　一函

仿宋陶淵明集　一函

唐初四家集　一函

顔文公全集　一函

繆刻青蓮集　一函

杜詩鏡銓　一函

杜詩詳解　一函
陸宣公奏議　一函
東坡七集　四函
蘇文忠全集　四函
王注蘇詩　四函
殿板朱子全書　四函
殿板性理精義　一函
王陽明集三種　一函
王船山遺集　十二函
曝書亭集　二函
帶經堂詩集　六函
劉孟涂全集　一函

養素堂文集　二函
忠雅堂全集　四函
擘經堂集　四函
壽藤齋詩鈔　一函
龍岡人山詩鈔　一函
紫亭詩鈔　一函
銅鼓堂遺稿　一函
仿潛齋詩鈔　一函
拙尊園藂稿　一函
獻刻山房詩鈔　一函
胡文忠公集　一函
香祖樓集　二函

醫書

寧刻本草綱目　六函

日本刻千金翼方　二函

痘疹定論　一函

本草備要　一函

醫方集解　一函

醫宗必讀　一函

選部　叢書　類書

寧刻汲古閣文選　二函

仿殿刻古文淵鑑　四函

樂府詩集　二函

歷朝詩選　四函

采菽堂古詩選　二函
漁洋古詩箋　二函
解刻文選　二函
續文苑英華　一函
八代詩選　二函
文章軌範　一函
古文奇賞　一函
古文七種　四函
文學精華　四函
解刻文選　二函
呂選唐宋八家　一函
詩觳約選　二函

全唐詩錄　四函
御選唐詩　四函
唐賢三昧集　一函
罔師園唐詩箋　一函
六朝文絜　一函
聖歎批古文　一函
明詩紀事籤　四函
近代十大家文鈔　二函
三蘇約選　一函
四六法海　二函
唐宋十家文醇　四函
唐詩合解　一函

試律七家詩　一函

叢書

漢魏叢書　十函

古逸叢書　八函

連筠簃叢書　四函

咫進齋叢書　四函

玉函山房叢書　十函

後知不足齋叢書　四函

鐵華館叢書　一函

結一廬叢書　一函

槐廬叢書　六函

隨弇叢書　一函

鄂三十三種叢書　六函
觀古堂彙刻　四函
賁園叢書　二函
朱氏賸餘叢書　二函
清代著述叢書　一函
叢書舉要　四函

類書

北堂書鈔　二函
太平御覽　十六函
王氏玉海　十函

評議

少室山房　二函

鐵琴銅劍廔　一函
圍爐詩話　一函
寫刻江邨消夏錄　一函
影卞刻書畫彙考　六函

附錄稽古山房藏書目錄弁言

余自束髮讀書不喜帖括每嗜訓詁志在考古討源爰檢篋笥所藏弁者率皆先君子之購置奈於家計除課第講章外若經史子集其他古藉概僅見焉成童後始見張文達輶軒語與書目答問於讀書致古少窺門徑及見四庫提要目錄諸書則知黃帝命蒼頡沮誦造字以來墳典之可述者載於尚書而唯心學闡發無餘洎乎春秋戰國百家挺生而競起於是學說浩如煙海此吾國學術極盛之期自經秦火所存者雖不無僞託然皆吉光片羽所謂周秦諸子一字千金洵非誣也漢西京崇經術而江都中壘矜式千秋東京重訓詁此賈馬許鄭蔚然雲起發隱闡微風靡當世者晉談玄理致中原陸沉非茲學術之使然也唐初註疏諸家尚師古法宋則潛襲釋學別開生面因而去古既遠學術以之寖

假而淩夷矣降及科第吾國學術幾呈熄滅吾於讀書始悉學術每隨國家爲興廢國家亦實因學術成盛衰應否刻意培補造時勢者詎可忽視乎自吾國海禁大開通商以來相形見絀八十年中無日不在任人宰割沈痛之下推原禍始豈非學術隳敗失應付挽救之道歟若曰挹彼所長（指唯物學言）劑吾所短豈非吾國五千年人文物質學術進化世運大同際會之期也哉讀書貴在致用觀往而後知來察乎盛衰之機明乎因革之序庶致天下於指掌蓋學以後道書以廣學此吾之蓄藏書志已久今幸逢吾國革新紀元獲選第一期代議士二年開會十餘年間若存若亡積十餘年之力始得裒集是書乃構藏書之室顏其室曰稽古山房若經部通志尚未購史部則缺紀事類與九通地志諸編子部若數理歷象醫藥方書適用之類尚付缺如集部則百三十家集待購叢書則百不及一若斯者敢云藏書聊以自娛也已余嘗諭子書有云吾少年家貧無書可讀今則購書之志已遂而讀書之力已頹矣然較差勝於無汝若能讀書以藏吾志以補吾之缺憾也可矣

民國十有七年夏歷秋七月望後五日

長春董耕雲識

遂息園藏書目錄

係已丑以前著乙丑以後別有目錄未載入也

廣板白紙十三經注疏　十二夾板　一百二十本

影宋印本白文九經　一套　六本

同文印本篆文六經　一夾板　十本

古香齋本五經　二套　十六本

古香齋袖珍本四書　一套　六本

古香齋開花紙書經　一套　二本

殿板開花紙詩義折中　一套　十二本

怡府印本書經　一套　六本

明版黑棉紙春秋四傳　十六本

穀梁傳　四本

古香齋袖珍本禮記　一套　六本

明版綿紙詩義大全 一套 十二本

廣版白紙通志堂經解 四箱六十套 四百八十本

原版白紙祁刻說文 一套 六本

廣版白紙廿四史 十五箱 八百五十本

史記 二套 十二本

明版綿紙唐荊川評點史記 套 十本

白紙初印資治通鑑 一套 一百本

白紙初印續資治通鑑 六套 六十本

袖珍萬刻通鑑輯覽 十六套 一百一十本

明閔刻本國語 一套 六本

明閔刻本戰國策 一匣二套 十二本

浙局白紙九通 六箱 九十夾板 一千本

（開花紙初印本）硃批諭旨　十八套　一百十六本

（明綿紙活字板）皇明疏議　二套　二十本

（明版線紙）食貨志選　一套　六本

（趙孟頫寫印本）兩漢策要　二套　八本

抄本校邵盧抗議　一套　四本

歐洲戰事本末　一套　六本

（湖北局印白本）百子全書　十套　百本

（袖珍印本）老子　一套　二本

篆文老子　一套　二本

（明版綿紙）文中子　一套　六本

（四川省經綸堂）十子　六套　三十六本

（皮紙影印）北山錄　一套　四本

古香齋袖珍本春明夢餘錄 四套 二十四本

明版綿紙穆天子傳 一套 二本

古今秘苑 一套 四本

石渠寶笈 四套 五十本

明版凌刻世說新語 二套 八本

開花紙精抄本古玉圖 二匣 二十四本

繪圖精印墨海書 一套 六本

芥子園畫譜 一套 五本

惜抱軒尺牘 一套 四本

活字印本校碑隨筆 一套 六本

殿本四庫全書提要 十套 六十本

開花紙初印本讀書記數畧 四套 二十本

影宋初印證類本草大觀　二套　二十本
影印繪圖養正圖解　一套　六本
殿板開花紙康熙字典　六匣　四十本
明版綿紙天中記　一匣　五十本
明版綿紙初學記　二套　十六本
明版綿紙白孔六帖　一箱　十套　一百本
殿板初印淵鑑類函　二箱　二十套
廣版白紙佩文韵府　二十套　一百六十本
硃批列國　二套　十二本
明綿紙黑口本楚辭　一套　六本
明閔刻本楚辭　一套　二本
白紙初印漢魏百三名家集　八套　八十本

漢魏百三名家集選 二套 十二本

蔡中郎集 一套 六本

莫刻袖珍陶淵明集 一套 六本

陶淵明集 一套 二本

莫刻溫白律詩 一套 四本

明閔刻本駱賓王集 一套 二本

明閔刻本孟東野集 一套 四本

明閔刻本王摩詰集 一套 四本

東洋皮紙白香山集 四套 三十本

明版綿紙王摩詰集 一套 四本

明版綿紙李太白集 一箱 四套 二十二本

明版綿紙杜工部集 一箱 四套 二十四本

游版綿紙韓柳合集　一箱　四套　二十四本

明版線紙陸宣公集　二套　十本

綿紙杜工部詩集　一匣　十二本

古香齋袖珍本蘇詩　四套　二十八本

司馬文正公集　二套　二十本

明版綿紙陳龍川集　二套　十二本

明版綿紙三賢先生文集　一套　六本

明板王陽明全集　一箱　三十二本

曾南豐集　一套　十二本

明版綿紙何大復集　二套　十本

開花紙初印近光集　二套　十二本

明版綿紙文選　一箱　四夾板　三十二本

明版綿紙歷朝文集　一箱　二十八本

原版初印胡刻文選　一箱　三十六本

硃批文選　二套　十二本

釆菽堂本古詩選　四套　四十本

殿版初印佩文齋詠物詩選　八套　六十四本

殿版開花紙御選唐詩　一箱　四套　二十四本

精印皮紙唐賢三昧集　四套　二十本

開花紙袖珍本御選唐詩　二套　十本

明版綿紙詩藪內編　二套　十本

明版綿紙唐二十五家詩集　二套　十二本

綿紙唐五十家名人小集　四套　二十四本

唐宋十大家文鈔　四套　三十二本

殿版開花紙全唐詩録 四套 三十二本

明版綿紙四六雲蒸 二套 十本

影印宋詩鈔 四夾板 四十八本

四六叢話 二套 十二本

殿版開花紙古文淵鑑 六套 三十六本

古香齋袖珍本古文淵鑑 六十六本

古文淵鑑 四夾板 三十二本

楊州印本全唐史 二箱 三百二十本

明版綿紙晉藩本唐文粹 一箱 二十本

殿版開花紙古文披金 二套 二十本

紅蕊軒詞 一套 二本

古香齋袖珍本朱子全書 四套 三十二本

五英殿本白居易樂府　一套　八本

商務印書館印四部叢刊　經史子集全

圖書集成　共二百五十餘套

九通

全史

萬有文庫　新舊書合成

勝蹟　古物

石人縣境有二處一在北鄉三區九十里對龍山村石人二其高均約八尺許俗傳靈異居人多往禱疾病乞子嗣或求功名富貴者後其一頭斷並失去傳爲某石工所鑿取擬製器具歸而頭痛暴亡此又不過好事者之故神其說以愚人耳頑石何靈奚能致此其一尚完好今則一立一仆均依然存在惟供養香火則不若往昔之盛民智漸開於此可見矣

一在西鄉五區九十里龍王廟屯清道光六年四月某日天雨農人於所居庭廡汚淖中掘現石人二

身俱高六尺五寸圍約五尺紗帽朝服端笏束帶皆前朝制故鄉人爭謂爲有明時三王子守墓之臣以爲不祥棄之村外嗣居民咸感不安皆以爲石人所致乃於道光十年七月在村旁修廟一處供石人於其中更與關帝龍王合祀焉

石虎在縣西鄉三區四十五里石虎村邊石虎有二俱作蹲臥形高數尺原在村中道左因往來車馬多見而驚逸故村人移至村西土地祠前至造自何年則不可考矣

石虎　石羊在縣西鄉五區十三里許石虎溝村有石虎石羊各二均高約三尺何時所造亦無從考據

按長春爲古肅愼地歷年既久古物應多而近日所存者祇此石人等類且均被居人加以各種靈異之說既文獻之難徵又攷據之無自謹先志此餘待蒐求

勝蹟　古城

大城子　在縣東北鄉一區約百里周圍城址稜然尚在高約丈餘寬約三丈五六縱一百八十丈橫二百丈四面惟一門尚可辨識據云城中時發現鍋甕銅塊古錢等物城之建築及燬棄年月均不可考有村在城南即以大城子名焉

小城子　在大城子西八里其形方惟面積不甚廣周圍約三百六七十丈故以小城名基址雖存已不若大城子之高矣東西似有門南北門則不可辨識蔓草荒烟依稀僅識其形而已城中亦迄未發見古物莫從考據

靰鞡草城子　在縣東鄉一區約距七十里東西北三面墻址隆起約一丈五尺餘南面平坦幾無痕迹可尋縱有六十丈寬一百二十丈城中昔曾有人掘出石槽一具餘無他物

小城子　在縣東鄉一區五十里四周城址尚高約八九尺縱横各一里清光緒某年土人耕於城内曾發掘鍋甕等物

高懷義城　在縣東北鄉一區六十里寬約四十丈長約六十丈四周土埂畧可辨識城門業已難尋其迹至命名之義則無從考據矣

榆樹城子　在縣東北鄉二區一百六十里縱一里許横二里許西面土埂高於地面約四五尺其南北東三面僅有痕迹可辨城中亦未發現若何古物

庫爾金堆城　在縣北鄉三區四十五里方約里餘城址宛然農人耕於其中者時獲有鍋錢等物其製

甚古

小城子　在縣北鄉三區十八里因周圍土埂隆然彷彿昔年之城址故名之曰小城子耕於是者亦時獲有古代之錢云

偏臉城　在縣西北鄉四區一百四十里寬長約各里許四周城址其高猶有五六尺城內則無餘蹟可尋矣

黃花城子　在縣西北鄉四區一百四十里寬長約各二百丈城址高約三四尺不等城門已無從辨認

新立城　在縣西北鄉四區一百三十五里寬長均約一百六十餘丈基址僅可辨認四周俱已平夷莫識門之所在

按長春境內古城具在於此其建築年代及廢棄原因緣無碑碣之記勒又乏書籍之載述實屬無從考證因此舊有之名稱不可得詳矣若覘其頽圮狀况碻係年代湮遠其爲高句麗或遼金之遺蹟歟姑以存疑未敢斷定至現在之名稱皆爲土人所傳呼者祇得暫沿用之耳

勝蹟　祠宇

諸聖祠　在本城西二道街清嘉慶二十年建初甚狹隘距今六十年前有郭本和者跣足披鎖鎖存後殿重四十餘觔募資改建祠宇六楹鐘樓一所民國九年經其嗣裔郭教清發心募捐重行補葺遂輪奐一新焉

大佛寺　在本城西門外清光緒十二年建中大殿三楹左右配房各五楹東西兩廂各七楹山門三楹中有代馬殿民國十四年於山門東西各建配房二楹即孤兒教室及施粥廠十五年復重經修補西南隅更有大仙堂一楹

朝陽寺　在清嘉慶四年建祠宇及禪房五楹道光時添建六楹光緒甲辰年住持靜塵又建關帝享殿三楹及各配殿宣統二年將廟產十之七撥充警學經費民國十一年關帝殿遭回祿十二年更重建焉

地藏寺　在商埠東三馬路民國十五年尼僧相圓出資建祠宇凡二十一楹計用哈幣二萬圓

般若寺　在商埠西四馬路民國十六年由僧人從虛募建現僅正殿竣工距落成之期尚遙

財神廟　在本城西四道街清道光六年由工商出資建正殿三楹瓦房十九楹西正房爲銀市西廂房

爲糧市(糧市今廢)清光緒五年由燒商出資在財神廟正殿東建有酒仙廟一楹

火神廟　在本城東三道街口清道光二十八年由會衆醵資建祠宇三楹

三義廟　在本城東三道街建築年月失考

龍王廟　在本城東門外祠宇九楹東西廡各五楹

太平宫　在本城馬號門外原係九聖祠長春設治初有此廟民國八年經敎會王敬修朱之會等募建祠宇四楹十五年始請住持僧

文昌閣　清光緒二十年建樓凡二層前殿三楹房三楹民國十三年補飾金碧頓易舊觀

文廟　在本城東二道街清同治十一年由士紳朱琛捐資修建大成殿三楹崇聖殿三楹東西兩廡各三楹大成門三楹前院東西更衣廳亦各三楹民國十三年經官紳商學各界募款重修共用哈幣三萬餘圓今則煥然一新矣

魁星樓　在城之東南隅清光緒十二年王太守古愚建築

農神廟　在縣城南嶺清光緒二十年建祠宇僅一楹三十三年在舊址東重修正殿三楹禪房及諸室

九楹並徇商民之請寄厝靈匶焉

僊大爺廟　在商埠六馬路日本鐵道用地民國十六年三月建築東向正殿三楹左右配殿各一楹南北兩廂各三楹北廂之東更附建小房二楹南廂之東有土地祠一楹經修年餘現尚未竣工

城隍廟　原在新立城清嘉慶二年移長易名靈佑宮光緒二年遭回祿經道士高本强募資重修祠宇凡三十三楹民國十三年又添建三楹奉呂祖及諸神於其内

興隆寺　在鄉一區五家子清嘉慶二年建内奉關帝咸豐二年補修計九楹有鐘鼓樓各一

朝陽宮　在鄉一區小城子清嘉慶二年龍門宗道士李本祥來此由耆紳張勤施資建祠宇凡十一楹現住道士十名

興隆宮　在鄉一區廣寧窪清嘉慶三年道士甄和慶建祠宇及禪室共六楹

慶雲觀　在鄉一區前鷄鳴山初係馬姓施捨荒地三十晌於清嘉慶十二年建祠宇四楹東西兩廡各五楹中經道咸同光迭次修補光緒三十四年燬於火改建草房五楹遂被警團佔用矣

龍泉寺　在鄉二區九泉屯清道光五年建有祠宇及禪室十三楹宣統三年重修

青龍寺　在鄉二區祠宇七楹有住持僧一

龍泉宮　在鄉二區朱家城鎮清嘉慶時建祠宇六楹光緒二十七年經照磨張照募貲改建十二楹鐘

鼓樓各一

青雲觀　在鄉二區別家窪子清嘉慶十五年建祠宇及禪室十九楹民國六年募貲補修

萬壽觀　在鄉二區岫岩窩堡清道光七年建祠宇五楹廊房三楹鐘樓一咸豐八年光緒二十年民國

五年歷經補修

青雲觀　在鄉二區天吉街清嘉慶十年建後殿三楹光緒十六年建前殿三楹民國十五年添建三楹

萬壽寺　在鄉三區小城子祠宇九楹坐觀二塔形者爲元寶和尚胡盧形者爲王老道法名不可考

碧雲宮　在鄉三區燒鍋嶺

斗牛宮　在鄉二區萬寶山清道光十年建前殿一楹後殿三楹山門三楹因年久失修現甚頹敗

慶雲宮　在鄉四區小雙城堡東門外清道光十六年建祠宇及東西廡二十三楹

水晶宮　在鄉四區清道光七年建祠宇四楹

法霖宫　在鄉四區二道崗清同治元年建祠宇九楹

慶雲宫　在鄉五區白龍駒山建築年月失考祠宇及禪房凡十七楹

龍王廟　在鄉五區清道光十年七月建大殿三層内奉龍王關帝及土人發掘之石人石人詳見古物門

勝蹟　金石

聶叢氏節孝碑　在縣屬某鄉清光緒七年六月立長春廳儒學王迎壽撰書碑文

附錄碑文

同治十三年余秉鐸是邑獲交聶君龍川邂逅之下識爲純謹士過從既久傾吐平生始知其早年失怙所以立身涉世動協禮法胥稟慈幃之訓焉賢哉聶母可以風矣嗣由闔邑紳士以太安人守節知禮詳請當事疏聞於朝得旨下部議行以節孝綽楔於閭准入祠宇龍川乃乞余爲文勒碑墓石以彰苦節余職司風化不敢固辭據狀太安人爲長春廳合隆南叢鳳舞女也生於嘉慶五年冬月五日戌時幽嫺習禮燕婉通經自歸處士聶榮公年甫十七其時家僅中貲太安人躬操井臼謹循夫則及生子三人長存全國學生次存銀出繼三存珠即龍川也聶榮公以瘵疾捐館太安人即

欲絶粒以殉念親老孤幼意良不忍自此仰事俯畜益勵辛勤黎明則洒掃庭除昏暮必檢點門戶每訓龍川輩必以利物濟人爲要故龍川應刑差五載而慈心盡職迨舅姑繼歿代夫當大事葬祭必以禮以誠厥後家計漸紓龍川輩稍豐饌膳具裘葛太安人却之曰人情由儉入奢易由奢入儉難吾習儉已久布衣蔬食飽煖自如日後母復爾也咸豐三年六月二十六日未時以喘疾卒年五十歲葬於家東北及龍川捐理問職例得稱太安人余與龍川相交既久已悉其家世爰述其事實而係以銘曰念母之德克作閫儀述母之訓堪稱女範桑榆垂暮足樂含飴膏肓奚設百齡莫期淑問心藏懿日彤管華青編記錄章炳煥榮相翟第俎豆千秋永垂不斁

大清光緒七年六月中澣長春廳儒學王迎壽拜撰拜書

袁趙氏節孝碑　在縣之某鄉清光緒十一年立廳訓導王迎壽撰文吉林府庠生宋小濂書丹採風人廩生別榮桂庠生胡雲藻勒石者爲孟廣輝

附錄碑文

余秉鐸是邑晌歷十稔去歲冬邑廩生別榮桂胡雲藻兩門人以伊等戚誼袁趙氏守節如例乞爲

詳請旌表余稔其事實里鄙無間即經允行嗣蒙憲檄報可節婦之子袁錫齡遂得遵例建坊於里綽楔其廬並擬勒石以垂永久誌皇恩而榮家乘孝思也盛事也別胡兩門人繼又代具節畧請文於余余職司風化不敢以固陋辭按節婦趙氏同邑趙全璧之女生而明慧知大體某某歲于歸袁錦爲嫡配某某歲錦亡遺子女各一節婦哀慟幾絕繼思仰事俯畜責在一身遂茹苦含辛代子職以事親體親心以教子用箕裘不隧嗣人大振其家聲今日者鸞書褒美燕翼揚休九族之戚屬戚來六黨之姻婭畢集奉稱廉撰扶仲榆若兹節婦可以風矣爰濡毫而爲之記大清光緒十一年孟夏之月穀日立 王迎壽撰文 宋小濂書丹

田高氏節孝坊及碑　在鄉一區後石家油房村東大路陬坊高一丈座高一尺四寸身高四尺二寸寬二尺厚八寸頂高二尺二寸立於清光緒十六年五月初六日府庠生賈虎臣撰文赫顯清書丹古北平蔡慎誠刻石

附錄坊柱聯

志矢柏舟玉度貞堪霜並潔

芬揚彤管氷心可與月同輝

碑文

嘗觀列女傳所紀其節孝感人者類皆上聞旌表其門蓋苦心至性宗族稱之鄉黨傳之闔郡之紳士欽重之故輶軒之採鮮有遺之者始知潛德無不發之光也光緒庚寅歲門下士田錦堂以其祖母高太孺人行狀暨旌表來請曰先祖母一生苦節與孝行已蒙覃恩褒祟矣今將建碑以垂不朽乞先生爲記其事余於表揚之責奚能爲役然義不容辭謹按其狀而序之太孺人高姓本郡諱文學公之女也自十九歲來歸田公諱廣泰奉事尊章性甚謹凡治中饋事罔或不蠲敬夫如賓饁田饁耕肅肅雍雍雖未讀內則女戒諸書而動與禮合固由佩家訓亦其天性然也詎意事出不測嫁甫六年廣泰公即早世遺一孤甫四歲即錦堂之父諱秀者也當斯時家運方艱上有翁姑需養下有稚子待哺叔氏又幼此誠境之難堪者而太孺人心如鐵石稱懍氷霜仰事俯畜以身銳任之於是晝親執爨夜親紡績堂上之二老朝夕問安侍膳自始至終奉養無缺亦從無壓怠之意蓋數十年如一日其撫孤也恩勤備至然必敎以義方弗納於邪其於諸孫亦使各守一職業故漸至豐厚

晚年得享子孫之奉然而險阻艱難固備嘗之矣歿時享壽七十有二噫不遇歲寒誰知松柏天之所以苦其心志正天之所以彰其節孝也郡之紳士廩貢生何給大學生王振鷺情屬戚誼稔知梗概以事關風化於太孺人歿後爲請於學憲潘大宗師轉達天聽絲綸下頒准其建坊入祠此日彤管揚休芳行遠播知他年女史更增一傳矣

大清光緒十六年五月初六日穀旦立　賈虎臣撰文　赫顯清書丹

宋張氏貞孝坊及碑　在縣屬恒裕鄉十甲建於清光緒三十四年十月碑文係孫述唐撰梁樹榮書

附碑文

粵攷巴婦懷清築樓抗節共姜矢志誓死唫懷蓋節婦居孀嘗見古今之列傳而貞女守義實爲中外所罕聞若吾鄉貞女宋張氏者其苦節清操誠有令人堪欽佩者矣貞女處士張廷林之女而宋秉卿未娶之妻也方其議婚伊始以兩姓之好締百年之緣本期卜鳳諧占年及笄而無違夫子熟意孤鸞妬命身未歸而天殲良人迨聞夫病故掩袖啼泣而勺飲不入口日夜不絕聲家人勸慰百言莫解而哽咽言曰慷慨捐軀易從容守義難吾不爲其易即勉爲其難伊父與母見女意已堅因

遺人告其翁姑遂令駕蓮輿而往弔焉於是易髻爲髽拜翁姑於喪次披麻束絰哭夫婿於靈前殮臨棺而窆臨穴凡習俗一切喪儀該氏一一身任之雖秉卿生未成室亡有賢妻而秉卿爲不亡矣是即家不中貲食貧頗甘菽水如或憂深內顧承祧用紹箕裘乃奉甘旨於高堂幸萱花之無恙嗣冲齡之弱息視瓜瓞其永綿三十年影隻形單紅顏赴義五十載氷操松節丹册楊芬故紳董援例稟請國家准予建坊吾鄉婦女倘感而思奮則閨箴賴以肅閫範賴以端該氏之有關於風化者夫豈淺鮮也哉爰據事實用誌不朽

大清光緒三十四年十月立　孫述唐撰　梁樹棻書

前署長春知府楊伯馨紀念碑　在縣城內清光緒二十一年四月闔郡紳商公立廩生紀壬林撰文童石子鈞書丹

附碑文

公直隸通縣人也印同桂字伯馨簪纓世冑黼黻門庭幼承鯉庭之訓長研螢案之功同治年間隨宦海龍廳任贊襄政治大獲賢聲旣而投筆從戎鶚荐頻膺鸞章迭沛光緒十六年投効吉林歷充

糧餉志書各局差辦理裕如甲午秋季委署府篆下車伊始民歌來暮惟是一片氷心萬民咸仰舉凡是郡利弊盡爲興除溯古稽今爲循良之吏者未有不澤被生民而能名垂於後世也商等識見雖云淺陋而直道自在人心善政多端殊難枚舉僅即衆所觀感者敬謹勒石以誌之如崇儒重道首先捐廉修理文廟工程優代士子貼補書院膏火考試則親自閱卷不憚辛勞聽訟則當堂批判使挾私訛詐者爲之遠遁調詞架唆者無所逞能其爲政之勤以教民有如此也當此市井蕭條稅務減徵雖有偷漏愚民亦未嘗例外苛罰上控斗稅案件力爲矜全致民無加增之苦平定街市銀價公言開導保商無歇業之家操辦團防訓練舖勇挖城壕築礮台不肯虛靡經費整軍械製旗幟而卒能成勁旅加以嚴治棍徒訪拏盜匪其爲政之慎以保民有如此也時值軍興之際兵車過境守候川資捐廉賠補絲毫不攤派於民鄉約無所用其詐進項稀少苞苴不受凡有著名盜犯贓賊獲案衆賞勇役其爲政之廉以潔己有如此也至若數年積案受累何堪按日坐堂披覽案牘殫心竭力寢饋不遑俾小民早脫法網以安生業是以清結陳案者實不下百餘起矣其爲政之明以愛民有如此也我公祖守此勤慎廉明之道上足以慰朝廷設官圖治之心下足以庇閭閻安居樂業

之望於戲公之嘉惠斯郡也終未嘗以德化自矜謂小民之無不得所乃商等感戴鴻仁親叨厚澤

共沐深恩頌德勒銘用昭禩世

大清光緒二十一年四月闔郡紳商敬立紀壬林撰 石子鈞書

前任長春知府王古愚德政碑　在縣城內清光緒二十九年五月公議會衆商立蓬萊人盧鳳儀書

附碑文

聞之裕民裕國理財爲致富之方便己便人集衆乃集公之義此商戶公議會之所由來也特是市井之地舉辦多疏或壟斷競求未肯裒多而益寡或蠅頭是惜難期稱物以平施兼之此倩代庖鼎莫防乎染指彼膺借箸鑽每致其垂涎始多假公以濟私繼且因私而廢義會若斯焉商何益也我公祖王公古愚下車伊始憫會事之日非慨用人之失當蓋早思釐而正之焉辛丑秋軍道兩憲由寬赴濱福興德等以墊款積欠未清面禀蒙軍道憲允准我公祖飭差查明詳辦在案並諭令該號墊勇餉等積欠及贖罪各款三十三萬九千吊之數均分別等次由各商依數攤補嗣後凡遇有會事必有首商親赴辦理即或細事亦須値年鋪商議處概不得再僱匪人入會滋弊自光緒二十八

年始按月造册送府每開篆後並送年册詳爲備查以杜流弊仍由該會勒石永禁則我公祖嘉惠衆商維持公令者德意深而流澤遠矣商等身被殊恩鼓舞歡欣感懷曷極幸挽前車之覆樂得後世之師功書蝠首壽諸貞珉銘式蝌文懍爲殷鑒敬陳顛末永垂不朽

大清光緒二十九年五月公議會衆商敬立　盧鳳儀書

勝蹟　名勝

杏花村　在縣城西北鄉五區距城僅五里許原爲村民劉殿臣之私產其中徧植櫻桃李杏等樹而又以杏爲最多故名之曰杏花村焉清光緒庚子值俄兵之亂曾遭其蹂躪所有花木摧折殆盡殊殺風景壬寅楚北王古愚太守來守斯郡公退之暇偶遊是村見而惜之乃捐廉俸購歸官有建瓦舍三楹顏曰課農山莊備作遊宴之所並派專人經理之其花木猶存者加以栽培缺者再爲補植於是村中景物頓復舊觀每値杏花時節燦爛枝頭洵不愧斯名矣村之地勢高下相間或起或伏面積約占四十餘畝前有溪水斜流自西北而向東南所謂黄瓜溝者是也兩岸平岡環繞春夏之際草嫩如茵楊垂似綫蜿蜒曲折形勢天然山莊之北櫻桃極盛前復鑿有一池中植芙蕖與岸邊之楊柳岡上之李

杏紅綠掩映快景宜人來遊此地者輒留連不忍去誠勝境也在池之南更築一茅亭中設坐具以爲遊人憩息之所池邊護以闌干旁有甬路二青楊夾植岡上多小徑高低曲折各依其勢山莊內几案備具中懸課農山莊一額別有楹聯一幅句爲倚雲枝豔映日花嬌於此間遊目騁懷得少佳趣新月鐮腰斜陽笠影看徧地男耕婦饁求通民情於字裡行間更足見賢太守之用意矣西岡之北有石碑一乃府幕秋元朗所撰之杏花村記備述村之始末既詳且盡爲史仙舫書文載藝文門中 在村之北又有吉長道立苗圃係民國五年道尹郭宗熙購自民間者面積亦約四十畝廣植桑梓松柏楊柳楡槐等樹苗約十餘種每值春際分發道署各縣分別栽種歷年植樹節時道尹躬率僚佐及各界來此手植樹木提倡人工造林並以重大典也苗圃事務所即設於課農山莊內委有專員掌筦種植及養苗事宜成立以來頗著成績菁叢茂密年有增加分發各縣之苗已達數十萬株是乃林業要政又不僅爲風景區也

公園　在商埠五馬路之東面積約佔二十八畝有奇原爲回民塋地民國某年收歸商埠又於某年闢爲公園四圍甎墻上密列木欄南北西三面皆有門均臨馬路每際春夏之交遊人如織徘徊瞻眺足

以極視聽之娱洵閙市中之淸凉地也園之西南隅築瓦房二間爲公園事務所有主任一人專掌園內一切事宜工人多名分司掃除灌漑之役所之前爲花圃更有花匠數人專任培養各種花草西北隅有通俗圖書館一備有各種圖書雜誌新聞紙等類以便遊人之閲覽館後别有花圃一區乃呂姓假園地栽種各種花木以待出售者也東北隅有秋千鐵槓任人隨便遊戲有木橙有石桌及杌等可以休息園之中央有木亭一甎階墁以洋灰四面通敞均可入內柱及蓋均髹以藍色其亭頂高起極飛翬之勢亭之北面簷下懸有郭道尹宗熙所書之額曰凌風亭兩旁柱聯爲半池水荇能藏月滿地榆錢爲買春西偏有石洞一可通行人上爲土石堆成之假山高約二丈許山頂有茅亭可遠眺登者每超然生豪想焉洞北有一池爲石砌橢圓形中架板橋池與橋均置闌千恐有跌落之虞池之東爲噴水池上原貯滿水即向上激射高可尺餘水花四濺有如雨點遊人每群繞觀之北部復有土嶼隆起丈餘徧植樹木上亦有木亭一設列坐具下即呂姓之花圃矣於凌風亭之東掘有曲溝當中堆土成岡具宛延曲折之勢中間高處亦建一木亭溝旁植有榆柳杈枒斜欹氣象幽然溝之兩頭各架板橋更南有長亭一曲折廻轉約數丈上覆以葦下橫以欄倦者可息而行者可蔭園中樹木以榆爲最

多圃均徑尺高可數丈乃螢地原有之物楊柳次之若松柏等僅植於盆盎中無甚大者花若草則有石榴柳桃桃梅海棠木槿月季蘭菊玉簪芍藥洋繡球等數十種春夏列於外秋冬藏於窖培養得法珍護培至故四時皆有花開雖地處嚴寒而人工竟能奪之矣禽獸有仙鶴野雞春鳥（即外國鷄其冠能變）水鴨及黃羊熊狠狐兎等類惜爲數不多未能廣所羅致以便人之博覽藉開眼界也園之北有去思碑一係民國十六年本縣農商教育等會爲鎭守使丁公潔忱所立者碑之南有南洋兄弟煙草公司所建之售煙亭臨時售煙暢銷國貨又有茶社一所在凌風亭之東遊人多品茗於是茶尊顧諸品重盧仝飲者當必兩肋習習生清風也園之設置備述於此嗣後倘力加開拓點綴當更年勝一年矣

頭道溝公園　在頭道溝車站西南隅面積約估數百畝日俄戰後南滿鐵路長春驛即遷於此彼時頭道溝尚未開埠政府有禁止人民不准將土地私售外人之令而居民趙洛天竟將所居瓦正房五間東廂房三間及地畝數晌私售日人當時即行潛逃無從究治現公園事務所即其房之舊址也民國十五年日人始將趙某原房拆毀改建洋式新房房之前後大樹亭亭猶爲趙之舊物洎後日人極力經營從事設備較之昔日不啻霄壤每際春夏之時遊人絡繹不絕誠勝地也園之地勢平岡相錯中

有溪水一泓可分二支北支爲頭道溝之正派（距發源之任家屯里許）南支爲黃瓜溝之別流來自西南流入園之南界與頭道溝合溝兩岸平岡高起岡下瀦爲澤加以人工修鑿掘成數泡或備小船或栽蓮花岡上徧植各種樹木樹蔭之下均設有坐具以便遊人之休息園之東北隅有洋房數間即公園事務所所之東爲花圃有花百餘種又築小石島一上植松柳等樹佈以各色電燈忽明忽滅燦然可觀島下有池池置噴水機上有瀑泉泉水下激機輪旋轉軋軋作響花圃之南有花窖上覆玻璃中設煖氣管以備冬日藏花之用事務所西大樹下爲兒童運動場置有鞦韆浪橋滑梯等項再西即滿鐵會社之大運動場及公共體育場也園之南界建有小木室爲乒乓球場厠所設有多處而木石坐具隨處皆有設備尚極完全園之北門最先闢在千島町二丁目西頭與二條通相對東門後闢在中央通南端路西門之兩旁園以石墻長約十五丈許高約三尺中實以土密植小榆均翦成圓形門爲三左右配門寬約四五尺中門則有丈餘四柱均係石築中二柱亦較兩邊之柱爲高上裝設電燈北柱挂有西公園三字之牌門以內爲圓形廣場四園砌以石中植各種花木或作數角或作扇面鈎心鬭角各成形式中間豎方石高約三尺上有石人一仰首而立袒胸赤足手撚蓮花身潔白如雪狀極似所謂菩薩

者由廣場西北行或西南行及正西行均有大路曲折紆迴長約數里其他支路皆與此三路衔接穿繞於平岡上下及林木中者又約有十數鋪設均以石塊或煤碴大路更添以臭油四通八達並極堅固雖值雨亦無泥淖患也池沿則有事務所前之養魚池池係石砌作橢圓形滿貯水草畜金銀魚於其中池南置噴水機下有石砌圓池亦多水藻池邊石柱更時放藤蔓類之花並圍植翦枝小榆樹極其別致噴水機下裝有數色電燈光芒璀璨與四濺之水花映耀成趣迤西有蓮池近岸蒲草叢生中多蓮藕六七月間其葉田田其花紅豔淸香四濺沁人心脾每使遊者之意也銷又潭月橋路西爲游船泡中有小船數隻岸之北即售票處購票撐船每三十分鐘約需日金二十錢售票時間自上午八時至下午十時暑天晚際遊人多往搖櫓打槳作納凉消遣爽氣迎人風來水面暑意頓忘矣泡之上有三橋中復築一島怪石磊落勢甚嵯峨堆砌時頗見匠心島上則老樹杈枒形亟古船每蕩經三橋石島間恍如置身海峽別一世界蓮池東南復有一池其形彎如半月亦滿栽蓮花北沿即近於水源井西沿一帶平岡徧植青松氣象森蔚游船泡之北岸築有石柱亭一覆以洋灰瓦建築甚固中設石机四石棹一皆圓形乘凉觀水者多止於是南岡之東有木亭一坐具皆木製其地最高俯瞰滿園半

歸眼底岡西更有一亭柱係甎砌上覆洋鐵瓦中有獨木桌一彎橙四極其寬敞亭之東南西三面嫩草平鋪綠薅可愛北岡之下即爲游船泡之上游即月形池也西南岡岡頂之亭與前一亭建築相似其北臨溝（即黃瓜溝之別支）東近苗圃南與西多巨樹枝葉葱蘢境甚幽邃園中樹木約以楊柳楡爲最多松次之餘如色樹梓樹及楓槐李杏山楂櫻桃等亦分植於岡巔路旁各成行列蔚然深秀有似山林花草則有蘭竹梅菊月季西番蓮美人蕉等百數十種四季皆春百芳競豔禽獸之屬爲雁鶩鴛鷺野雞西洋雞鷂鵰黃雀及熊狼狐兎黃羊猢猻野猪等類其欄及籠網皆以鐵製遊人多聚而觀之以增博物知識園中橋梁共八處一在水源井東井中井之間係板橋寬長均約丈餘由此西行在誠忠碑岡之南坡下又一木橋寬長亦如前橋再西北行至船泡上有板橋一寬長均有丈許在西水井與東水源井之間亦有板橋一寬長恰如前橋游船泡之上游建有三橋南中兩橋皆石築南橋鐵欄寬數尺長丈餘中橋柱欄皆石寬長與南橋同其形皆爲平綫北橋乃板製石柱鐵欄其下梁亦爲鐵製橋形如長虹臥波寬數尺長有丈餘再下游即爲潭月橋矣是橋較他橋稍大寬長均在丈餘建築堅固橋下及兩岸均砌以石恐被浸蝕上有石柱鐵欄橋底水深丈餘忠誠碑亭在游船泡南岡之原純以細

白石砌就高約三丈有奇東面下有門一惟甚狹小且鍵閉常關未見開啓碑即在此中所銘勒爲誰則不得知四周有石柱鐵欄外更圍以木栅其重覗可知矣在蓮池之東南隅有照像館一游人每拍照於此以作雪爪鴻泥茶社在岡之上下共有中日俄三國所設者四處售汽水茶酒及果品麵包等類並有戲匣風琴各樂器每當斜陽一抹即聞琴韵悠揚塵襟爲之一滌此外復有苗圃一處在園之東南隅面積約數十畝所養樹苗有松柏桑梓色樹楓樹等多種係備頭道溝街路之用東側更有花圃一亦約數畝專養各種花苗花匠數人專司灌溉園中各處之花皆取給於此焉

災祥

長春原係郭爾羅斯前旗地莽莽曠野膴膴平原初僅見蒙人之游牧而已洎於有清中葉始行設治所有居民要皆由他處移來者其安分守法樂於所業者固多而渾噩無知輕舉妄動者亦所時有緣際茲草昧初啓且半屬流亡良莠難齊禍亂斯起殺人越貨械鬬抗官雖一時之紛擾幾草木而驚心患由人生灾莫大焉至若義和團之倡言妖孽百斯篤之蔓延死亡至今每一言及輒使人心悸乃又爲災之最烈者也他如石隕如雨穀秀雙岐等事其爲災爲祥實難徵信無論未能發現即或有之亦

屏而不錄也兹將長春歷來發生之禍乱災祥逐一詳考而述之

一馬傻子之乱　前清同治四年有馬匪王洛七許占一烏痣李馬傻子等糾合匪衆約數千人焚殺擄掠到處竄擾匪患之劇莫此爲甚初縣城内有設賭局者局中有二人輸最多因孤注頻擲囊罄莫措而局主又不稍寬假擬即典其所服衣以償賭債適縣民韓文在側見而憐之即爲代償所負還其衣服二人感韓之德密告已爲賊偵舉賊情盡洩之並云賊中有道士于某曉兵機通數術已於八月十四日辰刻犯城並囑韓預爲避脱且勿洩之於人云云而韓以全城關係未敢默以自免乃禀白於官因爲時已促募兵恐不及遂僱用炮手即山中之獵者二十七人作禦賊計届期賊果舉衆大集當其來也係由江北葦山屯經萬寶山太平山等處時道路泥濘行甚遲滯賊乃分小股先至金錢堡常家店炮車竟陷泥淖中賊復棄炮前進已抵河矣即伊通河適河水大漲賊不得驟渡斯時也城内驚呼人走如梭賊疑爲兵以爲有備竟遲遲莫敢前繼覘無他異乃尋橋以渡賊之健者爭躍馬先馳韓幾失措急令炮手速擊之炮手謂勿恐及其至橋上乃以槍連擊之罔不墜者賊衆驚相顧止不發然亦未即去相持竟日始竄焉賊首馬傻子與許占一等不睦逸而西走賊勢稍減於是乃繕城浚壕籌備戰具晝

夜登陴防守未敢稍懈時守西門者即韓文而劉鴻恩守北門其東南兩門則朱琛一人分司之戒備綦嚴恐賊復至及十二月間大股賊復由朱家城子橫過合隆鎮逕大舉再犯縣城其餘賊已於小城子渡河矣二十八日會於城北頭道溝及南嶺等處聲勢甚熾賊之首服黎園伶人裝餘亦著婦女服五光十色怪狀奇形足以見賊之頑劣根性矣因乘隙蹈罅竟來窺探縣北門劉鴻恩適坐守於此以槍痛擊傷數賊乃逸去二十九日賊又來犯劉鴻恩遂閉門固守用炮遙擊賊終不得逞復分股攻東門由鐵嶺屯遶出龍王廟前薄城下朱琛見賊至以靛箹塞門內上設巨炮安靜不驚賊至槍聲如貫珠進擊甚猛朱飭守者無動及賊將及乃燃炮遽轟賊盡披靡作鳥獸散旋恃衆復聚攻益急朱琛度賊不易退當密令營弁岳某潛出賊後猝夾擊之賊始潰退直襲追至南嶺斬獲無算冰雪之中血跡殷然是晚賊始大股全逸矣次年正月初三日賊又入境來犯城朱琛劉鴻恩韓文等聚議禦賊策議竟韓文至西門見有數騎馳至呼開城門韓文疑爲賊乃率護勇登陴擯弗納繼見牙旗纛旆衝塵而至始知爲奉天督部堂恩和及護軍前營翼長馬鴻圖遂禀於官群出郊迎當蒙督部堂獎勵諸人守城功比京軍甫入城忽諜報賊至馬護軍即率軍出擊及賊抵二道溝始聞有官軍之援急竄而西護

軍追跡於後恩之親軍亦隨助之及抵劉家河沿馬傻子復與賊合同拒官軍部堂恐賊衆難勝乃與朱琛等書檄調護勇助剿計應命往者凡十三部堂遂督兵痛擊賊乃大創除殺戮外墮河死者亦殊衆餘賊逃免皆行遠颺不復再事猖獗地方亦遂從此獲安靖焉

一夾荒抗丈之變　長春原分四大鄉鄉外橫跨之地曰夾荒前清道光七年始開墾地多沙磧半屬不毛兼以屢次勘丈加增人民不堪其擾乃與蒙公議願給錢四萬吊約不再加而蒙公竟咨理藩院札催勘丈光緒十五年委員全某到段其勘丈多有違制人言嘖嘖夾荒悍民劉勇挺身出據前約率衆阻撓竟逐全某去而同太守竟寢其事未敢上聞夾荒之民一時莫不倖計之得也遂演劇聚議所有居民皆群起蟻附思有以抵制官之再來而官府亦無如之何頗憂之迨文太守涖任以溫言開導曉以利害並允予劉勇以差役藉去倡首之人適統領明順率兵來彈壓以劉勇爲鄉導路出裕通福是日民戶正聚議於徐姓宅徐姓子弟年少喜鬥主抗拒其父老則欲申訴求免聚議紛紜迄未解決首鼠兩端莫宗一是時有一年少者偵於外瞥見遠處旗幟飄忽人馬大至以爲兵之遽來掩捕也殊惶悚未遑商於衆即出槍遙擊之統領聞槍聲怒督兵進剿彈火橫飛血肉狼藉無辜鄉愚死亡殆盡繼

復進兵朝陽堡用炮轟擊民未能禦崑岡火炎玉石無分計當日殞命者有七百五十六人噫亦慘矣

至今其地尚見白骨磷磷雜於沙磧過而覩狀莫不心悸並惋歎不置也

一義和團之乱　前清光緒二十六年庚子夏間有義和團匪流入長春教人書符籙令兒童面東而立

焚香誦咒訖兒童即茫然失本覺瞑目仆地旋即起舞振臂伸拳自稱爲往昔之大將某作種種撲跌

跳擲狀其音呶呶令人生怖首裹紅巾腰束黃絛云能以扇致回祿降祝融指定焚某處則與毘鄰者

則無害成羣結隊妖言日盛要其本意在於仇洋故外國各教堂及教士被害遭焚者比比也當時愚

民雖有被其煽動而在有識者莫不惴惴憂之六月十六日焚英人醫士宅十七日焚英人施醫院十

八日焚二道溝俄人火車站人民騷然皆不遑寧處教民尤甚時知長春府事爲謝汝欽曾親往鎮撫

並派員招待優給飲食不使外出故長春拳匪其禍未致大滋者謝力也是年八月二十八日俄兵進

城謝復往見俄師與之約無擾民無犯城凡有需索悉爲供應俄兵遂出城駐南嶺信宿引去大孤出

更西進赴奉天界脫無賢太守之設施鎮定人民之不遭大刧者幾希

一俄敗兵之擾　清光緒二十九年冬俄日失和遽起戰事長春遂爲俄屯兵之所三十年春俄敗退其

兵漫無紀律散居民間佔據幾百餘里夏四月俄有降勇來駐府城擾害商民俄官莫禁任其所爲幸知府王昌熾馭之得法繳其械而嚴約束患始稍戢迨秋俄人總退却令下均退至長春借居民屋訂明給値分室以居遂成一家胡越而俄兵盤據幾徧於境內臥榻之旁豈容他族鼾睡矣俄更有一種兵曰大達連屯駐城西一帶天生獷悍野蠻如獸毫無紀律漫不成軍並時出掠奪姦淫所至之處慘無人道紳董胡雲藻憂之白於官籌制伏之策乃與各村約如該大達連來擾時可共起鳴金聚衆驅逐守望相助互爲聲援各村以利害關係極贊是謀從此居民賴以稍安

一百斯篤之疫災　清宣統二年冬邑內發現百斯篤病傳染極烈每日死亡相繼爲數甚衆當時曾設有防疫處及隔離所凡染得是病者即使居於所中以免傳染雖親人亦難相顧因一經傳染即難慶更生卽或有之亦百中不一二也蔓延數月直至翌年二三月間始稍殺焉按疫之起也係由鐵路傳入緣此種病發現於俄國百斯篤即俄之原名譯中文爲鼠疫實以其病菌初生於鼠身繼由死鼠再傳染於人染著時性最迅速血液凝滯不數小時中卽已不治長春乃東北交通之孔道又東清（當時中東路原名）南滿兩鐵路銜接之點行旅往來繹絡不絕曾有旅客由邊境傳染而歸者故沿鐵路綫爲尤烈展

轉相傳竟徧於東省各地疫性之烈可知矣

餘志

夫餘國地方二千里原爲北夷索離國王有侍兒生子曰東明初以其姙甚詭生後欲殺之不死乃聽收養長而善射王忌其猛又欲殺之東明乃奔走而至掩淲水（魏略作施掩水梁書作掩滯水疑即高麗之蓋斯水）因至夫餘而王焉（後漢書）高句驪地方兩千里多大山深谷人隨地爲居少田業力作不足以自資故其俗節於飲食而好修宮室東夷相傳以爲夫餘別種是以言語法則多同而跪拜曳一脚行步皆走（同上）

句驪一名貊耳王莽初發句驪兵以伐匈奴其人不欲行强迫遣之皆亡出塞爲寇盜遼西大尹田譚追擊戰死莽令其將嚴尤誘句驪而斬之莽悅更名爲高句驪王爲下句驪侯於是貊人寇邊愈甚建武八年高句驪遣使朝貢光武復其王號（同上）

契丹有國時四時有行在之所謂之巴納（原作捺鉢）春巴納曰鴨子河濼在長春州東北四方皆沙堝多榆柳遼主每至侍御各備打鵝錘一柄刺鵝錐一枚於濼之側相去五十七步排立有天鵝之處舉旗擊鼓鵝驚飛起五坊進海東青鶻遼主親放之鶻擒鵝墜勢力不加侍者取錐刺取鵝腦以飼鶻得頭鵝

薦宗廟群臣各獻酒舉樂皆揷鵝毛於首以爲樂弋獵網釣春盡而還（遼史營衛志）

女眞舊無鐵鄰國有以甲冑來鬻者景祖傾貲厚價以與貿易亦令昆弟族人皆售之得鐵既多因之以修弓矢備器械兵勢稍振（金史）

女眞以大酋粘罕等謀不降遼並謀有以拒之曾連敗遼兵天祚乃發番漢五十萬勤徵大將餘都姑謀廢之旋以事洩以軍十萬來降遼乃怒契丹命漢兒擬盡殺之契丹人駭亂大恐而女眞遂乘勝入黃龍府據五十餘州侵逼中京（原注中京古白霫城松漠紀聞）

女眞舊絕小正朔所不及其民皆不知紀年問之則曰我見草青幾度矣蓋以草一青爲一歲也又不知歲月如燈夕皆不曉己酉歲有中華僧被掠至其闕遇上元以長竿引燈毬表而出之以爲戲女眞主吳乞買見而駭怪疑僧有姦謀乃誅之後數年至燕頗識之至今遂盛（同上）

金國治盜甚嚴每捕獲論罪外皆七倍責償唯正月十六日則縱偷一日以爲戲妻女寶貨車馬爲人所竊皆不加刑是日人皆嚴備遇偸至則笑遣之既無所獲雖畚钁微物亦攜去婦人至顯入人家伺主者出接客則縱其婢妾盜飲器他日知其主名或偸者自言大則具茶食以贖（即羊酒肴饌之類） 次則攜壺小亦打糕取之亦有先與室女私約至期而竊去者女願留則聽（同上）

胡俗舊無儀法君民同川而浴肩相摩於道民雖殺雞亦召其君同食炙股烹蒲（音蒲膊肉也） 以餘肉和綦菜擣臼中糜爛而進率以爲常吳乞買爲帝亦循故態今主方革之（同上）

女眞人濟江河不用舟楫浮馬而渡（按浮馬而渡今人猶能之然亦祇於淺狹處盛夏水漲則爲理所無也 見大金國志）

謝子肅使金回云金廷群臣自徒單相以下大抵皆白首老人徒單年過九十矣（老學庵筆記一）

嘔熱者國最小不知其始所居後爲契丹徙置黃龍府南百餘里曰賓州州近混同江即古之粟末河黑水也部落雜處以其族類之長爲千戶統之契丹女眞貴游子弟及富家兒月夕被酒則相率携樽馳馬戲飲其地婦女聞其至多聚觀之間令侍坐與之酒則飲亦有起舞歌謳以侑觴者邂逅相契調謔任意返卽載以歸不爲所願者至追逐馬足不遠數里其携去者父母皆不問留數歲有子始具茶食酒數車歸寧謂之拜門因執子婿之禮其俗謂男女自媒勝於納幣而昏者飲食皆以木器好置蠱他人欲其不驗者云三彈指於器上則其毒自解亦間有遇毒而斃者（松漠紀聞）

仲尼在陳有隼集於陳侯之庭而死楛矢貫之石砮其長有咫陳惠公使人以隼如仲尼之館問之仲尼曰隼之來也遠矣此肅愼氏之矢也昔武王克商通道於九夷百無使各以其方賄來貢使無忘職

業於是肅慎氏貢楛矢石砮其長尺有咫先王欲昭其令德之致遠也以示後人使永監焉故名其楛曰肅慎氏之貢矢國語五　唐武宗會昌元年扶餘國貢火玉三斗及松風石火玉色赤長半寸上尖下圓光照數十步積之可以燃鼎置之內室則不復挾纊才人常用煎澄明酒其酒亦異方所貢也色紫如膏飲之令人骨香松風石方一丈瑩澈如玉其中有樹形若松偃蓋颯颯焉而凉飈生於其間至盛夏上令置諸殿內稍秋風颼颼即令撤去杜陽雜編　虜廷雜記所載皆出帝既遷黃龍府虜主新立召與相見帝因以金盌魚盆爲獻金盌半猶是瓷云是唐明皇令道士葉法靜治化金藥成點瓷盆試之者魚盆則一木素盆也方圓二尺中有木紋成二魚狀鱗鬣畢具長五寸許若貯水用則雙魚隱然涌起頃之遂成眞魚覆水則宛然木紋之魚也至今句容人鑄銅爲洗名雙魚者用其遺製也春渚紀聞九

北方苦寒故多衣皮雖得一鼠亦褫皮藏弆婦人以羊羔帽爲飾至值十數千敵三大羊之價不貴貂鼠以其見日及火則剝落無色也松漠紀聞

耙犂用兩轅木作底立插四柱高三寸許上穿二橫木或鋪板或搪木坐人拉運貨物皆可前轅上彎穿以繩套二馬服駕輕捷過於車若馳驛更換馬匹冰雪之地可以日行三四百里並有作車棚於耙

犂底上設旁門套鹿皮圍謂之煖耙犂吉林外紀八

童子相戲多剔麞麅麋鹿前骽前骨以錫灌其竅名噶什哈或三或五堆地上擊之中者盡取所堆不中者與堆者一枚多者千少者十百各盛於囊歲時閒暇雖壯者亦爲之柳邊紀畧按鹿號腕骨滿洲語曰羅丹

東北部落素產馬宋建隆中女直常自其國至蘇州從海至登州賣馬明女直建州毛憐海西等部共歲貢馬千五百匹又永樂三年立開原馬市撫順馬市廣甯馬市成化十四年立慶雲馬市以布帛粟米雜貨易之今柳邊內外絕不產馬惟朝廷乃有馬羣其他皆自山海關西及高麗國來同上

自黃龍府東行二百十里至古屋舍寨寨枕混同江湄寨前高岸有柳樹沿路設行人幕次於下金國太師李靖所居靖累使宋朝此排中頓飲精細時當仲夏藉樹陰俯長江槃礴少頃殊忘勒馬之勞奉使行程錄

王七長春人耆者也宗人十餘戶田百畝內外不等七田四百畝有奇因約宗人幷爲公田通力合作十餘戶凡百餘口皆同爨贏則儲備歉歲充絀無所見而出入昭昭鄰村多樂而法之吉林通志志餘

張人和長春逆旅主人或舍焉遺楮錢二百餘吊遺追其人旣還徵其數而合悉歸之雖薄勞追者亦

不令受同上

何醫者失其名長春四馬架人年百八歲可謂壽民矣且五世同堂亦旌典之所予也同上

劉氏長春于鏡祥祖母年百七歲鏡祥子患痘傳染而沒同上

孫氏長春恒裕鄉王鐸之妻年九十歲同上

張氏長春撫安鄉田振之妻年八十七歲並五世同堂同上

李邦盛長春鄉二區哈拉哈屯人現年九十八歲生三子二女牙落重生尤健於飯尚能步行四五里而不疲憊實爲今之人瑞也此係最近調查者其人尚在

滿洲三省志附長春性俗小誌云民性粗暴剛强而思想簡單語言率直惟勤勞耐苦乃其特長居家無事鮮用僕役故儉樸之習幾成天性與語京音均能瞭解蓋居人本係各處客民以各地言語合成非另有一種土音也服飾多用青色大布至綢緞之類富家偶用之婦女裝束可分兩種一曰明裝即漢裝纖足弓鞋髻圓而高上服過膝寬博大袖耳環大如手釧各携煙管一長約三尺餘繫之於袋日不釋手既爲裝飾品又以代手杖一物而三用焉一曰旗裝天足高底橫髻燕尾長袍馬褂或穿半臂閨

女則髮辮舒垂雖至三四十歲但未字人終不髻故女嫁否可一望而知之若夫塗脂抹粉老幼皆然飲食每日兩飡早飡在十點左右晚飡則四點以後飯則高粱菜則白菜或豆子不油不醬終歲如是遇親友來則稍購猪肉以饗之麪餅之屬爲食之上品居住之屋以泥爲墻上覆草土低小異常取其溫煖而不爲風所壞也塞外嚴寒居民皆睡大炕有全家之人睡一炕者亦有兩家人同住一炕者視其生活之程度而分之其炕以甎及土爲之中空而外通竈突膳時燃之炕中充滿熱氣可禦一日之寒盛暑無間謂可免寒濕氣否則必患腿痛（炕與床異床置於空氣中無潮濕之虞炕則不然甎土堆積內鬱濕氣非烘不宜）被褥無多惟狗皮褥一條幾於無人無之被單等年濯一次秋來處處砧聲卽家家擣衣時也居人終歲不浴計一生中惟初生既死及婚嫁時各浴一次平時衣服本深褐色雖滿積污垢亦不更易髮則數月一沐惟不俟其燥卽辮之蟣蝨蠕蠕無足爲奇冬日負暄且捫且談大有王猛之風焉故迎觀之皆粉白黛綠而鬢邊耳際其黑如漆如假面具然北方多風沙水故有此種習慣（按近來民智已開迥異曩昔所有衣食住行均甚講求不似昔日之簡陋矣）